"信毅教材大系"编委会

主　　任　王　乔

副 主 任　邓　辉　王秋石　刘子馨

秘 书 长　陈　曦

副秘书长　王联合

编　　委　许基南　匡小平　胡宇辰　李春根　章卫东
　　　　　　　袁红林　陆长平　汪　洋　罗良清　毛小兵
　　　　　　　邹勇文　蒋悟真　关爱浩　叶卫华　尹忠海
　　　　　　　包礼祥　郑志强　陈始发　陆晓兵

联络秘书　宋朝阳　张步云

信毅教材大系

EXCEL在财务会计中的应用

● 杨书怀 编著

EXCEL and Its Application
in Financial Accounting

复旦大学出版社

内容提要

　　本书打破了传统的按部就班讲解知识的模式，通过大量来源于实际工作的精彩实例，详细讲解了电子表格软件EXCEL在财务会计中的应用方法和技巧，特别强调函数公式原理、解题思路的分析，让读者知其然，更知其所以然，内容涵盖了读者在会计与财务管理日常工作中可能遇到的问题及其解决方案，具有很强的可操作性。

　　本书既可以作为高等院校会计学大类专业的选修课程教材，也可作为财务会计工作人员的学习参考读物。

总 序

世界高等教育的起源可以追溯到1088年意大利建立的博洛尼亚大学,它运用社会化组织成批量培养社会所需要的人才,改变了知识、技能主要在师徒间、个体间传授的教育方式,满足了大家获取知识的需要,史称"博洛尼亚传统"。

19世纪初期,德国的教育家洪堡提出"教学与研究相统一"和"学术自由"的原则,并指出大学的主要职能是追求真理,学术研究在大学应当具有第一位的重要性,即"洪堡理念",强调大学对学术研究人才的培养。

在洪堡理念广为传播和接受之际,德国都柏林天主教大学校长纽曼发表了"大学的理想"的著名演说,旗帜鲜明地指出"从本质上讲,大学是教育的场所","我们不能借口履行大学的使命职责,而把它引向不属于它本身的目标",强调培养人才是大学的唯一职能。纽曼关于"大学的理想"的演说让人们重新审视和思考大学为何而设、为谁而设的问题。

19世纪后期到20世纪初,美国威斯康星大学查尔斯·范海斯校长提出"大学必须为社会发展服务"的办学理念,更加关注大学与社会需求的结合,从而使大学走出了象牙塔。

2011年4月24日,胡锦涛总书记在清华大学百年校庆庆典上,指出高等教育是优秀文化传承的重要载体和思想文化创新的重要源泉,强调要充分发挥大学文化育人和文化传承创新的职能。

总而言之,随着社会的进步与变革,高等教育不断发展,大学的功能不断扩展,但始终都在围绕着人才培养这一大学的根本使命,致力于不断提高人才培养的质量和水平。

对大学而言,优秀人才的培养,离不开一些必要的物质条件保障,但更重要的是高效的执行体系。高效的执行体系应该体现在三个方面:一是科学合理的学科专业结构,二是能洞悉学科前沿的优秀的师资队伍,三是作为知识载体和传播媒介的优秀教材。教材是体现教学内容与教学方法的知识载体,是进行教学的基本工具,也是深化教育教学改革,提高人才培养质量的重要保证。

一本好的教材,要能反映该学科领域的学术水平和科研成就,能引导学生沿着正确的学术方向步入所向往的科学殿堂。因此,加强高校教材建设,对于提高教育质量、稳定教学秩序、实现高等教育人才培养目标起着重要的作用。正是基于这样的考虑,江西财经大学与复旦大学出版社达成共识,准备通过编写出版一套高质量的教材系列,以期进一步锻炼学校教师队伍,提高教师素质和教学水平,最终将学校的学科、师资等优势转化为人才培养优势,提升人才培养质量。为凸显江财特色,我们取校训"信敏廉毅"中一前一尾两个字,将这个系列的教材命名为"信毅教材大系"。

"信毅教材大系"将分期分批出版问世,江西财经大学教师将积极参与这一具有重大意义的学术事业,精益求精地不断提高写作质量,力争将"信毅教材大系"打造成业内有影响力的高端品牌。"信毅教材大系"的出版,得到了复旦大学出版社的大力支持,没有他们卓越视野和精心组织,就不可能有这套系列教材的问世。作为"信毅教材大系"的合作方和复旦大学出版社的一位多年的合作者,对他们的敬业精神和远见卓识,我感到由衷的钦佩。

王 乔

2012 年 9 月 19 日

前　言

随着计算机技术的发展、互联网应用的普及,现代企业的信息化程度越来越高。EXCEL 作为企业信息系统的重要组成部分,可以提高财务工作效率、提升管理工作效能,EXCEL 与 ERP 各个模块相辅相成,可以点对点地为管理决策提供强有力的信息支持。因此,掌握计算机技术和常用办公软件是财务会计工作人员的必备技能。"EXCEL 在财务会计中的应用"也成为很多高校会计学大类专业的选修课程。

本书主要讲解如何利用 EXCEL 2010 解决企业会计核算与管理的实际问题。全书共十章,内容主要包括 EXCEL 基础知识与函数,EXCEL 在应收账款、工资、固定资产、筹资与投资管理,财务报表编制与分析中的运用,以及 EXCEL 宏的基本操作。

本书特别强调 EXCEL 函数与公式原理、解题思路的讲解,而不是单纯地讲操作与技巧,让学生知其然,更知其所以然,从而在实务工作中能够拓展运用、融会贯通,实现举一反三。本书采用图文结合的讲解方式,主要操作步骤的后面均附有对应的插图,读者在学习的过程中能够更加直观、清晰地看到操作的效果,更易于理解和掌握。本书案例丰富、实用至上,以大量贴近实际工作需要的经典实例为主要内容,涉及会计与财务管理日常工作的诸多方面。

本书既可以作为会计学大类专业(会计、财务管理、注册会计师专门化、ACCA 等)的选修课程教材,也可以作为从事财务会计工作人员的学习参考资料。

本书由江西财经大学会计学院杨书怀编著,编者所在的会计电算化中心同事吴志斌、江泓、胡玲、胡玉可、汪元华、何宜强、柴晨阳、刘海、桂国明和龚玉芬提供了大量帮助,会计学院学生姜鹏、万齐惊协助收集了大量资料,在此一并表示感谢!

由于作者水平有限,书中不妥之处在所难免,恳请读者批评指正。

编 者

2015 年 10 月

目　录

第一章　EXCEL 基础知识 …………………………………… 001
　［教学目的和要求］ …………………………………………… 001
　第一节　EXCEL 的工作环境 ………………………………… 001
　第二节　数据的输入与编辑 …………………………………… 013
　第三节　数据的管理与分析 …………………………………… 028
　第四节　数据的浏览与打印 …………………………………… 044
　复习思考题 ……………………………………………………… 053

第二章　EXCEL 常用函数 …………………………………… 054
　［教学目的和要求］ …………………………………………… 054
　第一节　EXCEL 公式 ………………………………………… 054
　第二节　数学与统计函数 ……………………………………… 060
　第三节　逻辑与文本函数 ……………………………………… 064
　第四节　日期与时间函数 ……………………………………… 070
　第五节　其他常用函数 ………………………………………… 074
　复习思考题 ……………………………………………………… 077

第三章　EXCEL 在应收账款管理中的应用 ………………… 078
　［教学目的和要求］ …………………………………………… 078
　第一节　应收账款账龄分析 …………………………………… 078
　第二节　应收账款分类汇总 …………………………………… 081
　第三节　应收账款数据透视 …………………………………… 083
　复习思考题 ……………………………………………………… 087

第四章　EXCEL 在工资管理中的应用 ……………………… 088
　［教学目的和要求］ …………………………………………… 088
　第一节　相关函数 ……………………………………………… 088
　第二节　计算工资明细 ………………………………………… 096

第三节　工资条设计 …………………………………… 102
　　第四节　工资分类汇总 ………………………………… 109
　　复习思考题 ……………………………………………… 118

第五章　EXCEL 在固定资产管理中的应用 ………… 119
　　[教学目的和要求] ……………………………………… 119
　　第一节　相关函数 ……………………………………… 119
　　第二节　固定资产清单 ………………………………… 127
　　第三节　固定资产卡片 ………………………………… 137
　　第四节　固定资产分析 ………………………………… 145
　　复习思考题 ……………………………………………… 154

第六章　EXCEL 在筹资管理中的应用 ……………… 155
　　[教学目的和要求] ……………………………………… 155
　　第一节　相关函数 ……………………………………… 155
　　第二节　企业债券筹资 ………………………………… 159
　　第三节　企业融资租赁 ………………………………… 176
　　第四节　长期借款筹资 ………………………………… 179
　　复习思考题 ……………………………………………… 187

第七章　EXCEL 在投资管理中的应用 ……………… 188
　　[教学目的和要求] ……………………………………… 188
　　第一节　相关函数 ……………………………………… 188
　　第二节　投资效益分析 ………………………………… 195
　　第三节　资产投资决策 ………………………………… 200
　　第四节　企业债券投资 ………………………………… 203
　　复习思考题 ……………………………………………… 208

第八章　EXCEL 在会计报表中的应用 ……………… 209
　　[教学目的和要求] ……………………………………… 209
　　第一节　相关函数 ……………………………………… 209
　　第二节　科目汇总表 …………………………………… 211
　　第三节　总账试算平衡表 ……………………………… 219
　　第四节　编制会计报表 ………………………………… 225

复习思考题 ……………………………………… 232

第九章　EXCEL 在报表分析中的应用 …………… 233
　　[教学目的和要求] …………………………………… 233
　　第一节　EXCEL 在比率分析中的应用 …………… 233
　　第二节　EXCEL 在图形分析中的应用 …………… 242
　　第三节　EXCEL 在杜邦分析中的应用 …………… 269
　　复习思考题 ……………………………………… 274

第十章　EXCEL 宏在财务会计中的运用 …………… 276
　　[教学目的和要求] …………………………………… 276
　　第一节　EXCEL 宏的基本概念 …………………… 276
　　第二节　EXCEL 宏的运用举例 …………………… 287
　　复习思考题 ……………………………………… 302

参考文献 ……………………………………………… 303

第一章 EXCEL 基础知识

[**教学目的和要求**]

通过本章的学习,要求学生了解和熟悉 EXCEL 2010 的工作环境,并掌握 EXCEL 2010 一些基础知识和操作技巧,可以对 EXCEL 2010 的基本设置进行优化,以便在以后的学习中能够更方便地使用 EXCEL 2010。

第一节 EXCEL 的工作环境

EXCEL 2010 为 Microsoft Office 2010 办公软件的组件之一,是目前市场上功能最强大的电子表格制作软件。EXCEL 2010 不仅具有强大的数据组织、计算、分析和统计功能,实现了在工作簿上协同工作,提高了工作效率和质量,还可以通过图表、图形等多种形式形象地显示处理结果,更能够方便地与 Office 2010 其他组件相互调用数据,实现资源共享。使用 Microsoft Excel 2010,可以获得更多的方法分析、管理和共享信息,全新的分析和可视化工具可以跟踪和突出显示重要的数据趋势,从而可以做出更好、更明智的决策。

EXCEL 2010 与之前产品相比的优势主要体现在:能够在一个单元格中创建数据图表;快速定位正确的数据点;可以对几乎所有数据进行高效建模和分析;随时随地访问电子表格;通过连接、共享和合作完成更多工作;为数据演示添加更多高级细节;利用交互性更强和更动态的数据透视图;更轻松更快地完成工作;利用更多功能构建更大、更复杂的电子表格;可以通过 Excel Services 发布和共享信息。

▶ 一、相关基本概念

1. 工作簿

打开或新建一个 EXCEL 文件,会看到多个单元格构成的工作表,同时多张工作表组成一个工作簿(Book1)。工作簿就是用于存储并处理数据的文件,工作簿名(默认 Book1)就是文件名。

一个工作簿中可以包含多张工作表,默认情况下,新建一个工作簿,EXCEL 默认提供三张工作表。名字分别在工作表标签中显示"Sheet1""Sheet2""Sheet3",我们可以根据需要添加更多的工作表,最多 255 张。

EXCEL 2010 为我们提供了多种编辑视图,包括普通视图、页面视图、分页视图、全屏视图。

普通视图:EXCEL 默认的编辑视图,我们可在此完成大部分文档的主要编辑操作。

页面视图:切换到该视图,可以查看到文档的起始和结束位置,并且可以非常方便地编辑文档页眉页脚内容、调整页边距。

全屏视图:切换到该视图,EXCEL 工作表的工作区域将最大化显示在窗口中。

2. 工作表

工作表界面是工作表的重要组成部分,有一系列排在一起的行和列构成。列由字母区别,行由数字区别,移动工作表界面的水平滚动条和垂直滚动条可看到行的编号从上至下从 1 到 2 的 20 次方,即 1048576 行;列的编号从左至右从 A 到 XFD(2 的 14 次方),即 16384 列。工作表是 EXCEL 进行组织和管理数据的地方,我们可在工作表中输入数据、编辑数据、设置数据格式、进行数据分析等。

3. 单元格

工作表中的表格就是单元格。可在其中输入任何数据并保存,还可以用行列坐标来命名,如单元格 A1 表示该单元格在第 A 列第 1 行。

区域则是多个连续或不连续的单元格的集合。在实际工作中,经常会对一个区的数据进行运算。直接引用单元格地址或单元格区域地址,有时会带来不便,赋予单元格和单元格区域名称则比直接引用单元格地址更容易记忆。

单元格区域命名必须遵循一定的规则:

(1) 名称不能含空格,但可用下划线字符代替空格(如 A_1)。

(2) 不能使用下划线和小数点以外的符号。

(3) 可使用字母数字任意组合,但名称必须以字母或下划线开头。

(4) 名称最多可以有 225 个字符,但是尽量保持简短,同时有意义、容易理解。

二、EXCEL 2010 的工作界面

启动 EXCEL 2010 后,将显示其整个用户界面,主要包括快速访问工具栏、标题栏、选项卡栏、功能区、编辑栏、滚动条、工作区、工作表标签、状态栏等,如图 1-1 所示。

(1) 快速访问工具栏:该工具栏位于工作界面的左上角,包含一组用户使用频率较高的工具,如"保存""撤销"和"恢复"。用户可单击"快速访问工具栏"右侧的倒三角按钮,在展开的列表中选择要在其中显示或隐藏的工具按钮。

(2) 标题栏:该栏显示目前编辑工作簿的名称和软件名称。例如,当前工作簿的名称为"新建 Microsoft Excel 工作表. xlsx",软件名称为"Microsoft Excel"。

(3) 窗口控制按钮:可对 EXCEL 2010 程序窗口进行相应的状态控制,如最小化、最大化、还原、关闭等操作。

第一章　EXCEL 基础知识

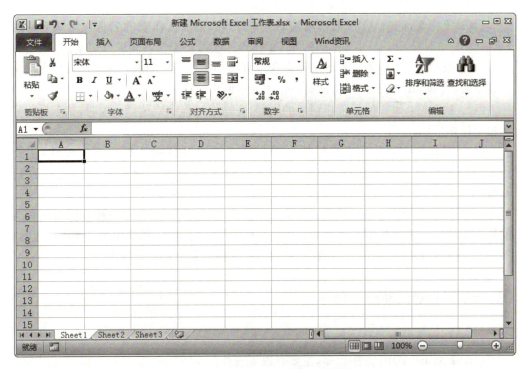

图 1-1　EXCEL 2010 的工作界面

(4) 功能选项卡列表：位于标题栏的下方，是一个由多个选项卡组成的区域。默认只显示"开始""插入""页面布局""公式""数据""审阅""视图""加载项"八个基本功能选项卡。用户在某种操作状态下，其他功能选项卡会显示出来，例如，当我们安装了万德数据库客户端后，EXCEL 功能选项卡列表中会新增"Wind 资讯"选项卡，如图 1-1 所示。EXCEL 2010 将用于处理数据的所有命令组织在不同的选项卡中。单击不同的选项卡标签，可切换功能区中显示的工具命令。在每一个选项卡中，命令又被分类放置在不同的组中。组的右下角通常都会有一个窗口启动器按钮，用于打开与该组命令相关的窗口，以便对要进行的操作做更进一步的设置。

(5) 功能区：让用户快速查找 EXCEL 命令的位置。功能区被分为不同的选项卡，每个选项卡又被分为若干组，每个组分为不同的工具和控件。

(6) 名称框：该框显示活动的单元格地址或单元格名称、区域对象。也可直接在此框中直接输入一个单元格的名称，直接精确定位到单元格。

(7) 编辑栏：该栏用于显示当前单元格中的内容或正在编辑单元格中的内容。在左侧的文本框内显示所选单元格的名称，单元格内要输入内容时首先应选定单元格，在单元格内可以输入数据，也可以输入公式或函数，还可以在单元格内自动填充数据。

(8) 行列标号：行号从 1 到 1048576 每个数字对应工作表的一行，列标从 A 到 IXFD 对应于表中 16384 列中的每一列，可单击行号或列标选择整行或整列。

003

（9）工作区：用于输入、编辑和计算数据。

（10）工作表标签：位于工作簿窗口的左下角，显示工作表的名称。默认名称为Sheet1、Sheet2、Sheet3 三个，单击不同的工作表标签可在工作表间进行切换。

（11）滚动条：滚动条有水平滚动条和垂直滚动条。当页面内容太多而窗口无法全部显示时，可拖动滚动条或单击箭头按钮来显示框中的内容。

（12）状态栏：该栏位于工作窗口的底部，在操作过程中或选择选项时，状态栏将显示相应操作信息。

（13）窗口视图控制区：它包括页面视图方式切换按钮和页面缩放控件，主要用于不同编辑视图之间的切换，通过该区可对文档编辑区内容的显示比例进行调整。

（14）快捷选项卡：在活动单元格上右击显示快捷选项卡，显示与被选择对象相关的最常用命令。快捷选项卡上面的选择框叫作"浮动工具栏"，其中包含一些常用工具。例如，鼠标指针停留在一英寸范围内，可缩小鼠标在屏幕上移动的距离。

三、工作表的新建与保存

1. 工作表的新建

启动 EXCEL 2010 方法很多，主要有以下三种。

方法一：通过"开始"选项卡打开。

单击【开始】、【程序】、【Microsoft Excel 2010】命令启动。

方法二：通过"桌面快捷方式"打开。

通过双击桌面上的 EXCEL 2010 快捷方式图标，即可快速启动。

方法三：通过已有的工作簿文件打开。

利用已有的工作簿文件启动 EXCEL 2010，记载 Windows 的资源管理器或者"我的电脑"窗口找到一个工作簿文件，然后双击该文件即可启动 EXCEL 2010，在启动时，被双击的工作簿文件也将同时打开。第一次启动 EXCEL 时系统将自动建立一个名为 Book1 的空白工作簿，默认情况下扩展名为.xlsx。

2. 工作表的保存

方法一：单击工作界面左上角的"快速访问工具栏"中的【保存】命令，如果是第一次保存时，需要给该工作簿起个新名称，并指定保存的位置。

方法二：快捷键 Ctrl+S 保存。

方法三：单击【文件】选项卡中的【保存】或者【另存为】，如图 1-2 所示，【EXCEL 工作簿】命令，在弹出的窗口中选择保存位置，输入保存文件名即可。

方法四：设置自动保存功能。为了避免数据意外丢失，用户应该养成经常保存的习惯。

单击【文件】选项卡、【EXCEL 选项】命令，打开【EXCEL 选项】窗口，选【保存】部分，如图 1-3 所示。例如，将"保存自动恢复信息时间间隔"修改为"1"分钟。

第一章 EXCEL 基础知识

图 1-2 "信息"选项

图 1-3 "保存"选项

四、工作表的移动或复制

1. 在同一工作表内移动或复制工作表

移动工作表：单击要移动的工作表标签，拖动至合适的标签位置后放开。

复制工作表：选定工作表，按下 Ctrl 键同时单击左键不放，再拖动合适标签位置处再放开。

2. 在不同工作表内移动或复制工作表

如果要将一个工作表移动或复制到另一个工作簿中，首先要确保两个工作簿必须都是打开状态。具体步骤如下：

步骤 1：在 EXCEL 窗口中同时打开"Book1"和"Book2"两个工作簿。

步骤 2：在 Book1 中单击【开始】选项卡、【单元格】组中的【格式】下拉列表，单击"组织工作表"下的"移动或复制工作表"，如图 1-4 所示。

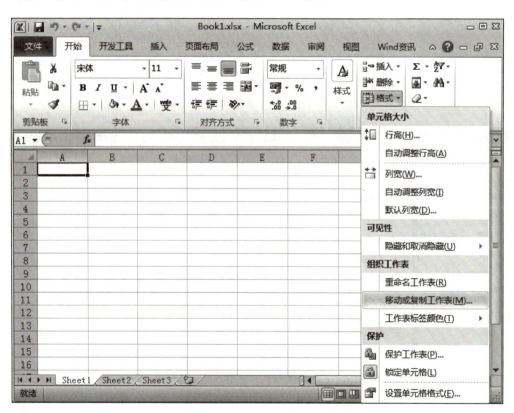

图 1-4　格式下拉列表

或者选择 Book1 中的 Sheet1 工作表标签，右键选【移动或复制工作表】命令，如图 1-5 所示，打开【移动或复制工作表】对话框，如图 1-6 所示，在【工作簿：】列表框中选择用于接受工作簿名称，即"Book2"。

步骤 3：在【下列选定工作表之前(B)：】列表框中选择被复制或移动工作表的放置

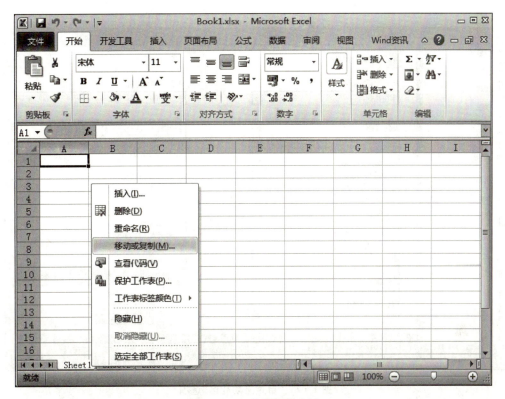

图 1-5　工作表标签右键

位置。如果要指定复制操作，则应选中【建立副本】复选框，否则执行表的移动。最后单击【确定】即可。

五、EXCEL 2010 的优化

为了让 EXCEL 软件更好地工作，我们可以对 EXCEL 程序的相关工作环境特性进行优化设置，包括显示新的选项卡，添加/删除工具栏中的按钮，自定义快速访问工具栏，隐藏/显示功能区，隐藏/显示行号、列标、网格线、零值，设置新建工作簿的默认工作表张数，

图 1-6　移动或复制工作表

修改工作簿签名，设置窗口显示等，这些参数的设定便于适应不同用户工作的需求，使用起来更方便快捷。

1. 定制选项卡

在功能区添加"开发工具"选项卡。

（1）依次单击【文件】选项卡、【EXCEL 选项】窗口，如图 1-7 所示。

（2）在打开窗口中间"自定义功能区"的下拉列表中选择"主选项卡"，然后单击"开发工具"，如图 1-8 所示。接下来，单击"添加(A)＞＞"按钮，最后，单击"确定"按钮。此时，返回到工作簿后，在功能区中会新增一个"开发工具"选项卡。

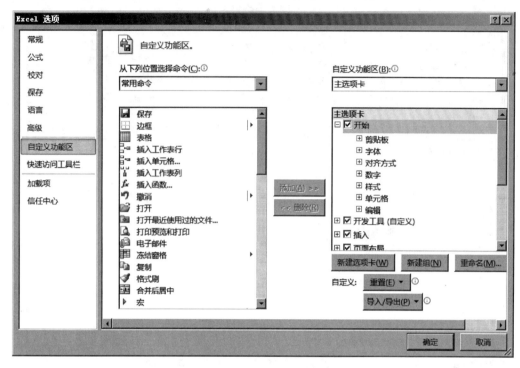

图1-7 "自定义功能区"选项

图1-8 主选项卡中"开发工具"

2. 添加/删除工具栏中的按钮

默认情况下,EXCEL 2010 的快速访问工具栏中只有"保存""撤消""恢复"三个快捷按钮。我们可将一些常用的操作命令按钮添加到快速访问工具栏中,也可将不常用的工具按钮删除。

(1) 添加常用按钮。单击【自定义快速访问工具栏】工具按钮,打开下拉列表。单击选择需要添加的工具按钮名称,如图 1-9 所示。

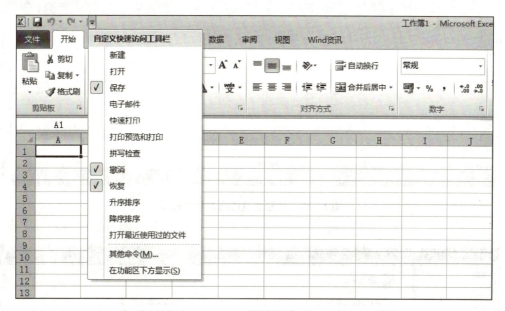

图 1-9　添加常用按钮

(2) 删除按钮。从快速访问工具栏中删除工具按钮的操作非常简单,只需右键单击要删除的工具按钮,在打开的快捷选项卡中单击选择【从快速访问工具栏中删除(R)】命令即可,如图 1-10 所示。

3. 定制快速访问工具栏中的按钮

首先,单击【快速访问工具栏】在下拉列表中选【其他命令】,【EXCEL 选项】窗口中的"自定义功能区",或者在图 1-9 中选【自定义快速访问工具栏(C)…】。

然后,在图 1-11 中单击"从下列位置选择命令(C):"列表框,在下拉列表中选工具按钮类型为【分隔符】的列表区域中单击选择需要添加的工具按钮。

最后,依次单击【添加(A)>>】和【确定】按钮。

4. 隐藏/显示功能区

隐藏功能区就是将 EXCEL 2010 用户界面中的选项卡里的所有按钮全部隐藏起来,以显示更多的编辑区。具体操作如下:

(1) 右击任意工具栏按钮,弹出快捷选项卡,如图 1-12 所示,选择【功能区最小化(N)】命令即可隐藏功能区。

(2) 右击【快速访问工具栏】或任意工具栏按钮,弹出快捷选项卡,如图 1-13 所示,去掉【功能区最小化(N)】命令前的对号,就可以显示功能区。

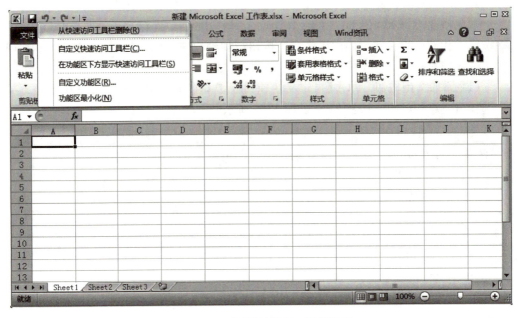

图 1-10　删除快速访问工具栏按钮

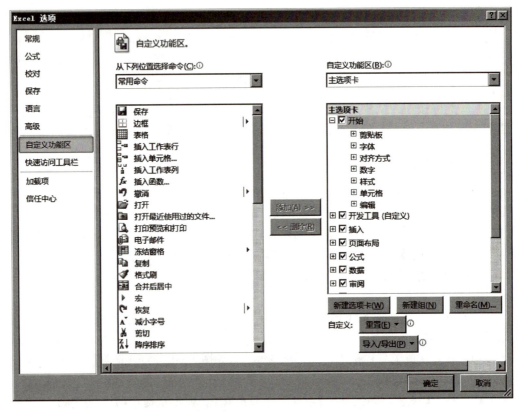

图 1-11　添加工具按钮

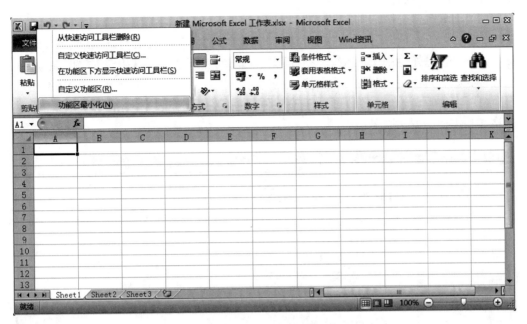

图 1-12　隐藏功能区

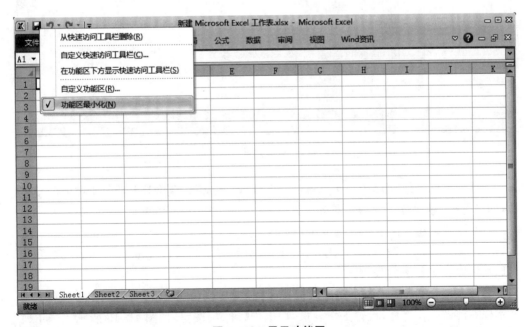

图 1-13　显示功能区

5. 常用参数设置

(1) 隐藏/显示行号、列标、网格线、零值。

方法一：依次单击【文件】选项卡、【选项】、【高级】拖动垂直滚动条至【此工作表的显示选项(S)：】处，去掉【显示行和列标题(H)】前的复选框，单击【确定】按钮，则行号、列标被隐藏。选中复选框就可显示隐藏的行号、列标，如图1-14所示。单击【网格线颜色(D)】后的【填充色】按钮，可以任选一种颜色，改变工作表中网格线的颜色。显示网格线和零值的方法同上。

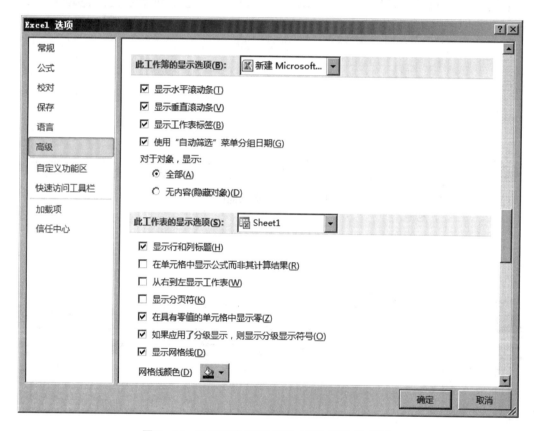

图1-14 设置隐藏/显示行号、列标、网格线、零值

方法二：单击【视图】选项卡、【显示/隐藏】去掉或选中【网格线和标题】前的复选框，即可隐藏/显示行号、列标、网格线。

(2) 设置新建工作簿的默认工作表张数。

一个新工作簿一般包含三张空白工作表，分别是"Sheet1""Sheet2""Sheet3"，我们可以更改默认工作表的张数。

具体步骤：依次单击【文件】选项卡、【选项】、【常规】，调整【包含的工作表数(S)：】文本框右侧的微调按钮，设置工作表张数，单击【确定】按钮，如图1-15所示。当更改了工作簿的默认工作表张数后，只有在新建工作簿或重新启动EXCEL时才能生效，对当前工作簿不产生作用。

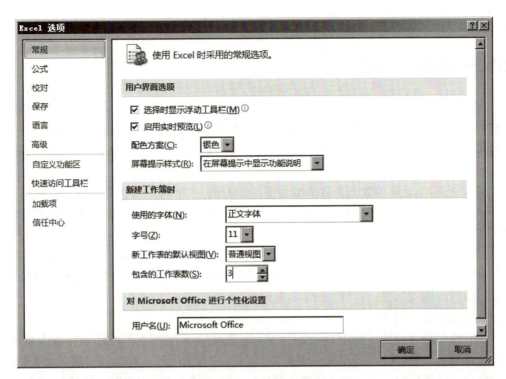

图 1-15 设置工作表张数

（3）修改工作簿签名。

EXCEL 文件签名默认是电脑用户登录时的用户名，如图 1-15 中所示，当前 EXCEL 2010 用户签名是"Microsoft Office"。如果需要更改，可以单击【文件】选项卡、【选项】、【常用】，并在【用户名(U)：】后输入新的用户名。修改后若插入批注等，其用户名将显示新用户名。

（4）设置窗口显示。

单击【视图】选项卡，在【窗口】中点击【全部重排】，打开【重排窗口】窗口，可以选择平铺、水平并排、垂直并排等选项，如图 1-16 所示。

图 1-16 重排窗口

第二节　数据的输入与编辑

数据的输入与编辑是财务会计人员运用 EXCEL 解决财务会计工作问题的起点。为了快速、高效地完成财务工作，在录入财务数据时，针对不同数据类型的数据，规律型或重复型数据，应分别采用不同的录入方式；为了后期方便对数据进行分析，录入的数据尽量按照数据清单的格式要求录入；为了使工作表中的内容突出显示，使显示的数字更容易阅读，需要对工作表进行修饰和美化。在不同环境下采用不同的方式查看数据，最后根据实际需要将数据打印输出。

一、数据输入与填充

在单元格中输入数据,首先需要选择单元格,输入完后可按 Enter 键或单击"编辑栏"中的"√"按钮即可;如果要取消内容,则按键盘左上角的 Esc 键或单击"编辑栏"中的"×"按钮。

1. 数值的输入

能进行科学运算的数据为数值型数据。EXCEL 中的数字可以是 0、1、2、3…以及正号"+"、负号"-"、小数点"."、分数号"/"、百分号"%"、货币符号"¥"等。数值型数据会默认为右对齐。

（1）负数的输入。

例如,要输入-3.5,先依次输入"-""3.5""回车",显示为"-3.5"。或者利用括号录入,即依次输入"(""3.5"")""回车",显示为"-3.5"。

（2）百分数的输入。

例如,要输入 30%,选中一个单元格,先依次输入"30""%""回车";或者输入"0.3",单击【开始】、【数字】的"百分比样式"按钮;或者选中单元格后,选择【开始】、【数字】窗口启动器按钮,打开"单元格格式"窗口,在【数字】选项卡中的"百分比",再设置小数位数为"0"、【确定】,在此单元格中输入"30"、【确定】即可,如图 1-17 所示。

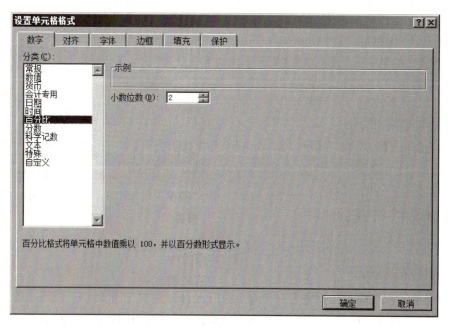

图 1-17 单元格格式

（3）货币的输入。

例如,要输入 ¥1,200.00,选中一个单元格后输入"1200",然后等【开始】选项卡、

【数字】组、【数字】窗口启动器按钮,在"设置单元格格式"窗口中,依次选择【数字】、【货币】,设置小数位数"2"位,货币符号"￥",单击【确定】按钮。

(4) 分数的输入。

输入分数的格式为:"整数位"+"空格"+"分子"+"/"+"分母",无整数位的分数用"0"代替。选中分数所在单元格,在编辑栏可以看到分数换算成小数的值。例如,输入"0 1/3"表示 1/3,在编辑栏得到的结果是"0.333333333333333"。

例如,要输入"1/3",还可选中该单元格,依次选择【格式】选项卡、【单元格】组、【单元格格式】、【数字】、【分数】、【确定】,在此单元格中输入"1/3",确定即可。

(5) 科学计数法数字的输入。

当我们需要输入一个位数较多的数时,将会自动出现符号"E",这是一种科学计数表示方法,如看到 1E+10 表示 1 乘 10 的 10 次方,即"10000000000"。用户也可以自己在单元格中输入"5E−2",编辑栏显示值为"0.05"。

EXCEL 2010 中所提供的数字限制范围如下:

最大的正数为:9.9E+307;最小的正数为:1E−307。

最小的负数为:−9.9E+307;最大的负数为:−1E−307。

2. 文本的输入

单元格中的文本默认为左对齐。工作表中每个单元格在默认情况下最多可以有 32 000 个字符。

纯字符的文本或数字字符混合的文本直接输入即可,而针对全部由数字组成的字符串可以用以下两种方法输入:

方法一:在数字数据前加上一个英文输入状态下的单撇号('),说明单元格中的文字被设为文本型。

方法二:选中单元格,选择【开始】选项卡、【数字】组窗口启动器按钮,打开【单元格格式】、【数字】、【文本】、【确定】,单元格中的文字也被设为文本型。通过这样输入的文本单元格左上角有个绿色的三角形符号作为标志。

一般以 0 开头的数据(如学号、工号)或超过 EXCEL 精确 15 位的数据(如信用卡账号、身份证号码等)以及便于数据处理的数据(如邮政编码、电话号码等)都应以文本型输入。

3. 日期的输入

一般情况下,日期用"/"或"−"表示,时间用":"表示。

系统默认是 24 小时制的方式输入,如果是 12 小时制的方式,则在时间后加上一个空格,然后输入"A"或"AM"表示上午,"P"或"PM"表示下午。

例如,要输入"2013 年 1 月 1 日",先输入"2013/1/1",此时输入的为一个日期,再调整日期的显示格式:选择【开始】选项卡、【数字】组窗口启动器按钮,打开【单元格格式】、【数字】、【日期】,选中一种日期格式【确定】。

时间的输入方法类似,只是显示格式在"数字"选项卡中的"时间"分类中。

如果在单元格中输入当前日期,可以按组合键"Ctrl+;";如果在单元格中输入当前时间,可以按组合键"Ctrl+:"。

EXCEL在财务会计中的应用

二、填充序列(输入相同数据、规律数据)

1. 快速填充相同数据

利用填充功能可以输入相同的数据,类似于复制功能。

方法一:使用"填充"命令。

步骤1:选中单元格区域,该单元格区域中的第一个单元格中应有数据。如选 A1:A10,A1 单元格中有数据"1"。

步骤2:选择【开始】选项卡、【编辑】组、【填充】、【向下】填充命令,则 A1:A10 区域中所有单元格内容为"1"。

方法二:使用拖动法填充。

步骤1:选中有数据"1"的单元格 A1,将光标移至单元格右下角时指针变为黑色十字状,此为填充柄。

步骤2:按下左键拖动填充柄至所需位置处,如 A10,然后释放鼠标,如图 1-18 所示。填充柄可以分别向所选单元格的上下左右四个方向填充。

图 1-18　左键拖动法复制　　　　　　图 1-19　序列填充

2. 填充有规律的数据

如果要建立一个从 1 到 10 的序列,可以按以下步骤操作。

步骤1:先建一段有规律的数据,例如,在 A1:A2 中输入"1""2",需要注意的是,我们至少要输入两个数据,这样 EXCEL 才能够识别是快速填充相同数据还是填充有规律的数据。

步骤2：选中 A1：A2 单元格区域，将光标移至单元格区域右下角时指针变为黑色填充柄，单击左键向下拖动填充柄到 A11，然后释放，A1：A10 中就为"1"到"10"的数据，如图 1-19 所示。

若自动填充用鼠标右键(特别注意)拖动黑色十字填充柄，将会显示弹出选项卡，选项卡中有不同的填充方式或指定填充规律，如图 1-20 所示。对于日期格式的数据，用鼠标右键拖动黑色十字填充柄则可以按天数填充、以工作日填充、以月填充、以年填充，如图 1-21 所示。

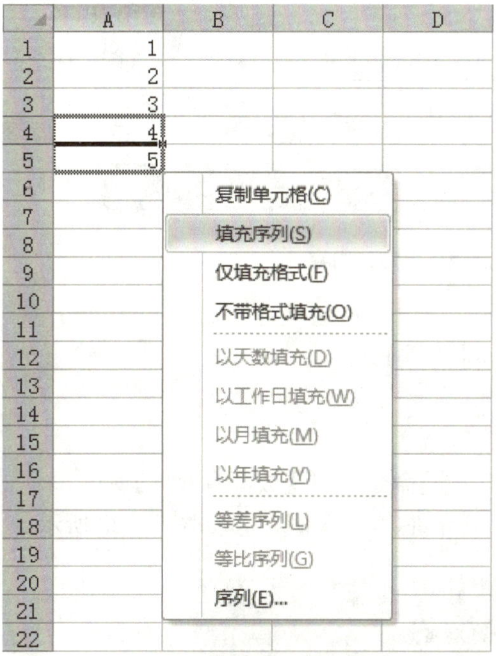

图 1-20　右键拖动选项 　　　　图 1-21　以天数填充

3. 自定义填充数据

日常工作中经常遇到需要重复输入"周一""周二"等数据，或在一套财务表格中反复输入某个小型部门的人员名单，此时便可以设置自定义序列，以便随时能将这一序列快速填充至相应区域以提高工作效率。

例如，我们要给 A1：A7 单元格中输入周一、周二……周日，操作步骤如下。

步骤1：单击【文件】选项卡、【选项】组、【编辑自定义列表】按钮，在图 1-22 输入序列中依次录入"周一，周二，…，周日"，注意其中每个值中间用英文状态下的逗号隔开。

步骤2：单击【添加】按钮，录入的数据将出现在左侧自定义序列中，单击【确定】。

步骤3：在 A1 单元格输入"周一"并选中，按住鼠标左键拖动填充柄到 A7，即可看到要录入的数据。

此后，再利用这组数据时，只要输入一个值，然后用填充柄即可自动录入。

EXCEL在财务会计中的应用

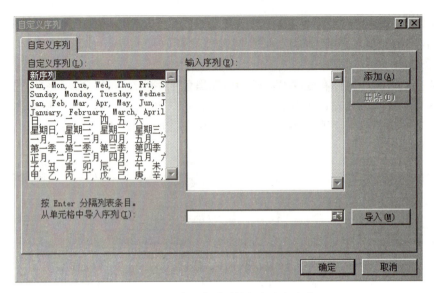

图1-22 输入序列后输入自定义内容

三、数据有效性(输入相同数据、限制数据)

步骤1：选择应用数据有效性的单元格或区域。
步骤2：选择【数据】【数据工具】【数据有效性】命令，打开【数据有效性】窗口。
步骤3：其功能主要在【设置】选项卡中的【允许(A)：】中设置，如图1-23所示。

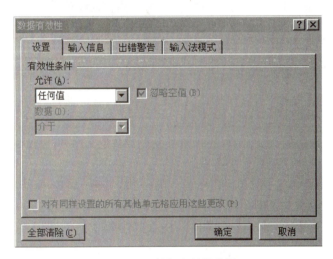

图1-23 数据有效性设置

四、其他来源数据导入

EXCEL 2010允许其他类型文件的数据导入到电子表格中，如Access、Vfp等。

步骤1：选择【数据】选项卡、【获取外部数据】组、【自 Access】按钮，打开【选择数据源】窗口。

步骤2：在其中查找 Access 外部文件，找到后，打开【选择表格】窗口，在其中选取要导入的文件，单击【确定】，显示【导入数据】窗口，用来制定数据的放置位置，单击【确定】即可。

【例1-1】 按表1-1的格式创建并编辑佳园房地产股份有限公司（以下简称"佳园公司"）的职工信息表。

（1）依次输入标题和各个属性列列名，并对输入的标题设置为"隶属""20""跨列居中"。设置"跨列居中"具体操作为：选中标题"职工基本情况表"，右键【设置单元格格式…】，【对齐】中【水平对齐】下拉框中选"跨列居中"，单击【确定】，如图1-24所示。

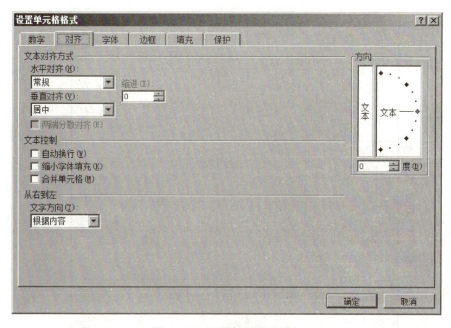

图1-24 设置标题跨列居中

（2）输入工号，此列应为文本型数据。具体操作是：工号列单元格中输入英文的单撇号（'），然后输入"000001"，单击"确定"，用填充柄填充序列至编号"000010"。

（3）在姓名列依次输入"姓名"列、"所属部门"列、"职务"列，均为文本型数据。

（4）为了加快录入速度、提高准确性，"性别"列录入用"数据有效性"，文本型数据。具体操作为：选中所有"性别"数据，选择【数据】选项卡、【数据工具】组、【数据有效性】下拉列表、【数据有效性…】命令，弹出【数据有效性】窗口、【允许(A)：】中选"序列"，在【来源】文本框中输入"男,女"中间用英文逗号隔开，如图1-25所示，单击【确定】后，返回工作表，这样就可以从下拉列表中选择所有员工的性别。对"所属部门"列、"职务"列、"婚否"列也采取数据有效性功能，设置方法与"性别"列类似。

（5）将"出生年月"列设置为日期型数据。依次在"出生年月"列名下的单元格中录入"1963""-""2""-""1"，待所有员工出生年月录入完毕后，选中所有出生日期，右键【单元格格式…】【数字】【日期】，选择【类型：】"2001年3月14日"，点击【确定】按钮。

表1-1 职工信息表

工号	姓名	性别	部门	职务	出生日期	文化程度	入职日期	电话号码	身份证号	婚否
000001	胡慧清	女	总经理办公室	文员	1977/7/29	大专	1996/8/21	88833039	360203×××05043501	是
000002	杨希铭	男	销售部	部门经理	1983/9/4	本科	2005/7/15	88833041	360203×××05043502	是
000003	徐颖	女	财务部	部门经理	1985/10/4	本科	2002/9/11	88833034	360203×××05043503	是
000004	王云康	女	生产部	部门经理	1965/11/24	本科	1989/7/5	88833036	360203×××05043504	是
000005	邱远山	男	销售部	销售员	1975/12/6	本科	1996/1/4	88833038	360203×××05043505	是
000006	肖传毅	男	销售部	销售员	1986/6/29	本科	2009/7/31	88833040	360203×××05043506	否
000007	陈苗	女	财务部	会计	1978/8/9	大专	2009/3/13	88833030	360203×××05043507	是
000008	万齐惊	男	财务部	会计	1971/3/5	大专	1997/4/18	88833031	360203×××05043508	是
000009	熊慧珉	男	销售部	销售员	1985/6/5	大专	2005/12/19	88833035	360203×××05043509	是
000010	姜鹏	男	总经理办公室	部门经理	1975/12/6	硕士	2002/8/25	88833032	360203×××05043510	是

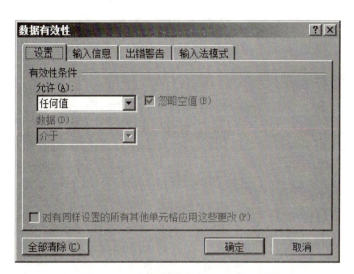

图 1-25　设置选项卡中设性别有效性

(6)"入职日期"列要求加入公司的时间必须在 1989 年 1 月 1 日之后,其输入方法类似出生年月列,日期型数据。具体操作为:选中所属数据,单击【数据】选项卡、【数据工具】组【数据有效性】下拉列表、【数据有效性…】命令,弹出"数据有效性"窗口、【允许(A):】中选"日期",【数据(D):】中选"大于",【开始日期(S):】输入"1989/1/1",单击【确定】,如图 1-26 所示。

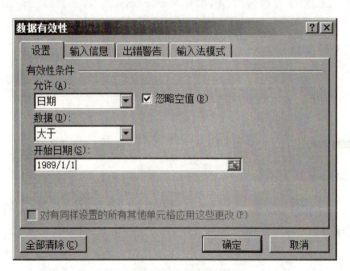

图 1-26　设置加入公司列数据有效性

(7)"电话号码"列要求其长度必须为 8 位,文本型数据。具体操作为:在"电话号码"列所属第一个单元格中输入"88833039",用填充柄填充序列至最后单元格。选中所属所有数据,单击【数据】选项卡、【数据工具】组、【数据有效性】下拉列表、【数据有效性…】命令,弹出【数据有效性】窗口、【允许(A):】选择"文本长度",【数据(D):】选择"等于",【长度(L)】输入"11",然后单击【确定】,如图 1-27 所示。

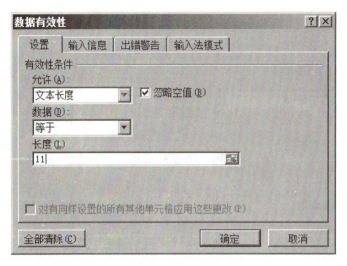

图1-27 数据有效性设置

(8)设置"身份证号"列,文本型数据。具体操作为:选中所属单元格,右键【设置单元格格式…】【数字】【自定义】,在类型下方输入"36＊＊＊＊＊＊＊"@,单击【确定】,如图1-28所示。只需要在"身份证号"所属第一个单元格中输入身份证号的后四位,回车后,身份证号的"36＊＊＊＊＊＊＊"部分将自动出现。

图1-28 在自定义中设置身份证号

(9)给职工基本情况表进行格式设置。具体操作如下:选中所有数据单元格,设置水平对齐和垂直对齐方式都为居中,外部、内部边框都为细实线,标题行填充为浅灰色加粗,结果如图1-29所示。

	A	B	C	D	E	F	G	H	I	J	K
1	工号	姓名	性别	部门	职务	出生日期	文化程度	入职日期	电话号码	身份证号	婚否
2	000001	胡慧清	女	总经理办公室	文员	1977/7/29	大专	1996/8/21	88833039	360203XXXX05043501	是
3	000002	杨希铭	男	销售部	部门经理	1983/9/4	本科	2005/7/15	88833041	360203XXXX05043502	是
4	000003	徐颖	女	财务部	部门经理	1985/10/4	本科	2002/9/11	88833034	360203XXXX05043503	是
5	000004	王云康	男	生产部	部门经理	1965/11/24	本科	1989/7/5	88833036	360203XXXX05043504	是
6	000005	邱远山	男	销售部	销售员	1975/6/25	本科	1996/1/4	88833038	360203XXXX05043505	是
7	000006	肖传毅	男	销售部	销售员	1986/6/29	本科	2009/7/31	88833040	360203XXXX05043506	否
8	000007	陈苗	女	财务部	会计	1978/8/9	大专	2009/3/13	88833030	360203XXXX05043507	是
9	000008	万齐惊	男	财务部	会计	1971/3/5	大专	1997/4/18	88833031	360203XXXX05043508	是
10	000009	熊慧珉	男	销售部	销售员	1985/6/5	大专	2005/12/19	88833035	360203XXXX05043509	是
11	000010	姜鹏	男	总经理办公室	部门经理	1975/12/6	硕士	2002/8/25	88833032	360203XXXX05043510	是

图 1-29 职工信息表结果

（10）保护工作表不允许其他用户修改内容，并保存工作簿到个人文件夹。具体操作为：选中所有数据单元格，选择【开始】选项卡、【字体】组，启动按钮【保护选项卡】，或右键在弹出的快捷选项卡中选【设置单元格格式…】【保护】，去掉【锁定】前面的复选标记，单击【确定】，然后选择【审阅】【更改】【保护作表】，在【保护工作表】窗口中，输入两次密码，单击快速访问栏中的【保存】按钮即可。

五、条件格式

当我们将数据录入完成后，需要对表格的外观形式进行基本格式设置，例如，将表格中特定内容突出显示，使显示的数字更容易阅读，而不改变数据本身的数值。

1. 自动套用格式

【例 1-2】 设计佳园公司职工基本情况表（见图 1-30）为自动套用蓝白两色相间的格式。

	A	B	C	D	E	F	G	H	I	J	K
1	工号	姓名	性别	部门	职务	出生日期	文化程度	入职日期	电话号码	身份证号	婚否
2	000001	胡慧清	女	总经理办公室	文员	1977/7/29	大专	1996/8/21	88833039	360203XXXX05043501	是
3	000002	杨希铭	男	销售部	部门经理	1983/9/4	本科	2005/7/15	88833041	360203XXXX05043502	是
4	000003	徐颖	女	财务部	部门经理	1985/10/4	本科	2002/9/11	88833034	360203XXXX05043503	是
5	000004	王云康	男	生产部	部门经理	1965/11/24	本科	1989/7/5	88833036	360203XXXX05043504	是
6	000005	邱远山	男	销售部	销售员	1975/12/6	本科	1996/1/4	88833038	360203XXXX05043505	是
7	000006	肖传毅	男	销售部	销售员	1986/6/29	本科	2009/7/31	88833040	360203XXXX05043506	否
8	000007	陈苗	女	财务部	会计	1978/8/9	大专	2009/3/13	88833030	360203XXXX05043507	是
9	000008	万齐惊	男	财务部	会计	1971/3/5	大专	1997/4/18	88833031	360203XXXX05043508	是
10	000009	熊慧珉	男	销售部	销售员	1985/6/5	大专	2005/12/19	88833035	360203XXXX05043509	是
11	000010	姜鹏	男	总经理办公室	部门经理	1975/12/6	硕士	2002/8/25	88833032	360203XXXX05043510	是

图 1-30 职工基本情况表

（1）选中要自动套用格式的数据（含标题行），即单元格区域 A1：K11。

（2）选择【开始】选项卡、【样式】组、【自动套用格式】，【自动套用格式】下拉框如图 1-31 所示。

（3）在【自动套用格式】列表框中单击【表样式中等深浅2】格式。表格将以选定的格式对其进行格式化，此时，表格标题行会自动进行数据筛选，选中标题行后，点击【筛选】可以取消数据筛选，最终效果如图 1-32 所示。

提示：如果要清除套用格式，点击【设计】选项卡，选择【表格样式】下拉框中的无色，如图 1-33 所示。

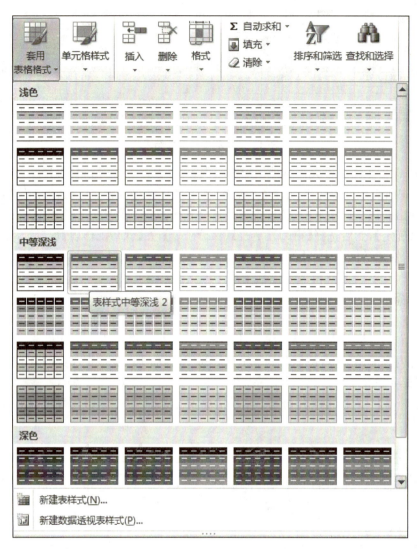

图1‑31　自动套用格式

	A	B	C	D	E	F	G	H	I	J	K
1	工号	姓名	性别	部门	职务	出生日期	文化程度	入职日期	电话号码	身份证号	婚否
2	000001	胡慧清	女	总经理办公室	文员	1977/7/29	大专	1996/8/21	88833039	360203XXXX05043501	是
3	000002	杨希铭	男	销售部	部门经理	1983/9/4	本科	2005/7/15	88833041	360203XXXX05043502	是
4	000003	徐颖	女	财务部	部门经理	1985/10/4	本科	2002/9/11	88833034	360203XXXX05043503	是
5	000004	王云康	女	生产部	部门经理	1965/11/24	本科	1989/7/5	88833036	360203XXXX05043504	是
6	000005	邱远山	男	销售部	销售员	1975/12/6	本科	1996/1/4	88833038	360203XXXX05043505	是
7	000006	肖传毅	男	销售部	销售员	1986/6/29	本科	2009/7/31	88833040	360203XXXX05043506	否
8	000007	陈苗	女	财务部	会计	1978/8/9	大专	2009/3/13	88833030	360203XXXX05043507	是
9	000008	万齐惊	男	财务部	会计	1971/3/5	大专	1997/4/18	88833031	360203XXXX05043508	是
10	000009	熊慧珉	男	销售部	销售员	1985/6/5	大专	2005/12/19	88833035	360203XXXX05043509	是
11	000010	姜鹏	男	总经理办公室	部门经理	1975/12/6	硕士	2002/8/25	88833032	360203XXXX05043510	是

图1‑32　自动套用格式下拉框边框

图 1-33　清除格式

2. 添加条件格式

【例 1-3】　设计佳园公司职工基本情况表(见图 1-29)中的"出生日期"列,用蓝色数据条标识其大小。

(1) 首先,要求"出生日期"列的格式为日期格式。如果不是日期格式,选中该列后,单击右键选择"设置单元格格式",设置为"日期",选择"2001年3月14日"示例,如图 1-34 所示。

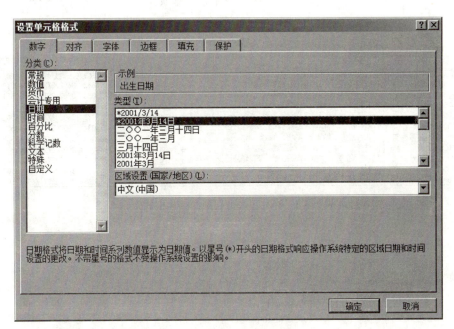

图 1-34　单元格格式设置

(2) 然后,单击【开始】选项卡,选择【样式】组中的【条件格式】下拉按钮,选择"数据条""渐变填充"中的"蓝色",如图 1-35 所示。此时,"出生日期"列的样式已经发生了变化,最终结果如图 1-36 所示。

3. 自定义条件格式

【例 1-4】　设计佳园公司职工基本情况表(见图 1-30),用红色加粗底纹标识出职工信息表中相同出生年月的日期。

(1) 首先,选定"出生日期"列的数据。单击【开始】选项卡,选择【样式】组中的【条件格式】下拉按钮,选择"数据条"下的"其他规则(M)…",如图 1-37 所示。

EXCEL在财务会计中的应用

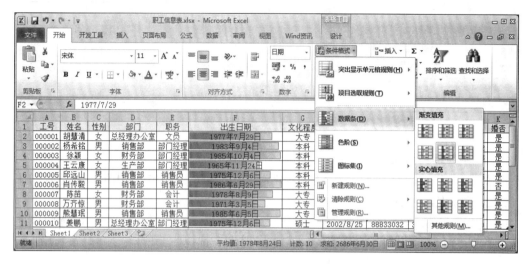

图1-35 "条件格式"选项

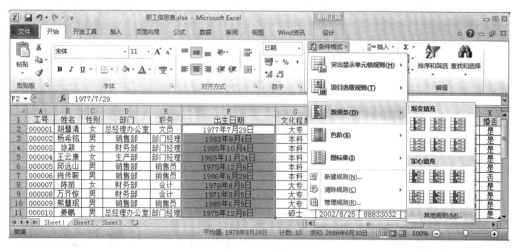

图1-36 添加数据条的条件格式

图1-37 单元格格式设置

(2) 在弹出的"新建格式规则"窗口中,选择"仅对唯一值或重复值设置格式",然后,点击本窗口右下角的"格式"按钮,如图 1-38 所示,进一步设置重复值的格式。

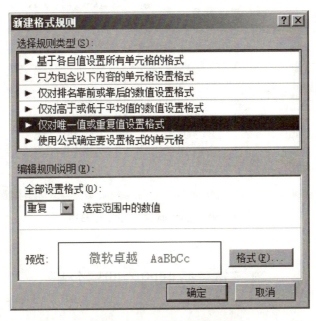

图 1-38 添加数据条的条件格式

(3) 接下来,在"设置单元格格式"窗口中,将字形选择为"加粗"、颜色选择为"红色",如图 1-39 所示。单击"确定"按钮返回工作表,最终结果如图 1-40 所示。

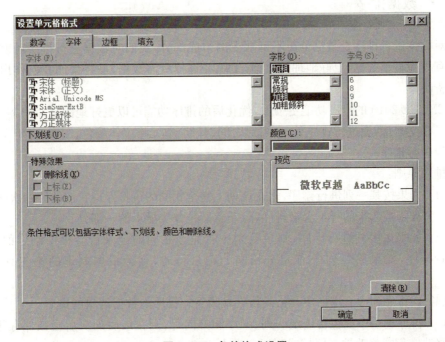

图 1-39 条件格式设置

EXCEL在财务会计中的应用

图1-40 红色加粗相同的出生日期

第三节 数据的管理与分析

财务基础数据做好后,要筛选得到对工作有帮助的信息,必须对现有数据进行处理和分析,常用方法有排序、筛选、分类汇总和数据透视表。

一、数据排序

对数据进行排序是数据分析不可缺少的组成部分,我们对数据进行排序后就可以快速直观地显示数据,更好地理解数据,组织并查找所需数据,最终帮助我们作出有效的分析决策。

EXCEL 2010的排序功能更强大,优化后的排序功能可以更好地满足用户需求,除了可以对文本、数据进行排序外,还可对时间、日期、单元格字体颜色、图表、自定义序列等内容进行排序。

排序原则:

(1)如果按某一列进行排序,则在该列上完全相同的行将保持它们的原始次序。

(2)被隐藏起来的行不会被排序,除非它们是分级显示的一部分。

(3)如果按多列进行排序,则主要列中有完全相同的记录行会根据制定的第二列进行排序,如果第二列中有完全相同的记录行时,则会根据制定的第三列进行排序。

(4)在排序列中有空白单元格的行会被放置在排序的数据清单的最后。

(5)排序选项中如包含选定的列、顺序和方向等,则在最后列次后会被保存下来,直到修改它们或修改选定区域或列标记为止。

1. 简单排序

简单排序是指排序的条件单一，工作表的数据是按照指定的某一种条件进行排列。

【例1-5】 按佳园公司职工信息表中职工年龄的升序排列数据。

方法一：使用"升序"按钮排序。

步骤1：对数据进行简单升序排序。打开职工信息表，将光标定位于拟排序所在更任一单元格如F4单元格，单击【数据】选项卡中【排序和筛选】组的【升序】按钮。

步骤2：显示排序后的效果，如图1-41所示。

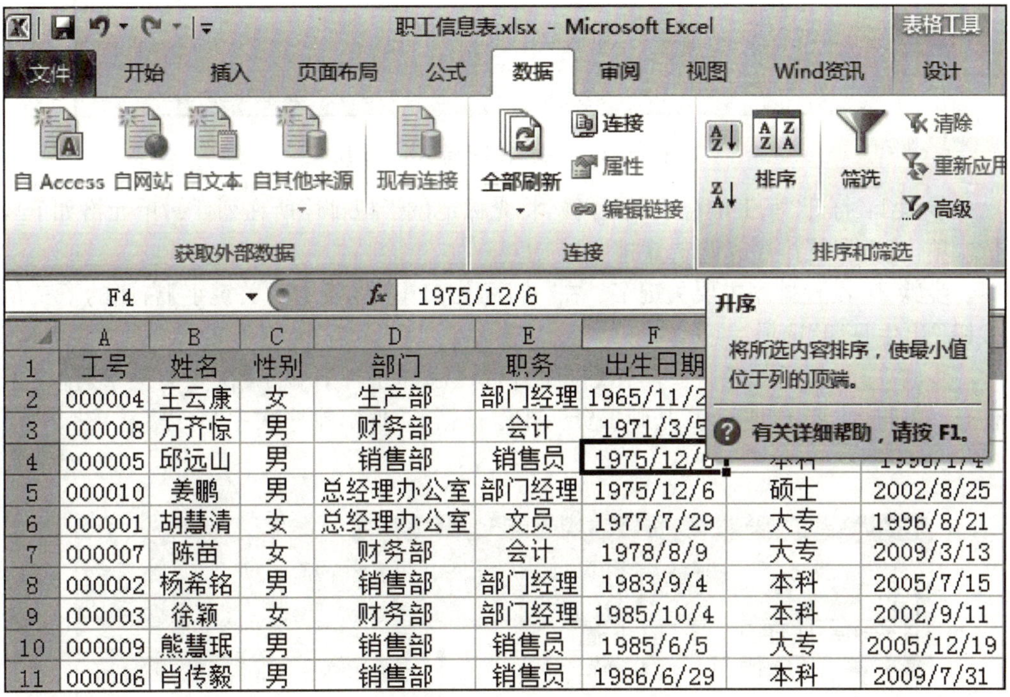

图1-41 "升序"选项

方法二：使用"排序"窗口进行排序。

步骤1：打开职工信息表，将光标定位于拟排序所在列任一单元格如F4单元格，单击【数据】选项卡、【排序和筛选】组、【排序】按钮。

步骤2：设置排序关键字。在打开的【排序】窗口中单击【主要关键字】右侧的下三角按钮，在展开的下拉列表中打击"出生日期"选项，如图1-42所示。单击【排序依据】下三角按钮"数值"项【次序】下三角按钮"升序"项并单击【确定】，完成设置。

2. 高级排序

高级排序就是按照多个关键字对数据进行排序。除了在弹出的"排序"窗口中要设置主要关键字外，还要通过编辑设置对每个关键字来实现对数据的排序。设置多个关键字排序的目的是为了设置排序的优先级。

【例1-6】 将佳园公司职工信息表先按"出生日期"的升序排列，若出生日期相同（如1975/12/6），再按"入职日期"升序排序。

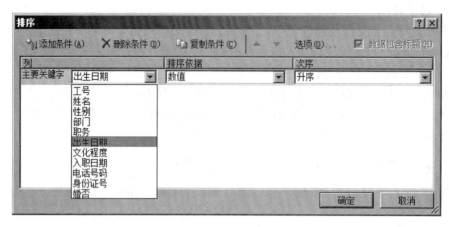

图1-42　主要关键字选"出生日期"

步骤1：打开"职工信息表"工作簿，将光标定位于拟排序所在列任一单元格如F4，依次单击【数据】【排序和筛选】【排序】按钮。

步骤2：设置排序主要关键字。在【排序】窗口中单击【主要关键字】右侧的下三角按钮"出生日期"选项。

步骤3：设置添加条件。单击【排序】窗口【添加条件】，显示【次要关键字】排序条件，选择排序主要关键字为"基础工资"，排序依据"数值"，排序次序"升序"，如图1-43所示。

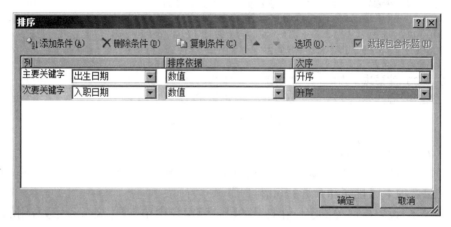

图1-43　高级排序

3. 自定义序列排序

EXCEL 2010还允许对数据进行自定义排序，即按照我们事先设置的自定义序列中的顺序排序。

【例1-7】　将佳园公司职工信息表按职工的文化程度大专、本科、硕士的次序排列数据。

步骤1：打开"职工信息表"工作簿，选取数据单元格任一单元格，单击【数据】选项卡、【排序和筛选】组、【排序】按钮。

步骤 2：设置排序主要关键字。在【排序】窗口中单击【主要关键字】右侧的下三角按钮"文化程度"选项。

步骤 3：单击【次序】下侧的下三角按钮，在展开的下拉列表中单击【自定义序列】选项，如图 1-44 所示。

图 1-44　自定义序列

步骤 4：添加自定义序列。在弹出的【自定义序列】窗口的"输入序列(E)："下的文本中，按竖列输入要排序的次序"大专""本科""硕士"、然后单击【添加】，如图 1-45 所示。

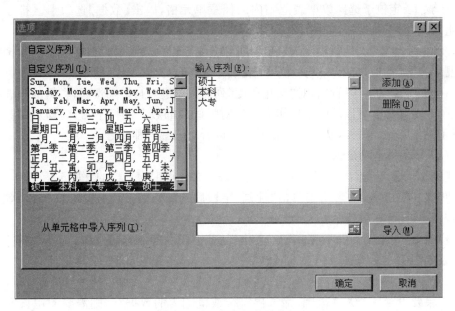

图 1-45　自定义序列窗口

步骤 5：选择自定义序列。单击【添加】按钮后，序列将添加到左侧【自定义序列】下的列表框里，选择序列"大专""本科""硕士"，单击【确定】按钮后退出【自定义序列】窗口，单击【确定】按钮退出【排序】窗口。显示排序后的效果如图 1-46 所示。

EXCEL在财务会计中的应用

	A	B	C	D	E	F	G	H	I	J	K
1	工号	姓名	性别	部门	职务	出生日期	文化程度	入职日期	电话号码	身份证号	婚否
2	000010	姜鹏	男	总经理办公室	部门经理	1975/12/6	硕士	2002/8/25	88833032	360203XXXX05043510	是
3	000004	王云康	女	生产部	部门经理	1965/11/24	本科	1989/7/5	88833036	360203XXXX05043504	是
4	000005	邱远山	男	销售部	销售员	1975/12/6	本科	1996/1/4	88833038	360203XXXX05043505	是
5	000002	杨希铭	男	销售部	部门经理	1983/9/4	本科	2005/7/15	88833041	360203XXXX05043502	是
6	000003	徐颖	女	财务部	部门经理	1985/10/4	本科	2002/9/11	88833034	360203XXXX05043503	是
7	000006	肖传毅	男	销售部	销售员	1986/6/29	本科	2009/7/31	88833040	360203XXXX05043506	否
8	000008	万齐惊	男	财务部	会计	1971/3/5	大专	1997/4/18	88833031	360203XXXX05043508	是
9	000001	胡慧清	女	总经理办公室	文员	1977/7/29	大专	1996/8/21	88833039	360203XXXX05043501	是
10	000007	陈苗	女	财务部	会计	1978/8/9	大专	2009/3/13	88833030	360203XXXX05043507	是
11	000009	熊慧珉	男	销售部	销售员	1985/6/5	大专	2005/12/19	88833035	360203XXXX05043509	是

图 1-46 按文化程度自定义排序结果

二、数据筛选

使用筛选功能选择数据,可以帮助我们快速而又方便地查找和使用所要的数据,筛选过后的数据显示为只是满足指定条件的数据,而那些无用的数据就会被隐藏起来。筛选数据之后,那些筛选产生的数据子集,就可以直接被我们用于分析和使用。

1. 自动筛选

自动筛选可以用在快速筛选且筛选条件较少的数据时,一般情况下,我们在使用自动筛选时,筛选条件是单一的。

(1) 单条件自动筛选。

【例 1-8】 筛选出佳园公司职工信息表中文化程度为本科的职工信息。

步骤1:定位于选择数据表范围内的任意单元格,单击【数据】选项卡、【排序和筛选】组、【筛选】工具按钮,如图 1-43 所示。

步骤2:单击"文化程度"字段右侧的【筛选】按钮下拉列表【全选】复选框,取消"√"标记【本科】复选框,打上"√"标记,单击【确定】按钮,如图 1-47 所示。

在图 1-47 中可以看出,对"文化程度"列的数据进行自动筛选后,右侧的筛选按钮发生了改变,因此,可以从筛选按钮上看出对哪些列的数据进行了筛选,即对哪些列表设置了筛选条件。另外,从工作表行号上可以看出隐藏了哪些行。

(2) 多条件自动筛选。

【例 1-9】 筛选出佳园公司职工信息表中文化程度为本科的女职工信息。

步骤1:在所示的表格中单击"性别"字段后的【筛选】按钮,选择"女",并单击【确定】按钮,如图 1-48 所示。

步骤2:重复上面的步骤,单击"文化程度"字段后的【筛选】按钮,选择"本科"。筛选结果如图 1-49 所示。

2. 自定义筛选

如果要设置一个条件范围,筛选出符合或范围内的数据行,则需要使用自定义筛选。自定义筛选数据比较灵活,可以进行比较复杂的筛选。

【例 1-10】 筛选出佳园公司职工信息表中 70 年代出生的职工信息。

步骤1:选中出生日期列标下所有数据区域(F2:F11),点击【数据】选项卡下的【分列】,默认选项到第 3 步,将数据完全修改为"日期""YMD"格式,如图 1-50 所示。

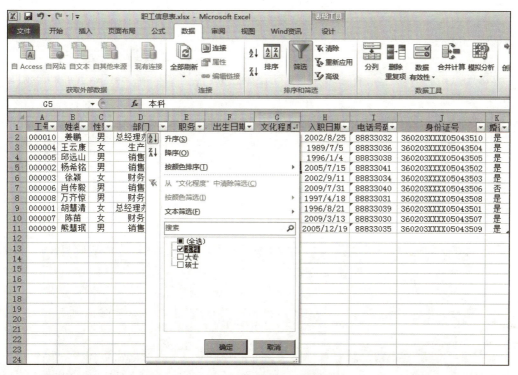

图 1-47 "文化程度"筛选按钮

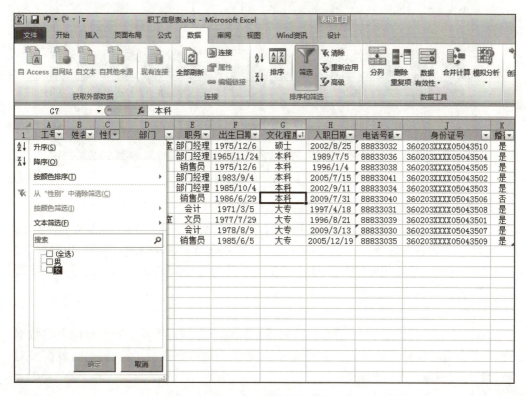

图 1-48 按"性别"筛选

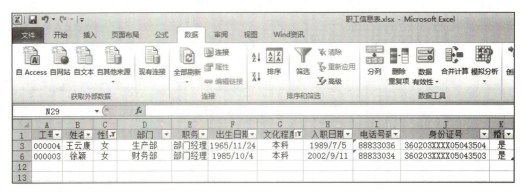

图1-49 筛选结果

图1-50 文本分列

步骤2：单击选择数据表格范围内的任意单元格。

步骤3：在打开的【日期筛选】后选择【自定义筛选(F)…】，如图1-51所示。

步骤4：设置筛选条件。在打开的定义自定义筛选方式窗口中，选择出生日期"在以下日期之后或与之相同""1970/1/1""在以下日期之前""1980/1/1"，如图1-52所示。点击"确定"后，筛选结果如图1-53所示。

3. 取消筛选

对工作表进行筛选后，不符合条件的数据行就被隐藏。若需要查看被隐藏的数据行，就需要进行取消筛选操作。取消筛选时，对某一列数据进行了筛选操作，就需要对该列数据进行取消筛选操作。

【例1-11】 取消筛选出20世纪70年代出生的职工信息。

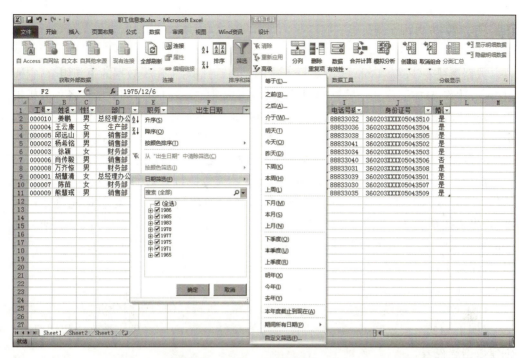

图 1－51　"自定义自动筛选方式"窗口

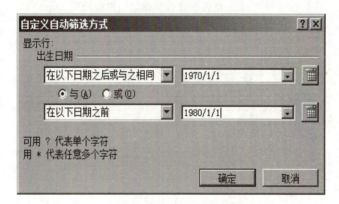

图 1－52　筛选方式

	A	B	C	D	E	F	G	H	I	J	K
1	工号	姓名	性别	部门	职务	出生日期	文化程度	入职日期	电话号码	身份证号	婚否
2	000010	姜鹏	男	总经理办公室	部门经理	1975年12月6日	硕士	2002/8/25	88833032	360203XXXX05043510	是
4	000005	邱远山	男	销售部	销售员	1975年12月6日	本科	1996/1/4	88833038	360203XXXX05043505	是
8	000008	万齐惊	男	财务部	会计	1971年3月5日	大专	1997/4/18	88833031	360203XXXX05043508	是
9	000001	胡慧清	女	总经理办公室	文员	1977年7月29日	大专	1996/8/21	88833039	360203XXXX05043501	是
10	000007	陈苗	女	财务部	会计	1978年8月9日	大专	2009/3/13	88833030	360203XXXX05043507	是

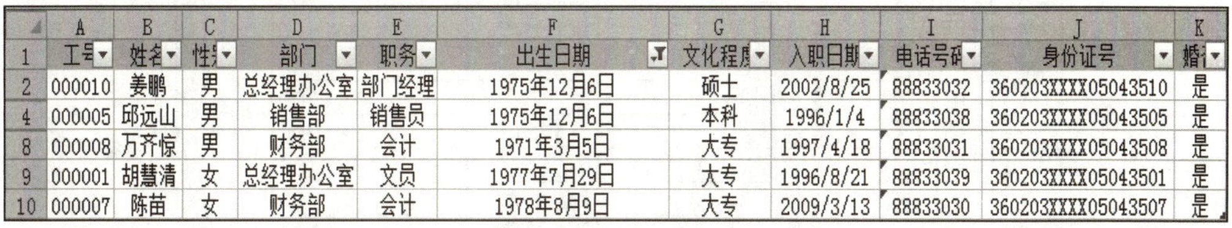

图 1－53　筛选结果

单击【数据】选项卡、【排序和筛选】组、【清除】按钮，清除筛选结果；单击【筛选】图标按钮，撤销筛选功能。

EXCEL在财务会计中的应用

三、数据透视分析

数据透视表(Pivot Table)是一种交互式的表格,可以对工作表数据的重新组合,它通过组合、计数、分类汇总、排序等方式从大量数据中提取总结性信息,用以制作各种分析报表和统计报表。数据透视表可以动态地改变它们的版面布置,以便按照不同方式分析数据,也可以重新安排行号、列标和页字段。每一次改变版面布置时,数据透视表会立即按照新的布置重新计算数据。另外,如果原始数据发生更改,则可以更新数据透视表。

例如,可以水平或者垂直显示字段值,然后计算每一行或列的合计;也可以将字段值作为行号或列标,在每个行列交汇处计算出各自的数量,然后计算小计和总计。再如,如果要按季度来分析每个雇员的销售业绩,可以将雇员名称作为列标放在数据透视表的顶端,将季度名称作为行号放在表的左侧,然后对每一个雇员以季度计算销售数量,放在每个行和列的交汇处。

1. 创建数据透视表

EXCEL 2010 提供了创建数据透视表的向导来进行操作与数据分析。

【例 1-12】 根据图 1-54 所示的"全家百货超市 2015 年各季度商品销售情况表"创建数据透视表。

	A	B	C	D
1	全家百货超市2015年各季度各类商品销售情况表(元)			
2	销售区域	类别	季度	销售额
3	食用品区	饮料类	第1季度	41500
4	食用品区	饮料类	第2季度	58050
5	食用品区	饮料类	第3季度	62200
6	食用品区	饮料类	第4季度	42570
7	食用品区	烟酒类	第1季度	90410
8	食用品区	烟酒类	第2季度	86500
9	食用品区	烟酒类	第3季度	90650
10	食用品区	烟酒类	第4季度	90650
11	日用品区	健身器材	第1季度	50000
12	日用品区	健身器材	第2季度	65800
13	日用品区	健身器材	第3季度	43200
14	日用品区	健身器材	第4季度	58600
15	食用品区	生鲜类	第1季度	70800
16	食用品区	生鲜类	第2季度	90450
17	食用品区	生鲜类	第3季度	70840
18	食用品区	生鲜类	第4季度	72100
19	日用品区	生活用品	第1季度	61400
20	日用品区	生活用品	第2季度	93200
21	日用品区	生活用品	第3季度	44200
22	日用品区	生活用品	第4季度	64200
23	日用品区	化妆品类	第1季度	75400
24	日用品区	化妆品类	第2季度	85500
25	日用品区	化妆品类	第3季度	88050
26	日用品区	化妆品类	第4季度	78050
27	电器区	家电类	第1季度	94100

图 1-54 数据源

步骤 1：选中需要汇总的数据单元格，含列标题。

步骤 2：单击【插入】选项卡、【数据透视表】下拉框选择"数据透视表"，如图 1-55 所示。

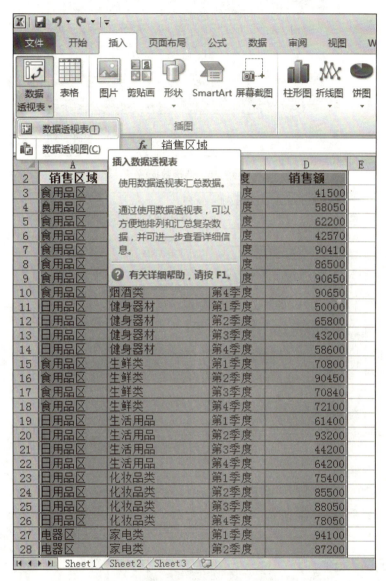

图 1-55 "创建数据透视表"窗口

步骤 3：此时，【选择一个表或区域(S)】下的【表/区域(T)：】会自动出现需要汇总的数据单元格(含列标题)，单击选择【新工作表(N)】选项，如图 1-56 所示，单击【确定】按钮。

步骤 4：在如图 1-57 所示的【数据透视表字段列表】任务窗格中，将"销售区域"和"类别"依次拖动至【行标签】下的空白框中，将"季度"拖动值【列标签】下的空白框中，再将"销售额"拖动至【数值】下的空白框中。单击【确定】按钮，创建好的数据透视表如图 1-58 所示。

EXCEL在财务会计中的应用

图1-56 选择数据区

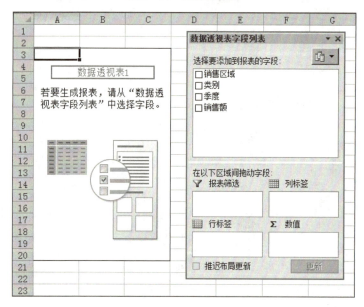

图1-57 数据透视表字段列表

图1-58 创建的数据透视表

2. 数据透视图

数据透视图是数据透视表的图表化，更能体现"透视"的效果。

【例 1-13】 根据图 1-54 所示的"全家百货超市 2015 年各季度商品销售情况表"创建数据透视图。

步骤 1：选中需要汇总的数据单元格，含列标题。

步骤 2：单击【插入】选项卡、【数据透视表】下拉框选择"数据透视图"，如图 1-59 所示。

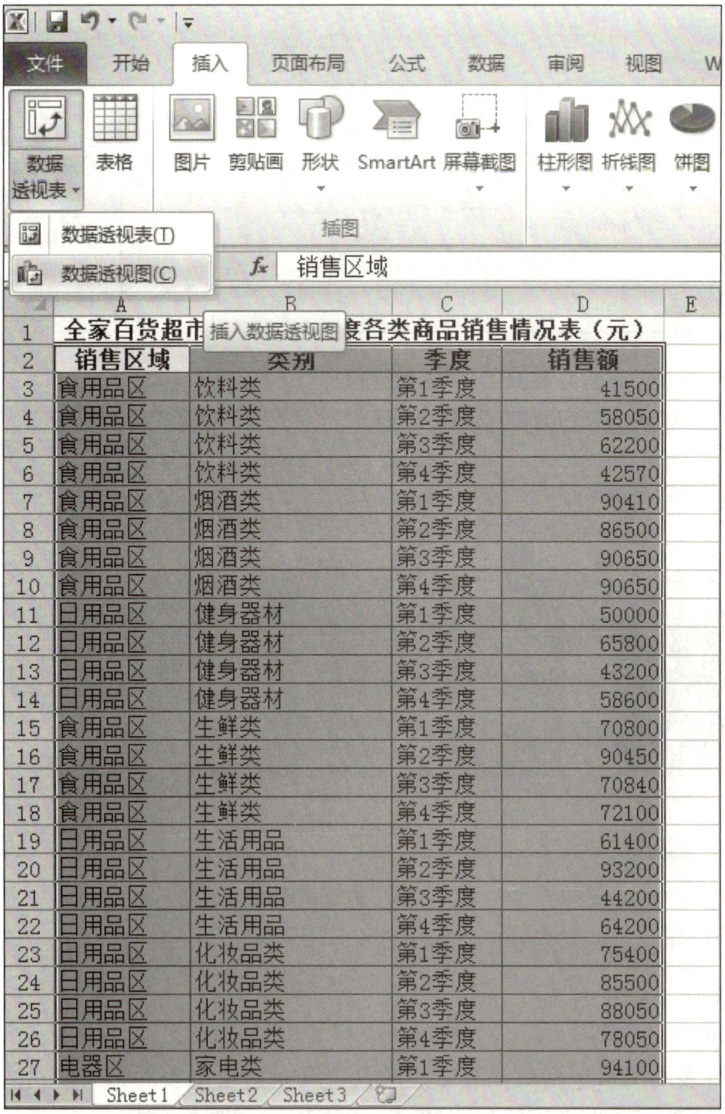

图 1-59 选择"数据透视图"

步骤 3：【选择一个表或区域(S)】下的【表/区域(T)：】会自动出现需要汇总的数据单元格（含列标题），单击选择【新工作表(N)】选项，并单击【确定】按钮。

步骤4：此时出现【数据透视表字段列表】任务窗格，如图1-60所示，在其中将"销售区域"拖动至【行标签】下的空白框中，将"季度"拖动值【列标签】下的空白框中，再将"销售额"拖动至【数值】下的空白框中，单击【确定】按钮，创建好的数据透视图如图1-61所示。

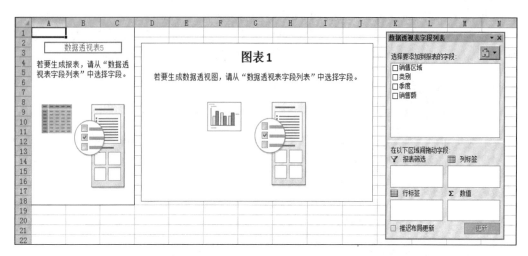

图1-60　数据透视表字段列表

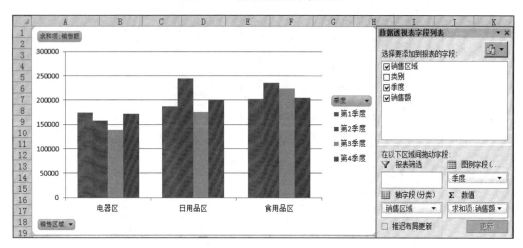

图1-61　数据透视图

我们如果按"类别"细分销售额，可以仅将"类别"拖拽至【行标签】下的空白框中，结果如图1-62所示。

3. 数据透视的编辑

数据透视表的编辑包括对报表字段的设置和对整个报表的布局格式的设置。最基本的就是通过【数据透视表字段列表】窗格对报表字段进行设置。

（1）添加字段。

在数据透视表创建完成后，我们就需要添加数据透视表的字段。添加字段的方法有三种。例如，将"销售区域"字段添加到"报表筛选"空白框中。可以在【数据透视表字

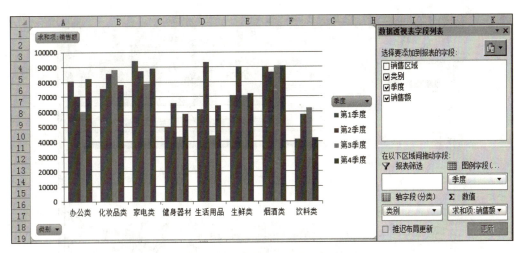

图 1-62 按"类别"细分销售额的数据透视图

段列表】窗格中右击要添加的字段"销售区间",在弹出的快捷选项卡中单击【添加到报表筛选】命令。

(2) 设置字段。

【例 1-14】 将图 1-58 中所有数值型数据改为货币型显示。

步骤 1:选择要设置的数据。按住鼠标左键拖动选中所有数值型数据区域 B6:E14。

步骤 2:打开【单元格格式】窗口,点击鼠标右键弹出快捷选项卡【设置单元格格式(F)…】,打开【设置单元格格式】窗口,如图 1-63 所示。

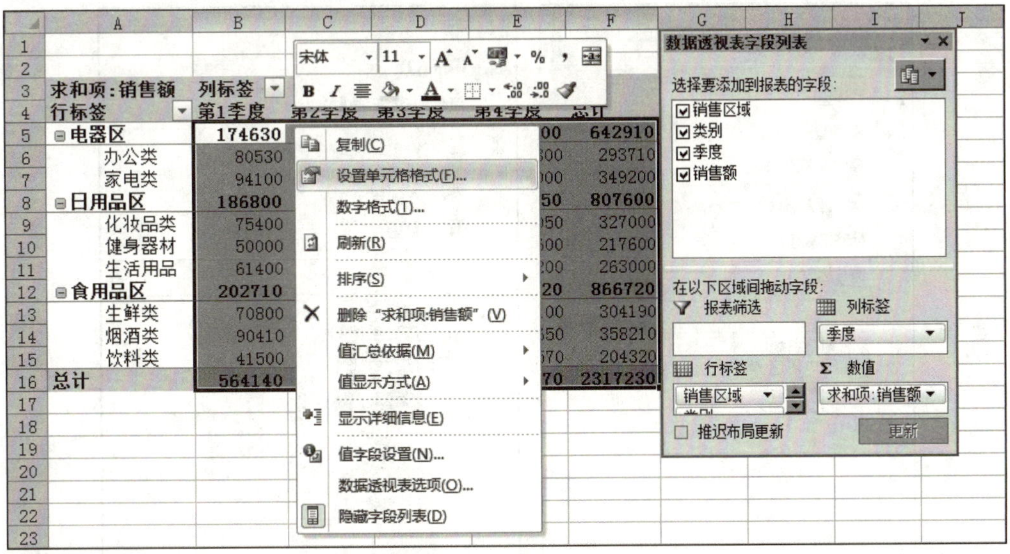

图 1-63 打开并设置单元格格式

步骤 3:选择【设置单元格格式】【数字】【货币】项,小数位修改为"2"位,选择货币符号"¥",如图 1-64 所示,单击【确定】。

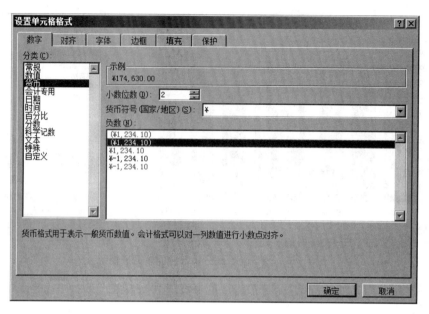

图1-64 设置单元格格式

(3) 筛选字段。

数据透视表中的报表筛选字段、列标签字段和行标签字段,我们可以很方便地筛选出符合要求的数据,同时快速地查阅数据内容。

筛选报表字段值:单击【销售区域 全部】右侧的下拉三角按钮,选择"日用品区"项,如图1-65所示,单击【确定】,完成对其他销售区间的隐蔽。

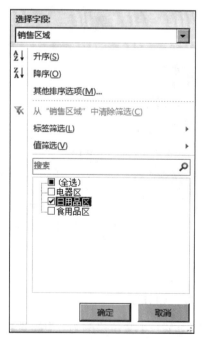 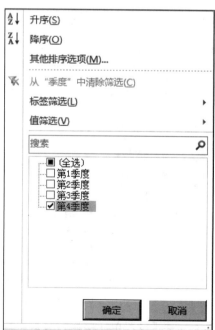

图1-65 报表筛选字段　　　　图1-66 行标签字

筛选行标签字段值：单击【行标签】右侧的下拉三角按钮，在展开的下拉列表中单击"全选"和"第 4 季度"项，如图 1-66 所示，单击【确定】，完成对其他季度的隐蔽。

(4) 更改汇总方式。

在数据透视表中，EXCEL 提供了多种汇总方式，包括求和、计数、平均值、最大值、最小值、乘积、数值计数等，用户可以根据需要选择不同的汇总方式来进行汇总。

例如，将数据透视表中的销售额的汇总方式改为平均值。

步骤 1：单击要改变汇总方式的数据透视表中的任一单元格。

步骤 2：选择平均值汇总方式。在数据透视表【选项】【字段设置】中，打开【值字段设置】窗口，选择【值字段设置】窗口中【汇总方式】选项卡中的"平均值"，如图 1-67 所示。

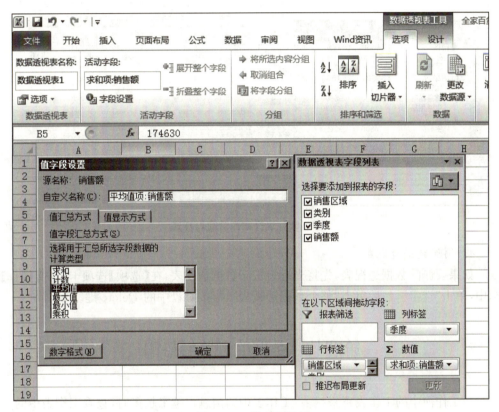

图 1-67 值字段设置

步骤 3：设置汇总字段的数字格式。单击【值字段设置】窗口中的【数字格式(N)】按钮，打开【设置单元格格式】窗口，选择【数值】项，并保留 2 位小数并单击【确定】，回到【值字段设置】窗口。

步骤 4：完成平均值设置。单击【值字段设置】窗口和【确定】按钮。

3. 格式化数据透视表

数据透视表建立完成后，为了使数据透视表更加美观，我们还可以对它的格式进行设置。在设置其格式时，最简单、快速的方法是使用数据透视表样式。

设置数据透视表格式的实施步骤如下：

选定数据透视表格范围内的任意一个单元格,然后单击【设计】选项卡下的【数据透视表样式】、【其他】工具按钮和【数据透视表样式中等深浅 9】,如图 1-68 所示。当然,我们也可以自动套用"数据透视表样式中等深浅 9"的数据透视表效果图。

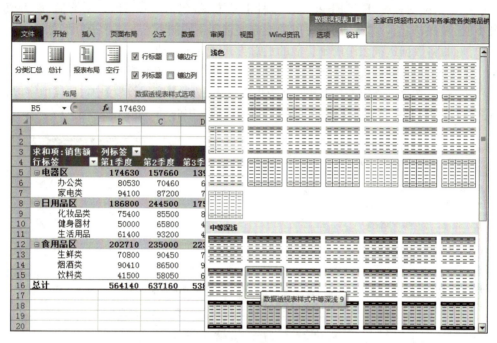

图 1-68　选择数据透视表样式

4. 删除数据透视表

如果要删除数据透视表,先将光标定位于数据透视表,在【选项】选项卡上的【操作】组中,单击"选定",然后单击"整个数据透视表",再按键盘中的 Delete 键。

第四节　数据的浏览与打印

当工作簿中的工作表越来越多,工作表中的信息也越来越多时,查看工作表中的数据处理就会越来越困难,因此,我们应当根据实际情况选择合适的查看方式。

由于不同用户需要的打印报告样式不同,每个用户都可能会有自己的特殊要求,EXCEL 2010 为了方便用户,提供了许多用来设置或调整打印效果的实用功能,可使打印的结果与所期望的结果一致。

一、浏览数据表

1. 多窗口浏览

要在一张行列数比较多的工作表中查看两个不同部分的数据,或者要同时查看不同工作表中的数据,通过移动滚动条或者对工作表进行切换,非常麻烦,而且也容易看错,此时使用多窗口查看工作表将会非常方便。

例如:用垂直并排的方式查看佳园公司职工信息表中的记录。

步骤1:单击【视图】选项卡,在【窗口】组中单击【新建窗口】按钮,如图1-69所示,可再创建一个窗口。

图1-69 新建窗口操作

步骤2:单击【视图】选项卡,在【窗口】组中单击【全部重排】按钮,打开【重排窗口】窗口,如图1-70所示。

步骤3:在【重排窗口】窗口中选择【垂直并排】方式,查看效果。

在一个窗口中滚动查看不会导致其他窗口的滚动,即一个工作簿可以拥有任意多个视图(单独的窗口),每一个窗口独立于其他窗口,当不再需要这些窗口,可以关闭这些额外的窗口,如图1-71所示。

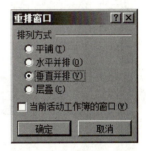

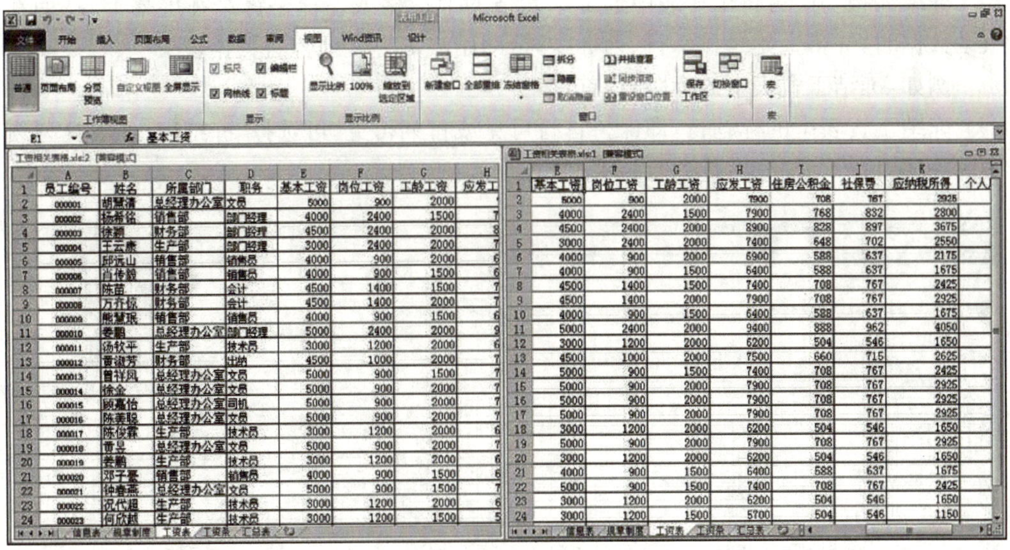

图1-70 选择排列方式

图1-71 垂直并排查看

2. 拆分窗口

如果将工作表当前的活动窗口拆分成几个独立的窗格,在每个被拆分的窗格中可以通过滚动条来显示工作表的每一个部分的内容。

EXCEL在财务会计中的应用

例如,将工资表中的G14单元格选定作为拆分窗口分割点位置,分成四个窗口。

步骤:选择【视图】【窗口】【拆分】按钮,工作表区被分成四个窗格,查看效果如图1-72所示。移动窗格间的两条分割线可调节窗格大小。再按一次"拆分"按钮命令可撤销拆分窗口。将所有拆分条向窗口边缘拖动,即可撤销拆分窗口。

图1-72 拆分按钮的拆分效果

3. 冻结窗格

冻结窗格功能可将工作表中选定单元格的上窗格或左窗格冻结在屏幕上,从而在滚动数据时,屏幕上始终显示行、列标题,帮助用户更方便地查看数据表头。

例如,冻结工资表中的标题行(首行)。

冻结工资表中的标题行,即保持首行可见或首列可见,可选择"冻结窗格"下拉列表中的"冻结首行"或"冻结首列",结果如图1-73所示。

图1-73 选择"冻结拆分窗格"命令

此时,滑动 EXCEL 窗口的纵向滚动条或鼠标,除第一行所有单元格被冻结外,其他单元格会向上滚动,即首行始终可见。使用冻结窗口功能只是显示部分内容,并不影响打印。撤销冻结窗口时,选择【视图】选项卡下的【窗口】组【冻结窗格】下拉列表【取消冻结拆分窗格(F)】命令,如图 1-74 所示。

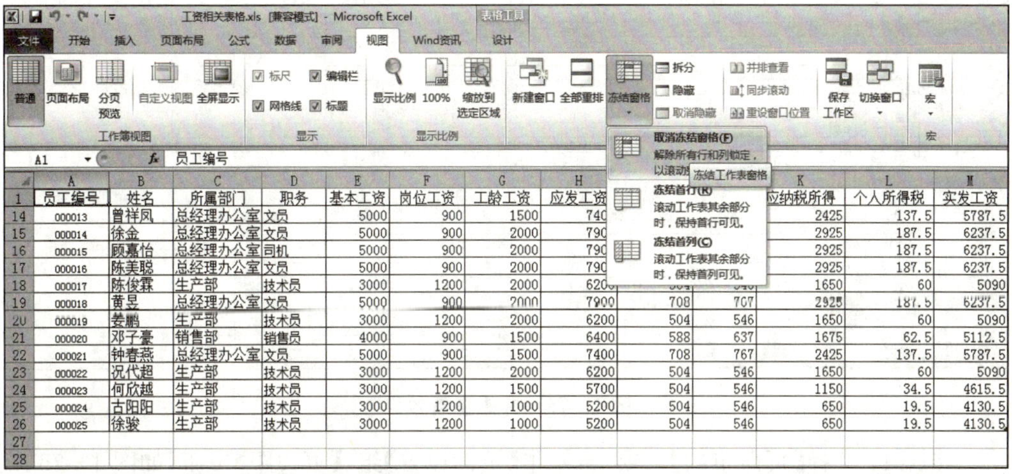

图 1-74　选择"取消冻结拆分窗格"命令

4. 并排查看

在某些情况下,要在同一工作簿中比较两个工作表,若采用多窗口查看,这两个窗口是水平平铺的,一个窗口中的内容有时会覆盖另一个窗口中的内容。为了避免这种情况,可以使用并排窗口来比较工作表。或者在某些情况下,我们想在不同的窗口中比较两个工作表,"并排查看"功能使该任务更加容易进行。

例如,对工资表并排查看比较相关数据。

步骤 1:选择【视图】选项卡下的【窗口】【新建窗口】,创建一个工作簿的新窗口。

步骤 2:激活第一个窗口,单击【视图】选项卡、【窗口】组、【并排查看】命令。如果同时打开多个窗口,会看到一个【选择比较窗口】的窗口,两个窗口并排出现。

步骤 3:当使用【并排查看】功能时,会发现如果一个窗口滚动,另一个窗口也跟着滚动。如果不需要同步滚动功能,在图 1-75 中单击【同步滚动】按钮,就取消了此项功能。再单击一次【并排查看】按钮就关闭了并排查看功能。

二、打印数据表

在打印一份工作表之前,需要对其进行打印设置,一般包括页面设置和打印预览等。

下面以"职工工资表"为例,设置页面并打印预览。

1. 页面设置

页面设置包括设置工作表的页边距、设置工作表的页眉与页脚。

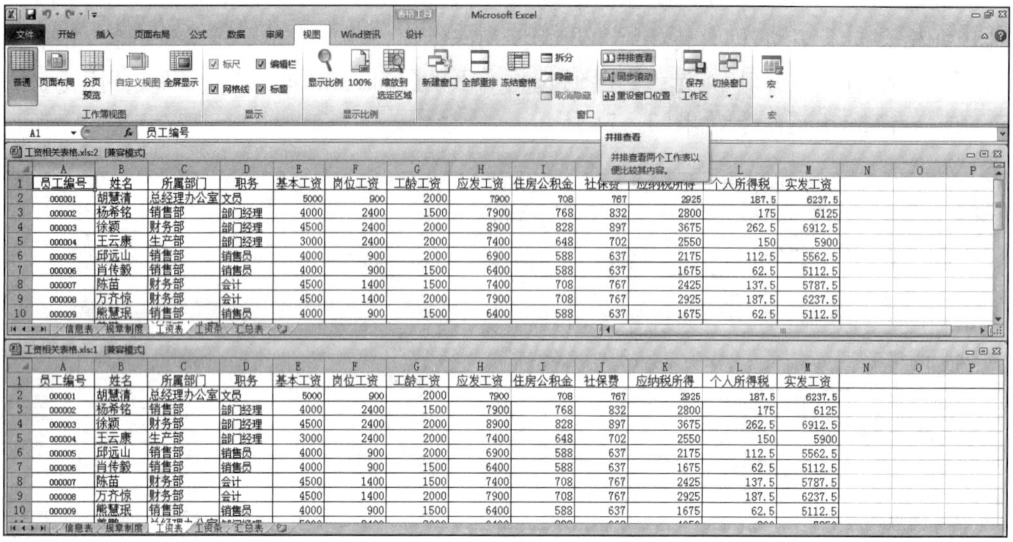

图 1-75 并排查看效果

步骤1：选择【页面布局】选项卡，单击【页面设置】组、【页边距】按钮，如图 1-76 所示，打开【页面设置】窗口。

图 1-76 打印预览窗口

步骤2：在【页面设置】窗口中用户可以对页面进行详细设置，【方向】选择"横向"如图 1-77 所示。【缩放】选项，可以控制打印数据的放大、缩小值。当缩放比例为100%时，是正常大小；大于100%，表示要放大打印；小于100%，表示缩小打印。缩放打印数据中，可能造成页码重新编排。【页宽】或【页高】选项是用来将大型报表缩小打印，并不具备放大功能。例如：一份数据正常打印需要8页，即2页宽、4页高或4页高、2页宽，但如果希望将数据的宽度缩小为1页宽、3页高，就可以在【缩放】选项中单击【调整为】单选按钮，然后在右边栏中设置1页宽、3页高，那么就会自动调整数据比例，使数据可以在3页中打印出来。【起始页码】选项用来设置页码的起始编号，默认为"自动"，表示从1开始编号，以此类推，如果希望页码从15开始编号，就在"起始页码"文本框中输入15。

步骤3：【页边距】设置，在该选项卡中，我们可以设置页面上、下、左、右页边距的大小，以及页眉和页脚的大小，如图 1-78 所示。此外，关于页面的设置也可以在 EXCEL 2010 的【文件】选项卡下【打印】中设置，选择"自定义边距"，如图 1-79 所示。

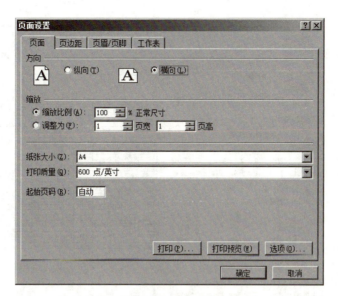

图 1-77　页面设置

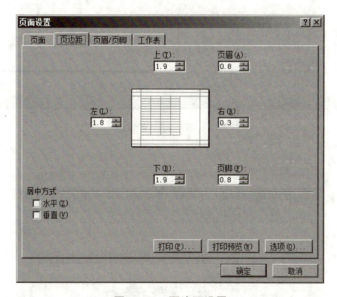

图 1-78　页边距设置

2．打印区域、顶端标题行设置

【页面设置】中的"页眉/页脚"选项是设计打印表格的页眉或页脚，如图 1-80 所示。

【页面设置】中的【工作表】选项可以选择工作表中要打印的一些项目。"打印区域"选项用来设置打印内容的范围，一般是单元格地址的引用。"打印标题"选项用来设置第一页的标题出现在打印的全部页面顶部，如果第一页的标题是在同一行，则在"顶端标题行"后设置，如果第一页的标题是在同一列，则在"左端标题行设置"。例如，将"职工工资表"中 A1：M2 选中作为打印顶端标题行，如图 1-81 所示。

EXCEL在财务会计中的应用

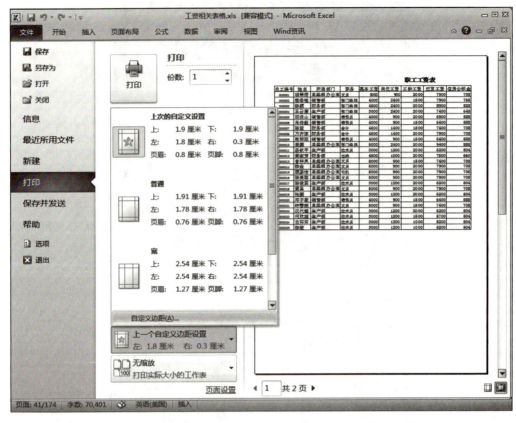

图1-79 自定义边距

图1-80 页眉/页脚设置

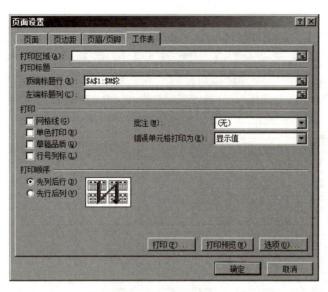

图 1-81　页眉/页脚设置

3. 分页设置

EXCEL 2010 会自动为数据进行分页，我们可以先查看分页情况，如果分页结果不符合要求，可以对分页进行调整。要将某部分数据另起一个新页打印时，可以通过人工设置分页符来完成。

（1）设置分页符。

例如，将"职工工资表"从员工编号"000011"之后新起一页。

步骤1：选定插入分页符的位置 A13。

步骤2：单击【页面布局】【页面设置】【分隔符】下拉列表【插入分页符(I)】，如图 1-82 所示。这样就会在该单元格上方插入一个分页符，效果如图 1-83 所示。

图 1-82　"分隔符"选项

（2）查看分页符。

单击【视图】选项卡、【工作簿视图】组、【分页预览】视图模式，此时，我们可清楚地看到插入的蓝色人工分页符。另外在插入人工分页符后，可再拖动此蓝色分页符调整分页符所在位置。

EXCEL在财务会计中的应用

[表格图片]

图1-83 插入分页符效果

(3) 删除分页符。

如果要删除分页符,可单击【分隔符】下拉列表【删除分页符(R)】命令,如图1-82所示。如果要删除工作表中的所有手工设置的分页符,选择【页面布局】【页面设置】【分隔符】下拉列表【重设所有分页符(A)】。

4. 打印预览与输出

(1) 打印预览。

如果打印的数据较多,EXCEL 2010会自动分页,并进行在"打印预览"模式下方的状态栏看到数据被分成几页,当前是哪一页,还可以利用【上一页】【下一页】按钮或者垂直滚动条来看不同的页。

进入"打印预览"模式,数据是以整页预览的比例,将一页数据完整地显示在屏幕上。由于受屏幕的限制,数据会被缩小,所以只能看到大致的排版情况,单击【显示比例】按钮,就可以放大或缩小打印预览的显示比例。再单击一次【显示比例】按钮,又会回到整页预览的显示比例。

如果要调整页边距,可选中【页边距】复选框,会出现很多可以调整的页边距和列宽的虚线和控制点。拖动虚线或者虚线两端的控制点可以大致调整页面的上、下边距,左、右边距,页眉区域和页脚区域的大小。

当所有的设置均已完成,打印前的预览如图1-84所示。

(2) 打印输出。

财务数据一般都要打印,如果不需要设置打印的参数,可以直接单击【工具栏】【打印】进行打印。

步骤1:设定打印份数。在【打印份数】微调框中,设置打印的份数。

步骤2:选择打印机。如果计算机安装了多台打印机或传真机,可以在"打印机"下拉列表中选择相应的打印机。

第一章 EXCEL 基础知识

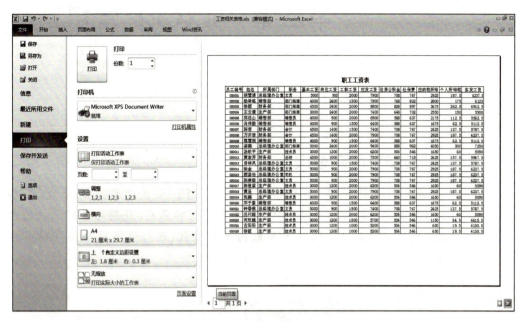

图 1-84 打印预览

步骤 3：设定打印内容。在【设置】选项中，可以选择要打印的对象，可以选定区域、整个工作表或者当前工作表。

步骤 4：单击【确定】进行打印。接着屏幕上出现一个正在打印的提示框，表示正在将打印内容读入内存，之后打印机就开始打印了。

复习思考题

1. 您认为 EXCEL 2010 的哪些方面有待进一步改进？
2. 财务会计日常管理中哪些方面要用到数据透视表？请举出若干例子。
3. 如何保护工作表不被修改，或对某些用户限制修改？

第二章 EXCEL 常用函数

[教学目的和要求]

通过本章的学习,要求学生理解 EXCEL 公式的构成及功能;了解 EXCEL 的常用的数学与统计函数、文本与逻辑函数、日期与时间函数的功能;熟练掌握 EXCEL 的常用函数的格式参数、应用范围以及操作的具体步骤。

第一节 EXCEL 公式

一、EXCEL 公式的构成

EXCEL 公式是以"="开始,将常量、单元格引用、函数等元素按照一定的顺序连接在一起,从而实现对工作表中的数据执行计算的等式。构成公式的要素主要包括运算符、常量、函数、括号及单元格引用等。

1. 运算符

用于连接公式中的元素并进行特定运算类型的符号,包括算术运算符、比较运算符。

(1) 算术运算符。算术运算符用来完成基本的数学运算,如加法、减法和乘法。算术运算符有+(加)、-(减)、*(乘)、/(除)、%(百分比)、^(乘方),如表 2-1 所示。

表 2-1 算术运算符

符号	作用	示例
+(加号)	加运算	1+2 结果为 3
-(减号)	减运算	10-5 结果为 5
*(星号)	乘运算	2*3 结果为 6
/(斜杠)	除运算	8/4 结果为 2
%(百分号)	百分比	2% 结果为 0.02
^(脱字符)	乘方运算	4^2 结果为 16

(2) 比较运算符。比较运算符用来对两个数值进行比较,产生的结果为逻辑值

True(真)或 False(假)。比较运算符有"＝"(等于)、"＞"(大于)、"＞＝"(大于等于)、"＜＝"(小于等于)、"＜＞"(不等于),如表 2-2 所示。

表 2-2 比较运算符

符 号	作 用	示 例
＝(等于号)	判断两个数值是否相等	1＝2 结果为 False
＞(大于号)	判断一个数值是否大于另一个数	1＞2 结果为 False
＜(小于号)	判断一个数值是否小于另一个数	1＜2 结果为 True
＞＝(大于等于)	判断一个数值是否大于等于另一个数	1＞＝2 结果为 False
＜＝(小于等于)	判断一个数值是否小于等于另一个数	1＜＝2 结果为 True
＜＞(不等于)	判断两个数值是否不相等	1＜＞2 结果为 True

(3) 文本运算符。文本运算符"&"用来将一个或多个文本连接成为一个组合文本,如表 2-3 所示。例如"江西"&"财经大学"的结果为"江西财经大学"。

表 2-3 文本运算符

符 号	作 用	示 例
&	连接文本	C21&" "&D21
&	连接文本	B2&"在财务会计中的运用"

(4) 引用运算符。引用运算符用来将单元格区域合并运算,如表 2-4 所示。区域(冒号):表示对两个引用之间,包括两个引用在内的所有区域的单元格进行引用,例如 SUM(B1:D5);联合(逗号):表示将多个引用合并为一个引用,例如 SUM(B5,B15,D5,D15);交叉(空格):表示产生同时隶属于两个引用的单元格区域的引用。

表 2-4 引用运算符

符 号	作 用	示 例
:	连接两个单元格构成一个区域引用	A1:A10
:	连接两个单元格构成一个区域引用	B2:D15

(5) 运算符顺序。如果公式中同时用到了多个运算符,EXCEL 将按运算符的优先级顺序进行。公式中运算符的顺序从高到低依次为:冒号、逗号、空格、负号(如－1)、％(百分比)、^(乘幂)、* 和/(乘和除)、＋和－(加和减)、&(连接符)、比较运算符。

2. 常量
常量是指公式中数字或文本值,例如:123,－23,"正在使用""主营业务收入"等。

3. 函数
EXCEL 中的函数是指一些预定义的公式,这些公式使用参数的特定数值按特定的顺序或结构进行计算。例如,求和函数 SUM,平均值函数 AVERAGE,逻辑函数 IF 等。

4. 括号

括号(半角小括号)用于控制公式的运算顺序。

5. 单元格引用

单元格的引用是指公式和函数引用了单元格的"地址",其目的在于指明所使用的数据存放的位置。也就是说,通过单元格的引用可以在公式和函数中使用工作簿中不同部分的数据,或在多个公式中使用同一个单元格的数据。单元格的引用分为绝对引用、相对引用、混合引用。

(1) 绝对引用。单元格中的绝对单元格引用总是在指定位置引用单元格。如果公式所在单元格的位置改变,绝对引用的单元格始终保持不变。如果多行或多列地复制公式,绝对引用将不作调整。绝对引用的格式如 \$A\$3、\$C\$8。

(2) 相对引用。公式中的相对单元格引用是基于包含公式和单元格引用的单元格的相对位置。如果公式所在单元格的位置改变,引用也随之改变。如果多行或多列地复制公式,引用会自动调整。EXCEL 通常将引用形式默认为使用相对引用。相对引用的格式如 A3、C8。

(3) 混合引用。混合引用允许公式的某一部分发生变化,而另一部分则是固定的。混合引用有绝对列和相对行、绝对行和相对列两类。混合引用的格式如 \$A3、C\$8,其中 \$A3 表示列固定于 A,C\$8 表示行固定于 8。

三者相互切换的快捷键:按 F4 键可以实现绝对引用、相对引用与混合引用之间的相互切换。

【例 2-1】 利用单元格引用实现不同年度、不同利率下的利息的计算。

D4 单元格的计算运用了绝对引用(\$B\$3)和混合引用(D\$3 单元格和 \$C4 单元格),如图 2-1 所示,计算结果如图 2-2 所示。

	A	B	C	D	E	F	G	H	I	J
1										
2		本金					年利率			
3		100		5%	6%	7%	8%	9%	10%	
4			1	105.00						
5			2							
6			3							
7		年	4							
8		度	5							
9			6							
10			7							
11			8							
12			9							
13			10							
14										

D4 单元格公式: =\$B\$3*(1+D\$3)^\$C4

图 2-1 单元格引用

	A	B	C	D	E	F	G	H	I	J
1										
2		本金		年利率						
3		100		5%	6%	7%	8%	9%	10%	
4			1	105.00	106.00	107.00	108.00	109.00	110.00	
5			2	110.25	112.36	114.49	116.64	118.81	121.00	
6			3	115.76	119.10	122.50	125.97	129.50	133.10	
7			4	121.55	126.25	131.08	136.05	141.16	146.41	
8		年度	5	127.63	133.82	140.26	146.93	153.86	161.05	
9			6	134.01	141.85	150.07	158.69	167.71	177.16	
10			7	140.71	150.36	160.58	171.38	182.80	194.87	
11			8	147.75	159.38	171.82	185.09	199.26	214.36	
12			9	155.13	168.95	183.85	199.90	217.19	235.79	
13			10	162.89	179.08	196.72	215.89	236.74	259.37	
14										

图 2-2 利息计算结果

（4）外部引用（链接）。我们将同一工作表中的单元格之间的引用称为"内部引用"。在 Excel 中我们还可以引用同一工作簿中不同工作表中的单元格,也可以引用不同工作簿中工作表的单元格,这种引用称为"外部引用",也称为"链接"。

引用同一工作簿中不同工作表中的单元格格式为：＝工作表名！单元格地址。

例如,当前工作表为 Sheet1,单元格 A3 公式 ＝Sheet2！B2＋Sheet3！C2,表示将 Sheet2 中的 B2 单元格的数据与 Sheet3 中的 C2 单元格的数据相加,放入当前工作表 Sheet1 的 A3 单元格。

引用不同工作簿工作表中的单元格格式为：＝[工作簿名.xlsx]工作表名！单元格地址。

例如,当前工作簿为 Book1 中的 Sheet1 工作表,单元格 B4 公式＝[Book2.xlsx] Sheet1！A2－[Book3.xlsx]Sheet2！A4,表示将 Book2 工作簿的 Sheet1 中的 A2 单元格的数据与 Book3 工作簿的 Sheet2 中的 A4 单元格的数据相减,放入当前工作簿 Book1 中的 Sheet1 工作表 B4 单元格。

二、数组公式

数组公式是用于建立可以产生多个结果或对可以存放在行和列中的一组参数进行运算的单个公式。数组公式的实质是单元格公式的一种书写形式,用来显式地通知 EXCEL 计算引擎对其执行多项计算。

要输入数组公式,首先必须选择用来存放结果的单元格区域,在编辑栏输入公式,然后按 Ctrl＋Shift＋Enter 组合键锁定数组公式,作为标识,EXCEL 将在公式两边自动加上大括号"{}",而不要自己输入,否则,EXCEL 认为输入的是一个正文标签。要编辑或清除数组公式,需选择数组区域并且激活编辑栏,公式两边的括号将消失,然后编辑或清除公式,最后按 Ctrl＋Shift＋Enter 组合键确认。

如果一个函数或公式返回多个结果值,并需要存在单元格区域中,此时可以借助多单元格数组公式来实现。

【例 2-2】 利用多单元格数组公式计算销售额。

如图 2-3 所示，选择 G3：G11 单元格区域后，输入以下数组公式后，并按下 Ctrl+Shift+Enter 组合键结束编辑。

图 2-3　利用多单元格数组公式计算销售额

{=E3：E11*F3：F11}（注意：输入公式时不包括外层大括号）

此公式将各种商品的销售数量分别乘以各自的单价，获得一个内存数组{700；2000；960；1920；1025；1824；570；2600；275}，将其写入指定的 G3：G11 单元格区域中并显示出来。本例只是为了说明数组公式的用法，其实，我们在 G3 单元格中输入公式"=E3*F3"，得到结果后，再利用填充柄拖拽至 G11 单元格，最终结果是一样的。

三、公式错误值说明

使用 EXCEL 公式进行计算时，可能遇到一些错误值信息，如 ♯ N/A!、♯ VALUE! 等。这些提示信息都是在使用公式时出现了相应的错误而返回错误值信息，公式中的错误值一般都以"♯"开头。

1. ♯♯♯♯♯!

（1）产生原因。如果单元格所含的数字、日期或时间比单元格宽，或者单元格的日期时间公式产生了一个负值，就会产生♯♯♯♯♯!。

（2）解决方法。如果单元格所含的数字、日期或时间比单元格宽，可以通过拖动列表之间的宽度来修改列宽。如果使用的是 1900 年的日期系统，那么 EXCEL 中的日期和时间必须为正值。如果公式正确，也可以将单元格的格式改为非日期和时间型来显示该值。

2. ♯VALUE!

（1）产生原因。当使用错误的参数或运算对象类型时，或者当公式自动更正功能不能更正公式时，将产生错误值♯VALUE!。

（2）解决方法。① 如果是在需要数字或逻辑值时输入了文本，EXCEL 不能将文本转换为正确的数据类型。那么确认公式或函数所需的运算符或参数正确，并且公式引用的单元格中包含有效的数值。② 如果将单元格引用、公式或函数作为数组常量输入，那么确认数组常量不是单元格引用、公式或函数。③ 如果赋予需要单一数值的运算符或函数一个数值区域，那么将数值区域改为单一数值。修改数值区域，使其包含公式所在的数据行或列。

3. ♯DIV/O!

（1）产生原因。当公式被零除时，将会产生错误值♯DIV/O!。

（2）解决方法。① 如果在公式中，除数使用了指向空单元格或包含零值单元格的单元格引用（在 EXCEL 中如果运算对象是空白单元格，EXCEL 将此空值当作零值），那么修改单元格引用，或者在用作除数的单元格中输入不为零的值。② 如果输入的公式中包含明显的除数零，例如：公式＝1/0，那么将零改为非零值。

4. ♯N/A

（1）产生原因。当在函数或公式中没有可用数值时，将产生错误值♯N/A。

（2）解决方法。如果工作表中某些单元格暂时没有数值，可在这些单元格中输入"♯N/A"，公式在引用这些单元格时，将不进行数值计算，而是返回♯N/A。

5. ♯REF!

（1）产生原因。删除了由其他公式引用的单元格，或将移动单元格粘贴到由其他公式引用的单元格中。当单元格引用无效时将产生错误值♯REF!。

（2）解决方法。更改公式或者在删除或粘贴单元格之后，立即单击"撤消"按钮，以恢复工作表中的单元格。

6. ♯NUM!

（1）产生原因。当公式或函数中某个数字有问题时将产生错误值♯NUM!。

（2）解决方法。① 如果在需要数字参数的函数中使用了不能接受的参数，就要确认函数中使用的参数类型正确无误。② 如果是公式产生的数字太大或太小，EXCEL 不能表示，则需修改公式，使其结果在有效数字范围之间。

7. ♯NULL!

（1）产生原因。使用了不正确的区域运算符或不正确的单元格引用。当试图为两个并不相交的区域指定交叉点时将产生错误值♯NULL!。

（2）解决方法。如果要引用两个不相交的区域，可使用联合运算符逗号(,)。公式要对两个区域求和，应确认在引用这两个区域时，使用逗号。如果没有使用逗号，EXCEL 将试图对同时属于两个区域的单元格求和，例如：由于 A1：A13 和 C12：C23 并不相交，它们没有共同的单元格，所以就会报错。

四、EXCEL 函数

EXCEL 中的函数其实是一些预定义的公式，函数由函数的名称、左括号、以半角相隔的参数以及右括号组成，函数可以有一个或多个参数，函数的参数可以包含以下五种。

1. 常量

输入的文本或逻辑值。

2. 逻辑值

分别为 TRUE 或 FALSE,"真"或"假"。

3. 数组

主要有常量数组与区域数组两类。

(1) 常量数组将一组给定的常量用作某个公式中的参数,例如{1;2;3;4;5}、{"张三";"李四";"王五"}。

(2) 区域数组是一个矩形的单元格区域,该区域中的单元格共用一个公式,例如{A1：A23}、{B5：F14}。

4. 单元格引用

分为绝对引用、相对引用、混合引用。

5. 嵌套函数

嵌套函数指在某些情况下,可将某函数作为另一函数的参数使用。

第二节　数学与统计函数

一、SUM 与 AVERGE 函数

1. SUM(number1,number2,…)

(1) 功能说明。

返回某一单元格区域中数字、逻辑值及数字的文本表达式之和。

(2) 参数说明。

number1,number2,…为 1 到 30 个需要求和的参数。

(3) 注意事项。

① 按键输入到参数表中的数字、逻辑值及数字的文本表达式将被计算。

② 如果参数为数组或引用,只有其中的数字将被计算。数组或引用中的空白单元格、逻辑值、文本将被忽略。

③ 如果参数中有错误值或为不能转换成数字的文本,将会导致错误。

(4) 应用举例。

SUM(3，2)＝5

SUM("5",15，TRUE)＝21(文本值被转换成数字,而逻辑值 "TRUE" 被转换成数字 1。)

2. AVERAGE(number1,number2,…)

(1) 功能说明。

返回参数的平均值(算术平均数)。

(2) 参数说明。

与 SUM 函数一样,number1,number2,…是要计算平均值的 1~30 个参数。

(3) 注意事项。

① 参数可以是数字,或者是涉及数字的名称、数组或引用。

② 对单元格中的数值求平均时,应注意空单元格与含零值单元格的区别,尤其是当"选项"窗口中的"视图"选项卡上已经清除了"零值"复选框的条件下,空单元格不计算在内,但算作零值。

(4) 应用举例。

将 A1：A5 命名为 Scores,其中的数值分别为 10、7、9、27 和 2。

那么,AVERAGE(A1：A5)＝11；AVERAGE(Scores)＝11。

AVERAGE(A1：A5,5)＝10(数值 10、7、9、27、2 和 5 的平均值)。

AVERAGE(A1：A5) 等于 SUM(A1：A5)/COUNT(A1：A5) 等于 11。

如果再将 C1：C3 命名为 OtherScore,其中的数值为 4、18 和 7。

那么,AVERAGE(Scores,OtherScores)＝10.5。

二、ROUND 与 INT 函数

1. ROUND(number,num_digits)函数

(1) 功能说明。

返回某个数字按指定位数进行四舍五入后的数字。

(2) 参数说明。

① 参数 number 必需,要四舍五入的数字。

② 参数 num_digits 必需,是指位数,按此位数对 number 参数进行四舍五入。

(3) 注意事项。

① 如果 num_digits 大于 0,则四舍五入到指定的小数位。

② 如果 num_digits 等于 0,则四舍五入到最接近的整数。

③ 如果 num_digits 小于 0,则在小数点左侧进行四舍五入。

(4) 应用举例。

公式及公式的计算结果见表 2-5。

表 2-5　ROUND 函数举例

公　式	说明(结果)
＝ROUND(2.15,1)	将 2.15 四舍五入到一个小数位(结果为 2.2)
＝ROUND(2.149,1)	将 2.149 四舍五入到一个小数位(结果为 2.1)
＝ROUND(－1.475,2)	将－1.475 四舍五入到两个小数位(结果为－1.48)
＝ROUND(21.5,－1)	将 21.5 四舍五入到小数点左侧一位(结果为 20)

2. INT(number)函数

（1）功能说明。

将数字向下舍入到最接近的整数。

（2）注意事项。

参数 number 必需，需要进行向下舍入取整的实数。

（3）应用举例。

公式及公式的计算结果见表 2-6。

表 2-6 INT 函数举例

公 式	说明（结果）
=INT(2.62)	将 2.62 向下舍入到最接近的整数（结果为 2）
=INT(2.14)	将 2.14 向下舍入到最接近的整数（结果为 2）
=INT(-1.47)	将 -1.475 向下舍入到最接近的整数（结果为 -2）
=INT(21.5)	将 21.5 向下舍入到最接近的整数（结果为 21）

三、COUNT、COUNTA 与 COUNTBLANK 函数

1. COUNT(value1,value2,…)函数

（1）功能说明。

返回包含数字以及包含参数列表中的数字的单元格的个数。

（2）参数说明。

参数 value1,value2,… 为包含或引用各种类型数据的参数，只有数字类型的数据才被计算。即将把数字、日期或以文本代表的数字计算在内，但是错误值或其他无法转换成数字的文字将被忽略。

（3）应用举例。

原始数据如表 2-7 所示。公式及公式的计算结果见表 2-8。

表 2-7 原 始 数 据

	A	B	C
1	#DIV/0!	销售	
2			
3	TRUE	=IF(B4<30,"",B4)	
4		27	
5	22.24	2014/11/30	

表 2-8 COUNT 函数计算结果

公　　式	说明(结果)
=COUNT(A2：B5)	计算上列数据中包含数字的单元格个数,公式返回空文本。(结果为 3)
=COUNT(A2：B5,2)	计算上列数据中包含数字的单元格以及包含数值为 2 的单元格个数,公式返回空文本。(结果为 3)

2. COUNTA(value1,value2,…)函数

(1) 功能说明。

返回参数列表中非空值的单元格个数。

(2) 参数说明。

参数 value1,value2,…为所要计算的值,参数个数为 1 到 30 个。参数值可以是任何类型,它们可以包括空括号(" "),但不包括空白单元格。

(3) 应用举例。

原始数据如表 2-9 所示,公式及公式的计算结果见表 2-10。

表 2-9 原 始 数 据

	A	B	C
1	#DIV/0!	销售	
2			
3	TRUE	=IF(B4<30,"",B4)	
4		27	
5	22.24	2014/11/30	

表 2-10 COUNTA 函数计算结果

公　　式	说明(结果)
=COUNTA(A2：B5)	计算上列数据中非空单元格的个数,公式返回空文本。(结果为 7)
=COUNTA(A2：B5,2)	计算上列数据中非空单元格以及包含数值为 2 的单元格个数,公式返回空文本。(结果为 8)
=COUNTA(A2：B5,"Two")	计算上列数据中非空单元格以及值为"Two"的个数,公式返回空文本。(结果为 8)

3. COUNTBLANK(range)函数

(1) 功能说明。

计算指定单元格区域中空白单元格的个数。

(2) 参数说明。

参数 range 为需要计算其中空白单元格个数区域。

(3) 注意事项。

单元格中含有返回值为空文本(" ")的公式,该单元格也会计算在内,但包含的零值的单元格不计算在内。

(4) 应用举例。

原始数据如表 2-11 所示,公式及公式的计算结果见表 2-12。

表 2-11 原 始 数 据

	A	B	C
1	#DIV/0!	销售	
2			
3	TRUE	=IF(B4<30,"",B4)	
4		27	
5	22.24	2014/11/30	

表 2-12 COUNTBLANK 函数计算结果

公　式	说明(结果)
=COUNTBLANK(A2:B5)	计算上述区域中空白单元格的个数,公式返回空文本。(结果为 4)

第三节　逻辑与文本函数

一、IF 函数

IF(logical_test,value_if_true,value_if_false)函数

(1) 功能说明。

根据逻辑条件计算的真假值,返回不同结果。

(2) 参数说明。

① 参数 logical_test 是逻辑判断条件。

② 参数 value_if_true 是当逻辑判断条件为(TRUE)真时,IF 函数返回的结果。

③ 参数 value_if_false 是当逻辑判断条件为(FALSE)假时,IF 函数返回的结果。

(3) 注意事项。

IF 函数可以嵌套,但嵌套的级数最多不能超过 7 级。如果要检测多个条件,可以使用后面章节中的 LOOKUP、VLOOKUP 或 HLOOKUP 函数。

（4）应用举例。

以 60 分为界限，根据具体的分数判断成绩是否及格，如图 2－4 所示。

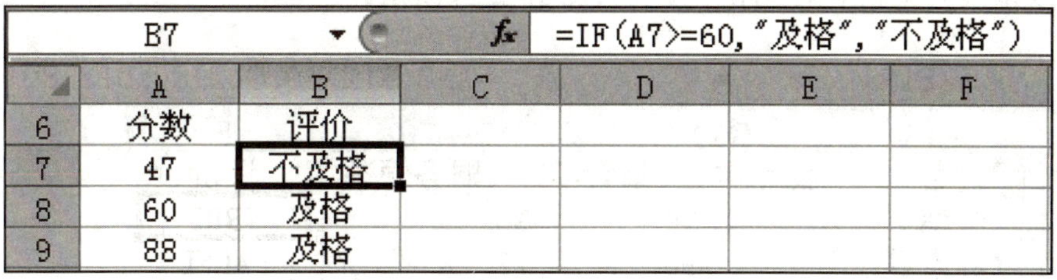

B7　fx　=IF(A7>=60,"及格","不及格")

	A	B	C	D	E	F
6	分数	评价				
7	47	不及格				
8	60	及格				
9	88	及格				

图 2－4　判断成绩是否及格

二、OR 函数

OR(logical1,logical2,…)函数

（1）功能说明。

所有参数逻辑值为假时，返回 FALSE；只要一个参数逻辑值为真，即返回 TRUE。

（2）参数说明。

logical1,logical2,…是待检验的 1—30 个条件，各条件值可为 TRUE 或 FALSE。

（3）注意事项。

参数必须能计算为逻辑值，如 TRUE 或 FALSE，或者为包含逻辑值的数组或引用。如果数组或引用参数中包含文本或空白单元格，则这些值将被忽略。如果指定的区域中不包含逻辑值，函数 OR 返回错误值 #VALUE!。可以使用 OR 数组公式来检验数组中是否包含特定的数值。

（4）应用举例。

=OR(2>3,4<5,6>3)的运算结果为 TRUE。

因为在 2>3,4<5,6>3 三个逻辑条件中有一个 6>3 运算结果为 TRUE。

三、AND 函数

（1）功能说明。

所有参数逻辑值为真时，返回 TRUE(真)；只要一个参数逻辑值为假，即返回 FALSE(假)。

（2）参数说明。

logical1,logical2,…是待检验的 1—30 个条件，各条件值可为 TRUE 或 FALSE。

（3）注意事项。

参数的计算结果必须是逻辑值(如 TRUE 或 FALSE)，而参数必须是包含逻辑值的数组或引用。如果数组或引用参数中包含文本或空白单元格，则这些值将被忽略。如果指定的单元格区域未包含逻辑值，则 AND 函数将返回错误值 #VALUE!。

(4) 应用举例。

【例 2-3】 设定会计学、审计学、财务管理学三科成绩均大于 80 分输出结果为 TRUE(优秀)，否则 FALSE(不优秀)，如图 2-5 所示。

图 2-5 计算结果

【例 2-4】 设定会计学、审计学、财务管理学三科成绩均大于 80 分输出结果为 "优"。如图 2-6 所示。

图 2-6 计算结果

四、LEN(text) 函数

(1) 功能说明。

返回文本字符串中的字符数。

(2) 参数说明。

参数 text 是要查找其长度的文本，空格将作为字符进行计数。

(3) 应用举例。

公式 =LEN("DGGFG123VV") 的运算结果为 10，即共有 10 个字符。

五、LEFT、RIGHT 与 MID 函数

1. LEFT(text,num_chars) 函数

(1) 功能说明。

LEFT 函数用于从一个文本字符串的第一个字符开始返回指定个数的字符。

(2) 参数说明。

① next 是包含要提取字符的文本字符串，或对含有字符单元格的引用。

② num_chars 为提取字符的个数。

(3) 注意事项。

① num_chars 必须大于或等于 0。

② 如果 num_chars 大于文本长度,则 LEFT 函数返回所有文本。

③ 如果省略 num_chars,则假定其为 1。

(4) 应用举例。

【例 2-5】 根据身份证号提取年龄。

公式与公式计算结果如图 2-7 所示。

姓名	身份证号码	性别	出生年月	年龄
张三	510922196512287541	女	1965年12月28日	50
李四	510922197808208053	男	1978年08月20日	37
王五	510932197802287042	女	1978年02月28日	37
赵六	510922197507089051	男	1975年07月08日	40
钱七	510922198302287042	女	1983年02月28日	32
孙八	510922197409288082	女	1974年09月28日	41
杨九	510922198112287065	女	1981年12月28日	34
吴十	510922198302286088	女	1983年02月28日	32

E2 单元格公式:=YEAR(TODAY())-LEFT(D2,4)

图 2-7 根据身份证号提取年龄

2. RIGHT(text,num_chars)函数

(1) 功能说明。

用于从一个文本字符串的最后一个字符开始返回指定个数的字符(包括空格)。

(2) 参数说明。

① next 是包含要提取字符的文本字符串。

② num_chars 为提取字符的个数。

(3) 注意事项。

① num_chars 必须大于或等于 0。

② 如果 num_chars 大于文本长度,则 RIGHT 返回所有文本。

③ 如果省略 num_chars,则假定其为 1。

(4) 应用举例。

公式 = RIGHT("ASDFGHK",3)的运算结果为"GHK"。

3. MID(text,start_num,num_chars)函数

(1) 功能说明。

返回文本字符串中从指定位置开始的特定数目的字符,该数目由用户指定。

(2) 参数说明。

① next 是包含要提取字符的文本字符串。

② ntart_num 是文本中要提取的第一个字符的位置。

③ num_chars 是指定希望 MID 从文本中返回字符的个数。

(3) 注意事项。

① 如果参数 start_num 大于文本长度,则 MID 从返回空文本(" ")。

② 如果 start_num 小于 1,则 MID 返回错误值♯VALUE!。

(4) 应用举例。

【例 2-6】 根据身份证号提取出生年月。

公式与公式计算结果如图 2-8 所示。

图 2-8 根据身份证号提取出生年月

六、CONCATENATE 函数

CONCATENATE(text1,text2,…) 函数

(1) 功能说明。

将几个文本字符串合并为一个文本字符串。

(2) 参数说明。

参数 text1,text2,…是 1—30 个参数,即要合并的文本项。

(3) 注意事项。

用"&"运算符可以代替 CONCATENATE 函数实现文本项的合并。

(4) 应用举例。

公式 =CONCATENATE("张"&"军")的结果为"张军"。

七、REPLACE 函数

REPLACE(old_text,start_num,num_chars,new_text)

(1) 功能说明。

用指定的字符数的文本字符串替换某文本字符串的部分文本。

(2) 参数说明。

① old_text 是要替换其部分字符的文本。

② start_num 是要用 new_text 替换的 old_text 中字符的位置。

③ num_chars 是希望 REPLACE 使用 new_text 替换 old_text 中字符的个数。

④ new_text 是要用于替换 old_text 中字符的文本。

【例 2-7】 将电话号码升位(假设北京地区电话号码前加 6、上海地区电话号码前加 2,天津地区电话号码前加 8),并用分隔区号显示。

D3 单元格的公式为:

=IF(B3="北京",REPLACE(C3,1,3,"0106"),IF(B3="上海",REPLACE(C3,1,3,"0212"),IF(B3="天津",REPLACE(C3,1,3,"0228"))))

E3 单元格的公式为:=LEFT(D3,3)&"-"&RIGHT(D3,8)

其他单元格的运算利用填充柄完成,结果如图 2-9 所示。

	A	B	C	D	E	F
1	电话号码升位					
2	姓名	所在城市	原电话号码	升位后的新电话号码	分隔区号显示	
3	张三	北京	0102784012	01062784012	010-62784012	
4	李四	上海	0216784013	02126784013	021-26784013	
5	王五	天津	0227784014	02287784014	022-87784014	
6	赵六	北京	0108784015	01068784015	010-68784015	
7	钱七	上海	0213784016	02123784016	021-23784016	
8	孙八	天津	0224784017	02284784017	022-84784017	
9	杨九	上海	0218784018	02128784018	021-28784018	
10	吴十	天津	0223584019	02283584019	022-83584019	
11						

图 2-9 电话号码升位

八、FIXED 函数

FIXED(number,decimals,no_commas)

(1) 功能说明。

用于将小数点四舍五入到特定位数,并返回带或不带逗号的文本。

(2) 参数说明。

① number 是要进行四舍五入并转换成文本字符串的数值。

② decimals 为小数点右边的位数。

③ no_commas 为一逻辑值,指示返回的文本中是否显示逗号,为 TURE 时不显示逗号,省略或 FALSE 是显示逗号。

(3) 应用举例。

公式 =FIXED(68.615,2 FALSE)的运算结果为"68.62"。

第四节 日期与时间函数

一、TODAY 与 NOW 函数

1. TODAY()函数
(1) 功能说明。
返回当前日期。
(2) 参数说明。
没有参数。
(3) 注意事项。
括号不能省略;返回的结果与系统当前的日期相同。
(4) 应用举例。
假设今天的日期是"2015/9/30"。
公式 ＝TODAY(),公式的运算结果为"2015/9/30"。

2. NOW()函数
(1) 功能说明。
返回当前日期和时间。
(2) 参数说明。
没有参数。
(3) 注意事项。
括号不能省略;返回的结果与系统当前的日期和时间相同。
(4) 应用举例。
假设今天的日期是"2015/9/30",时间"11:00"。
公式 ＝NOW(),公式的运算结果为"2015/9/30 11:00"。

二、YEAR、MONTH 与 DAY 函数

1. YEAR(serial_number)函数
(1) 功能说明。
返回以系列号表示的某个日期的年份数。例如,公式 ＝YEAR("2015/9/30")的运算结果为"2015"。
(2) 参数说明。
serial_number 为日期,包含要查找的年份,可以用多种日期格式,也可以是单元格引用。
(3) 注意事项。
返回结果为 1900 到 9999 之间的一个整数。

2. MONTH(serial_number)函数

(1) 功能说明。

返回以序列号表示的某个日期的月份数。

(2) 参数说明。

serial_number 表示将要计算其月份数的日期,可以用多种日期格式,也可以是单元格引用。

(3) 注意事项。

返回结果介于 1 到 12 之间的一个整数。

3. DAY(serial_number)函数

(1) 功能说明。

返回以序列号表示的某个日期的天数。

(2) 参数说明。

serial_number 表示日期,可以用多种日期格式,也可以是单元格引用。

(3) 注意事项。

返回结果介于 1 到 31 之间的一个整数。

4. WEEKDAY(serial_number,return_type)函数

(1) 功能说明。

返回某日期的星期数。

(2) 参数说明。

serial_number 是要返回日期数的日期,它有多种输入方式:带引号的文本(如"2001/02/26")、序列号(如 35825 表示 1998 年 1 月 30 日)或其他公式或函数的结果(如 DATEVALUE("2000/1/30"))。

return_type 为确定返回值类型的数字。如果是数字 1 或省略,则 1 至 7 代表星期天到星期六;如果是数字 2,则 1 至 7 代表星期一到星期天;如果是数字 3,则 0 至 6 代表星期一到星期天。

三、DATE(year,month,day)函数

(1) 功能说明。

将指定的年、月、日合并为完整的日期格式。

(2) 参数说明。

① 参数 year 为年份数字,我们一般使用的 year 介于 1904 到 9999 之间(包含这两个值),实际上,默认情况下,Microsoft Excel for Windows 将使用 1900 日期系统,而 Microsoft Excel for Macintosh 将使用 1904 日期系统。我们通常使用前者。

② 参数 month 为月份数字,一般介于 1 到 12 之间。实际上,如果 month 大于 12,则 month 从指定年份的一月份开始累加该月份数。例如,DATE(2015,14,2)返回结果为 2016 年 2 月 2 日的序列号。如果 month 小于 1,month 则从指定年份的一月份开始递减该月份数,然后再加上 1 个月。例如,DATE(2015,−3,2)返回结果为 2014 年

9月2日的序列号。

③ 参数 day 为天的数字，一般介于 1 到 31 之间。实际上，如果 day 大于指定月份的天数，则 day 从指定月份的第一天开始累加该天数。例如，DATE(2015,1,35) 返回表示 2015 年 2 月 4 日的序列号。如果 day 小于 1，则 day 从指定月份的第一天开始递减该天数，然后再加上 1 天。例如，DATE(2015,1,—15) 返回表示 2014 年 12 月 16 日的序列号。

（3）注意事项。

显示的结果可以在设置单元格格式中自行改动。

（4）应用举例。

【例 2-8】 统计 2015 年节假日的具体日期及星期数。

首先利用 DATE 函数将日期进行合并，得到具体日期，如图 2-10 所示，然后利用 WEEKDAY 函数计算出星期数，最终结果如图 2-11 所示。

图 2-10 节假日名称

四、DATEVALUE(day_text) 函数

（1）功能说明。

用于返回某一指定日期的系列编号。

（2）参数说明。

参数 date_text 是以文本格式表示的日期。在使用 Microsoft Excel for Windows 中的默认日期系统时，参数 date_text 必须表示 1900 年 1 月 1 日到 9999 年 12 月 31 日

F5 fx =WEEKDAY(E5,1)

2015年节假日统计表				
请输入年份:	2015			
节假日名称	定义日期		具体日期	星期数
	月	日		
元旦节	1	1	2015年1月1日	星期四
劳动节	5	1	2015年5月1日	星期五
青年节	5	4	2015年5月4日	星期一
儿童节	6	1	2015年6月1日	星期一
建党节	7	1	2015年7月1日	星期三
建军节	8	1	2015年8月1日	星期六
国庆节	10	1	2015年10月1日	星期四
圣诞节	12	25	2015年12月25日	星期五
母亲节	5月的第二个星期日		2015年5月10日	星期日
父亲节	6月的第三个星期日		2015年6月21日	星期日
感恩节	11月第四个星期四		2015年11月26日	星期四

图 2-11 节假日日期

之间的某个日期。如果参数 date_text 的值超出上述范围,则函数 DATEVALUE 返回错误值 #VALUE!。

(3) 注意事项。

使用时只能手动输入或复制,不能引用(特别注意)。如果省略参数 date_text 中的年份部分,则函数 DATEVALUE 会使用计算机系统内置时钟的当前年份。参数 date_text 中的时间信息将被忽略。

(4) 应用举例。

计算 2015 年 10 月 20 日至 2070 年 8 月 15 日有多少天,结果如图 2-12 所示。

D2 fx =DATEVALUE("2070/8/15")-DATEVALUE("2015/10/20")

	A	B	C	D	E	F	G	H
1								
2				20023				
3								
4								

图 2-12 计算结果

【例 2-9】 根据员工出生日期与参加工作日期计算年龄与工龄(精确到月)。

在图 2-13 中,E5 单元格的公式为:

=IF($F$2>DATE(YEAR($F$2),MONTH(C5),DAY(C5)),YEAR($F$2)-YEAR(C5),YEAR($F$2)-YEAR(C5)-1)

F5 单元格的公式为:

=IF($F$2>DATE(YEAR($F$2),MONTH(D5),DAY(D5)),YEAR($F$2)-YEAR(D5),YEAR($F$2)-YEAR(D5)-1)

EXCEL在财务会计中的应用

	A	B	C	D	E	F	G
1	员工年龄与工龄统计表						
2					统计日期：2015年10月20日		
3	姓名	性别	出生日期	参加工作日期	年龄	工 龄	
4						年	月
5	张三	男	1965年12月28日	1999年2月18日	49	16	8
6	李四	男	1978年2月10日	1999年2月18日			
7	王五	女	1979年5月20日	2000年5月20日			
8	赵六	男	1975年5月8日	2000年5月20日			
9	钱七	女	1980年10月9日	2001年3月25日			
10	孙八	女	1974年10月29日	2002年1月18日			
11	杨九	女	1981年4月12日	2002年7月20日			
12	吴十	女	1983年5月7日	2003年8月10日			

图 2-13 计算结果

G5 单元格的公式为：

=IF($F$2>=DATE(YEAR($F$2),MONTH(D5),DAY(D5)),INT(($F$2-DATE(YEAR($F$2),MONTH(D5),DAY(D5)))/30),INT(($F$2-DATE(YEAR($F$2)-1,MONTH(D5),DAY(D5)))/30))

第五节 其他常用函数

一、TEXT(value,format_text)函数

（1）功能说明。

将数值转换为按指定数字格式表示的文本。

（2）参数说明。

① value 为数值、计算结果为数字值的公式，或对包含数字值的单元格的引用。

② format_text 为"单元格格式"窗口中"数字"选项卡上"分类"框中的文本形式的数字格式。例如，"0%"表示将文本型数字按百分比样式显示；再如，"#,###.0"表示带千位分隔符，并四舍五入保留一位小数。

（3）注意事项。

① format_text 参数不能包含星号"*"。通过"格式"选项卡调用"单元格"命令，然后在"数字"选项卡上设置单元格的格式，只会更改单元格的格式而不会影响其中的数值。

② format_text 参数在输入时应用双引号括起。

（4）应用举例。

在 EXCEL 单元格中输入 =TEXT(122000.456,"#,###.0")，得到的结果显

示为"122,000.5"。

二、VALUE(text)函数

(1) 功能说明。
VALUE 函数只有一个参数 text,表示需要转换成数值格式的文本。
(2) 参数说明。
text 必需,为带引号的文本,或对包含要转换文本的单元格的引用。
(3) 注意事项。
① text 可以是 Microsoft Excel 中可识别的任意常数、日期或时间格式。如果 text 不是该类格式,则函数 VALUE 返回错误值 ♯VALUE!。
② 通常不需要在公式中使用函数 VALUE,EXCEL 可以自动在需要时将文本转换为数字。Microsoft Excel 提供此函数是为了与其他电子表格程序相兼容。
(4) 应用举例。
公式及公式的计算结果见表 2-13。

表 2-13 VALUE 函数举例

	A	B
1	公式	说明(结果)
2	=VALUE(" $1,000")	字符串的等价数字(1000)
3	=VALUE("15:38:00")−VALUE("12:00:00")	等价于 3 小时 38 分钟的序列号,由 15:38:00 减去 12:00:00 得到(3:38)

三、INDIRECT(ref_text,[a1])函数

(1) 功能说明。
对引用进行计算,并显示其内容。当需要更改公式中单元格的引用,而不更改公式本身,可以使用此函数,INDIRECT 为间接引用。
(2) 参数说明。
① ref_text 为对单元格的引用,此单元格可以包含 A1 样式(用字母代表列、用数字代表行的方式)的引用、R1C1 样式(行和列都使用数字)的引用、定义为引用的名称或对文本字符串单元格的引用。
② [a1]为一逻辑值,指明包含在单元格 ref_text 中的引用的类型。
(3) 注意事项。
① 如果 ref_text 不是合法的单元格的引用,函数 INDIRECT 返回错误值♯REF! 或♯NAME?。
② 如果 ref_text 是对另一个工作簿的引用(外部引用),则工作簿必须被打开。如

果原工作簿没有打开,函数 INDIRECT 返回错误值#REF!。

③ 如果 a1 为 TRUE 或省略,ref_text 被解释为 A1—样式的引用。

④ 如果 a1 为 FALSE,ref_text 被解释为 R1C1—样式的引用。

(4) 应用举例。

公式及公式的计算结果见表 2-14。

表 2-14 INDIRECT 函数举例

	A	B
1	数据	数据
2	B2	1.333
3	B3	48
4	Google	10
5	5	63
6	公式	说明(结果)
7	=INDIRECT($A$2)	单元格 A2 中的引用值(1.333)
8	=INDIRECT($A$3)	单元格 A3 中的引用值(48)
9	=INDIRECT($A$4)	如果单元格 B4 有定义名"Google",则返回定义名的值(10)
10	=INDIRECT("B"&$A$5)	单元格 B5 中的引用值(62)

当在创建公式时,对某个特定单元格进行了引用。如果使用"剪切"命令,或是插入或删除行或列使该单元格发生了移动,则单元格引用将被更新。

如果需要使得无论单元格上方的行是否被删除或是单元格是否移动,都在公式保持相同的单元格引用,应使用 INDIRECT 工作表函数。例如,如果需要始终对单元格 A10 进行引用,应使用 INDIRECT("A10",[1])。

四、通配符

通配符是一种特殊语句,主要有星号(*)和问号(?),用来模糊搜索数据或文件。当查找文件夹时,可以使用它来代替一个或多个真正字符;当不知道真正字符或者不输入完整名字时,常常使用通配符代替一个或多个真正的字符。

(1) 星号(*)。

可以使用星号代替 0 个或多个字符。

例如,如果正在查找以 AEW 开头的一个文件,但不记得文件名其余部分,可以输入 AEW*,查找以 AEW 开头的所有文件类型的文件,如 AEWT.txt、AEWU.EXE、AEWI.dll 等。

再如,输入 AEW*.txt,查找以 AEW 开头的所有文件类型,并以 .txt 为扩展名的文件如 AEWIP.txt、AEWDF.txt。

(2) 问号(?)。

可以使用问号代替一个字符。

例如,如果输入 love?,查找以 love 开头的一个字符结尾文件类型的文件,如 lovey、lovei 等。

再如,输入 love?.doc,查找以 love 开头的一个字符结尾文件类型,并以.doc 为扩展名的文件如 lovey.doc、loveh.doc。

值得注意的是,两者的区别在于"＊"号表示匹配的数量不受限制,而"?"的匹配字符数则受到限制。

复习思考题

1. TEXT 函数与 VALUE 函数有何区别?使用时应注意哪些问题?
2. COUNT 函数、COUNTA 函数与 COUNTBLANK 函数的功能有何区别?
3. DATE 函数与 DATEVALUE 函数有何区别?在使用时应注意哪些问题?

第三章 EXCEL 在应收账款管理中的应用

[教学目的和要求]

通过本章的学习,要求学生掌握应收账款账龄在 EXCEL 中的表示方法;掌握按指定的要求分类汇总应收账款,并进行相关分析;能够熟练运用数据透视表、数据透视图对应收账款进行透视分析。

第一节 应收账款账龄分析

一、应收账款账龄的计算

应收账款账龄是指资产负债表中的应收账款从销售实现、产生应收账款之日起至资产负债表日止所经历的时间。对应收账款的账龄进行分析,有利于评价销售部门的经营绩效,加快回笼资金,减少坏账损失,有利于会计报表使用者更好的理解公司资产状况。

账龄所反映的是应收账款与欠款额之间的关系,通过计算产生与欠款金额同等的销售额所需的时间来判断欠款优劣。对账龄时段的划分主要根据所属企业应收账款账龄长短的特点,并采用不同的级别。

【例 3-1】 分析佳园公司 2015 年 12 月 31 日的账龄,如图 3-1 所示。

以第一笔应收账款(E5 单元格所在的行)为例,各账龄期间应收账款的金额计算如下:

3 个月:=IF(AND($C$2-A5>0,$C$2-A5<=90),D5,0)
6 个月:=IF(AND($C$2-A5>90,$C$2-A5<=180),D5,0)
1 年:=IF(AND($C$2-A5>180,$C$2-A5<=360),D5,0)
2 年:=IF(AND($C$2-A5>360,$C$2-A5<=720),D5,0)
3 年:=IF(AND($C$2-A5>720,$C$2-A5<=1080),D5,0)
3 年以上:=IF($C$2-A5>1080,D5,0)

第一行分析结果如图 3-2 所示,选中 J5 单元格,拖拽右下角的黑色小方块至 J22 单元格完成所有行的计算,最终结果如图 3-3 所示。

	A	B	C	D	E	F	G	H	I	J
1				应收账款账龄分析表						
2		当前日期		2015/12/31						
3	赊销日期	客户	经办人	合计数			期末数			
4					3个月	6个月	1年	2年	3年	3年以上
5	2013/3/2	A公司	张三	142300						
6	2015/10/6	B公司	李四	976580						
7	2012/11/4	C公司	王五	140300						
8	2015/12/25	D公司	赵六	1200000						
9	2013/12/30	E公司	李四	1753000						
10	2015/4/30	F公司	张三	1476000						
11	2015/10/27	D公司	王五	320100						
12	2015/2/9	B公司	张三	730000						
13	2013/11/30	A公司	赵六	25460000						
14	2015/3/21	C公司	杨七	210000						
15	2015/1/2	F公司	李四	124500						
16	2015/8/16	B公司	赵六	400000						
17	2014/11/4	A公司	张三	22300000						
18	2015/2/5	F公司	杨七	620000						
19	2010/3/14	E公司	李四	730000						
20	2009/10/15	D公司	王五	490000						
21	2011/6/18	C公司	李四	43000						
22	2013/4/27	B公司	张三	61000						
23		应收账款合计		57176780						
24		坏账计提百分比			3%	5%	10%	20%	30%	50%
25		坏账准备合计								

图 3-1 佳园公司应收账款

E5 fx =IF(AND($C$2-A5>0,$C$2-A5<=90),D5,0)

	A	B	C	D	E	F	G	H	I	J
1				应收账款账龄分析表						
2		当前日期		2015/12/31						
3	赊销日期	客户	经办人	合计数			期末数			
4					3个月	6个月	1年	2年	3年	3年以上
5	2013/3/2	A公司	张三	142300	0	0	0	0	142300	0
6	2015/10/6	B公司	李四	976580						
7	2012/11/4	C公司	王五	140300						
8	2015/12/25	D公司	赵六	1200000						
9	2013/12/30	E公司	李四	1753000						
10	2015/4/30	F公司	张三	1476000						
11	2015/10/27	D公司	王五	320100						
12	2015/2/9	B公司	张三	730000						
13	2013/11/30	A公司	赵六	25460000						
14	2015/3/21	C公司	杨七	210000						
15	2015/1/2	F公司	李四	124500						
16	2015/8/16	B公司	赵六	400000						
17	2014/11/4	A公司	张三	22300000						
18	2015/2/5	F公司	杨七	620000						
19	2010/3/14	E公司	李四	730000						
20	2009/10/15	D公司	王五	490000						
21	2011/6/18	C公司	李四	43000						
22	2013/4/27	B公司	张三	61000						
23		应收账款合计		57176780						
24		坏账计提百分比			3%	5%	10%	20%	30%	50%
25		坏账准备合计								

图 3-2 第一行计算结果

EXCEL在财务会计中的应用

	A	B	C	D	E	F	G	H	I	J
1				应收账款账龄分析表						
2		当前日期		2015/12/31						
3	赊销日期	客户	经办人				期末数			
4				合计数	3个月	6个月	1年	2年	3年	3年以上
5	2013/3/2	A公司	张三	142300	0	0	0	0	142300	0
6	2015/10/6	B公司	李四	976580	976580	0	0	0	0	0
7	2012/11/4	C公司	王五	140300	0	0	0	0	0	140300
8	2015/12/25	D公司	赵六	1200000	1200000	0	0	0	0	0
9	2013/12/30	E公司	李四	1753000	0	0	0	0	1753000	0
10	2015/4/30	F公司	张三	1476000	0	0	1476000	0	0	0
11	2015/10/27	D公司	王五	320100	320100	0	0	0	0	0
12	2015/2/9	B公司	张三	730000	0	0	730000	0	0	0
13	2013/11/30	A公司	赵六	25460000	0	0	0	0	25460000	0
14	2015/3/21	C公司	杨七	210000	0	0	210000	0	0	0
15	2015/1/2	F公司	李四	124500	0	0	0	124500	0	0
16	2015/8/16	B公司	赵六	400000	0	400000	0	0	0	0
17	2014/11/4	A公司	张三	22300000	0	0	0	22300000	0	0
18	2015/2/5	F公司	杨七	620000	0	0	620000	0	0	0
19	2010/3/14	E公司	李四	730000	0	0	0	0	0	730000
20	2009/10/15	D公司	王五	490000	0	0	0	0	0	490000
21	2011/6/18	C公司	李四	43000	0	0	0	0	0	43000
22	2013/4/27	B公司	张三	61000	0	0	0	0	61000	0
23		应收账款合计		57176780						
24		坏账计提百分比			3%	5%	10%	20%	30%	50%
25		坏账准备合计								

图3-3 全部计算结果

二、坏账准备的计提

【例3-2】 根据佳园公司2015年12月31日的账龄,计提坏账准备。

应收账款账龄不同,计提坏账的百分比不同,一般来说,应收账款账龄越长,计提坏账的百分比越大,即收回款项的可能性越小。运用单元格引用可很方便地计算应收账款应计提的坏账准备。最终结果如图3-4所示。

	A	B	C	D	E	F	G	H	I	J
1				应收账款账龄分析表						
2		当前日期		2015/12/31						
3	赊销日期	客户	经办人				期末数			
4				合计数	3个月	6个月	1年	2年	3年	3年以上
5	2013/3/2	A公司	张三	142300	0	0	0	0	142300	0
6	2015/10/6	B公司	李四	976580	976580	0	0	0	0	0
7	2012/11/4	C公司	王五	140300	0	0	0	0	0	140300
8	2015/12/25	D公司	赵六	1200000	1200000	0	0	0	0	0
9	2013/12/30	E公司	李四	1753000	0	0	0	0	1753000	0
10	2015/4/30	F公司	张三	1476000	0	0	1476000	0	0	0
11	2015/10/27	D公司	王五	320100	320100	0	0	0	0	0
12	2015/2/9	B公司	张三	730000	0	0	730000	0	0	0
13	2013/11/30	A公司	赵六	25460000	0	0	0	0	25460000	0
14	2015/3/21	C公司	杨七	210000	0	0	210000	0	0	0
15	2015/1/2	F公司	李四	124500	0	0	0	124500	0	0
16	2015/8/16	B公司	赵六	400000	0	400000	0	0	0	0
17	2014/11/4	A公司	张三	22300000	0	0	0	22300000	0	0
18	2015/2/5	F公司	杨七	620000	0	0	620000	0	0	0
19	2010/3/14	E公司	李四	730000	0	0	0	0	0	730000
20	2009/10/15	D公司	王五	490000	0	0	0	0	0	490000
21	2011/6/18	C公司	李四	43000	0	0	0	0	0	43000
22	2013/4/27	B公司	张三	61000	0	0	0	0	61000	0
23		应收账款合计		57176780	2496680	400000	3036000	22424500	27416300	1403300
24		坏账计提百分比			3%	5%	10%	20%	30%	50%
25		坏账准备合计		13809940.4	74900.4	20000	303600	4484900	8224890	701650

图3-4 计提坏账准备

第二节 应收账款分类汇总

一、应收账款分类汇总的意义

企业应收账款的管理包括建立应收账款核算办法、确定最佳应收账款的机会成本、制定科学合理的信用政策、严格赊销手续管理、采取灵活营销策略和收账政策、加强应收账款的日常管理等几方面内容。应收账款分类汇总是企业应收账款的管理的前提，可以为应收账款的管理提供基础信息。

二、应收账款账龄分类汇总应用

【例 3-3】 对佳园公司 2015 年 12 月 31 日的应收账款账龄进行分类汇总。

（1）将应收账款账龄分析表中数据复制到一个新的工作表，粘贴时选择"数值"或者点击"选择性粘贴"下面的"值和数字格式"，如图 3-5 所示，对粘贴的数据作格式上的完善，结果如图 3-6 所示。

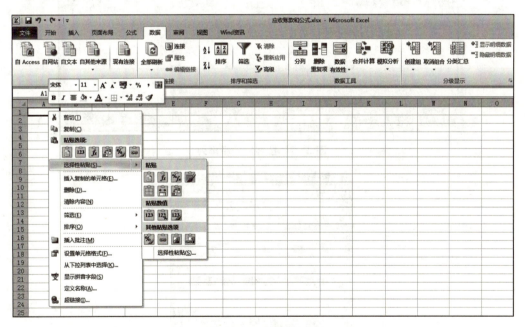

图 3-5 选择性粘贴

（2）在进行分类汇总时，应先按照分类字段排序，在选项卡栏选择【数据】下面的【排序】，按"客户"的升序排列，如图 3-7 所示。接下来，按"客户"对"合计数"进行汇总，如图 3-8 所示，结果见图 3-9。

EXCEL在财务会计中的应用

	A	B	C	D	E	F	G	H	I
1	客户	经办人	合计数	3个月	6个月	1年	2年	3年	3年以上
2	A公司	张三	142300	0	0	0	0	142300	0
3	B公司	李四	976580	976580	0	0	0	0	0
4	C公司	王五	140300	0	0	0	0	0	140300
5	D公司	赵六	1200000	1200000	0	0	0	0	0
6	E公司	李四	1753000	0	0	0	0	1753000	0
7	F公司	张三	1476000	0	0	1476000	0	0	0
8	D公司	王五	320100	320100	0	0	0	0	0
9	B公司	张三	730000	0	0	730000	0	0	0
10	A公司	赵六	25460000	0	0	0	0	25460000	0
11	C公司	杨七	210000	0	0	210000	0	0	0
12	F公司	李四	124500	0	0	0	124500	0	0
13	B公司	赵六	400000	0	400000	0	0	0	0
14	A公司	张三	22300000	0	0	0	22300000	0	0
15	F公司	杨七	620000	0	0	620000	0	0	0
16	E公司	李四	730000	0	0	0	0	0	730000
17	D公司	王五	490000	0	0	0	0	0	490000
18	C公司	李四	43000	0	0	0	0	0	43000
19	B公司	张三	61000	0	0	0	0	61000	0

图 3‐6　粘贴结果

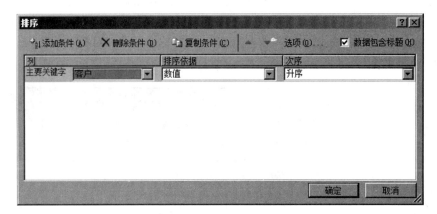

图 3‐7　按客户升序排列

图 3‐8　选定汇总项

	客户	经办人	合计数	3个月	6个月	1年	2年	3年	3年以上
2	A公司	张三	142300	0	0	0	0	142300	0
3	A公司	赵六	25460000	0	0	0	0	25460000	0
4	A公司	张三	22300000	0	0	0	22300000	0	0
5	A公司 汇总		47902300						
6	B公司	李四	976580	976580	0	0	0	0	0
7	B公司	张三	730000	0	0	730000	0	0	0
8	B公司	赵六	400000	0	400000	0	0	0	0
9	B公司	张三	61000	0	0	0	0	61000	0
10	B公司 汇总		2167580						
11	C公司	王五	140300	0	0	0	0	0	140300
12	C公司	杨七	210000	0	0	210000	0	0	0
13	C公司	李四	43000	0	0	0	0	0	43000
14	C公司 汇总		393300						
15	D公司	赵六	1200000	1200000	0	0	0	0	0
16	D公司	王五	320100	320100	0	0	0	0	0
17	D公司	王五	490000	0	0	0	0	0	490000
18	D公司 汇总		2010100						
19	E公司	李四	1753000	0	0	0	0	1753000	0
20	E公司	李四	730000	0	0	0	0	0	730000
21	E公司 汇总		2483000						
22	F公司	张三	1476000	0	0	1476000	0	0	0
23	F公司	李四	124500	0	0	0	124500	0	0
24	F公司	杨七	620000	0	0	620000	0	0	0
25	F公司 汇总		2220500						
26	总计		57176780						

图 3-9 分类汇总结果

第三节 应收账款数据透视

一、应收账款数据透视表

【例 3-4】 新建佳园公司 2015 年 12 月 31 日的应收账款数据透视表。

(1) 选中数据区域,如图 3-10 所示。单击【插入】选项卡下的【数据透视表】,如图 3-11 所示。

(2) 此时,在弹出的"创建数据透视表"窗口中,【选择一个表或区域(S)】下的【表/区域:】会自动出现需要汇总的数据单元格(含列标题),单击选择【新工作表(N)】选项并单击【确定】按钮,如图 3-12 所示。

(3) 在【数据透视表字段列表】任务窗格中将"客户"拖拽至【行标签】下的空白框中,将"经办人"拖拽至【列标签】下的空白框中,再将"合计数"拖拽至【数值】下的空白框中。单击【确定】按钮,创建好的数据透视表如图 3-13 所示。

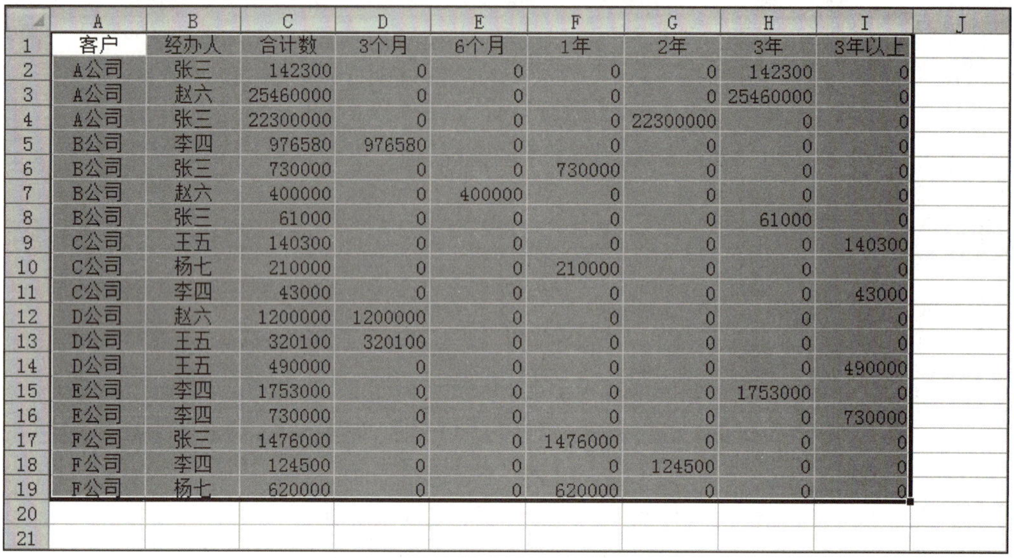

EXCEL在财务会计中的应用

图 3-10 选中数据区域

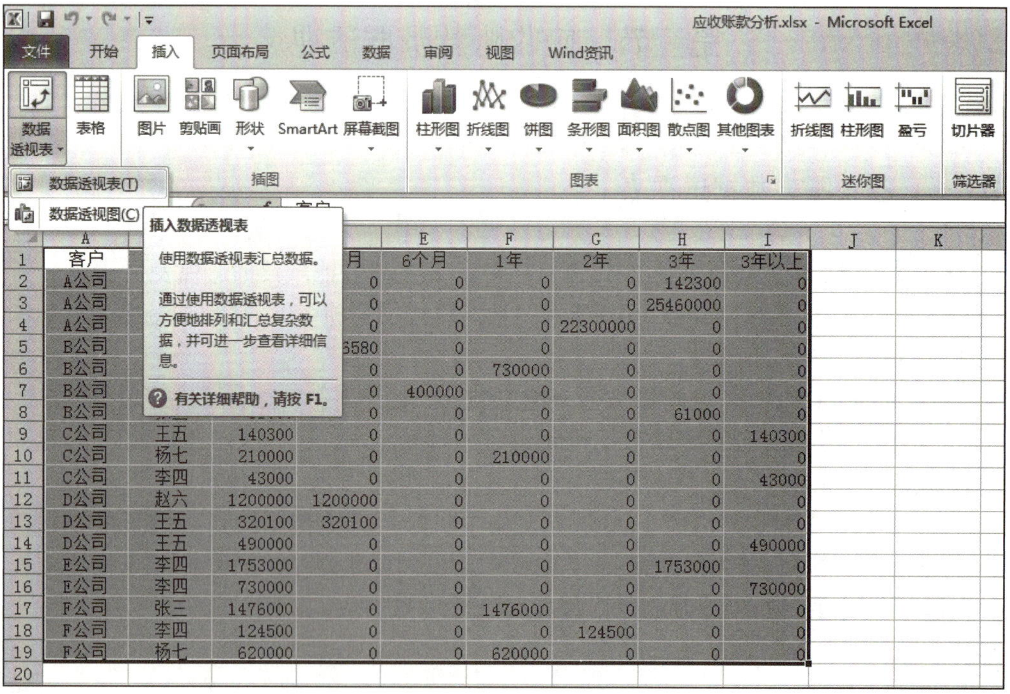

图 3-11 插入数据透视表

第三章　EXCEL 在应收账款管理中的应用

图 3-12　选择数据区

图 3-13　应收账款数据透视表

二、应收账款数据透视图

【例 3-5】　新建佳园公司 2015 年 12 月 31 日的应收账款数据透视图。

(1) 选中数据区域,点击"插入"选项卡中的"数据透视表"下面的"数据透视图",如图 3-14 所示。

(2) 与插入数据透视表相类似,在弹出的"创建数据透视表"窗口中,选择插入的位置为"新工作表"。将"经办人"拖拽至"图例字段""客户"拖拽至"轴字段""合计数"拖拽至"数值",如图 3-15 所示。最终结果如图 3-16 所示。

085

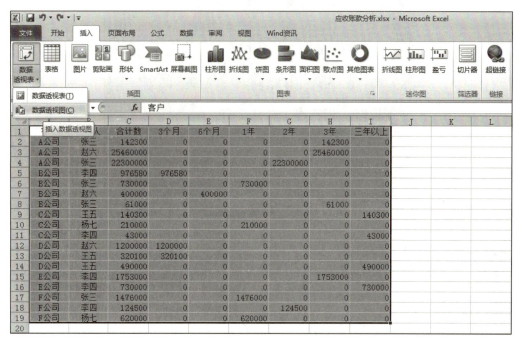

图 3-14　插入数据透视图

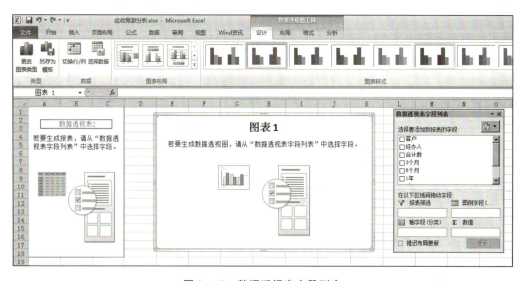

图 3-15　数据透视表字段列表

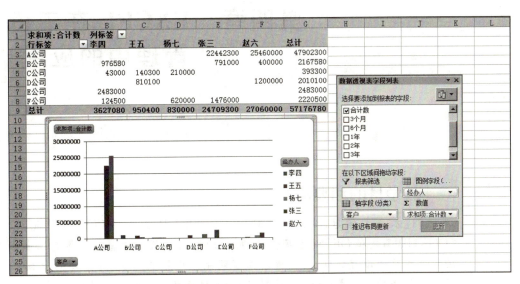

图 3-16 应收账款数据透视图

复习思考题

1. 如何用 EXCEL 计算至当前日期的应收账款账龄？
2. 应收账款的数据透视表与数据透视图有何区别？
3. 应收账款的分类汇总有哪些步骤？

第四章　EXCEL 在工资管理中的应用

[教学目的和要求]

通过本章的学习,要求学生理解 VLOOKUP 函数、HLOOKUP 函数、LOOKUP 函数和 OFFSET 函数的功能与用法;了解工资管理中各类工资基础数据表格的设置方法;熟练掌握工资明细表中基本工资、岗位工资、工龄工资的来源分析与生成;熟练运用 VLOOKUP 函数计算个人所得税。

第一节　相关函数

一、MOD 函数(余数函数)

(1) 功能说明。
两个数值表达式作除法运算后的余数。
(2) 格式与参数。
MOD(number,divisor)
① number 为被除数。
② divisor 为除数。如果 divisor 为零,函数 MOD 返回值为原来的 number 被除数。
(3) 注意事项。
MOD 函数返回结果的符号与被除数(divisor)的符号相同。
(4) 应用举例。
MOD(9,2)=1。
MOD(3,−2)=−1。
MOD(3,0)则会报错,提示信息"♯DIV/0!"。

二、ROW 函数(行函数)

(1) 功能说明。
ROW 函数返回一个引用的行号。

(2) 格式与参数。

ROW(reference)

reference 为需要得到其行号的单元格或单元格区域。

(3) 注意事项。

① 如果省略 reference,则假定是对函数 ROW 所在单元格的引用。

② 如果 reference 为一个单元格区域,并且函数 ROW 作为垂直数组输入,则函数 ROW 将 reference 的行号以垂直数组的形式返回。

③ reference 不能引用多个区域。

(4) 应用举例。

公式与公式计算结果见表 4-1。

表 4-1　ROW 函数举例

	A	B
1	公式	说明(结果)
2	=ROW()	公式所在行的行号(2)
3	=ROW(C10)	引用所在行的行号(10)
4	=ROW(D4:E6)	引用中的第一行的行号(4)

三、COLUMN 函数(列函数)

(1) 功能说明。

COLUMN 函数返回一个引用的列号。

(2) 格式与参数。

COLUMN(reference)

reference 为需要得到其列号的单元格或单元格区域。

(3) 注意事项。

① 如果省略 reference,则假定是对函数 COLUMN 所在单元格的引用。

② 如果 reference 为一个单元格区域,并且函数 COLUMN 作为水平数组输入,则函数 COLUMN 将 reference 中的列标以水平数组的形式返回。

③ reference 不能引用多个区域。

(4) 应用举例。

公式与公式计算结果见表 4-2。

表 4-2　COLUMN 函数举例

	A	B
1	公式	说明(结果)
2	=COLUMN()	公式所在的列号(1)

(续表)

	A	B
3	=COLUMN(A10)	引用的列号(10)
4	=COLUMN(C3：D10)	引用中的第一列的列号（3）

四、VLOOKUP 函数(纵向查询函数)

（1）功能说明。

搜索某个单元格区域的第一列，然后返回该区域相同行上任何单元格中的值。VLOOKUP 中的 V 表示垂直(Vertical)，即"纵向"或按列查询的意思。

（2）格式与参数。

VLOOKUP(lookup_value, table_array, col_index_num, [range_lookup])

① lookup_value 必需，是要在表格或区域的第一列中搜索的值。lookup_value 参数可以是值或引用。

② table_array 必需，是包含数据的单元格区域。可以使用对区域(例如 A2：D8)或区域名称的引用。table_array 第一列中的值是由 lookup_value 搜索的值。这些值可以是文本、数字或逻辑值。文本不区分大小写。

③ col_index_num 必需，是 table_array 参数中必须返回的匹配值的列号。col_index_num 参数为 1 时，返回 table_array 第一列中的值；col_index_num 为 2 时，返回 table_array 第二列中的值，依此类推。

④ range_lookup 可选值是一个逻辑值，指定希望 VLOOKUP 查找精确匹配值，还是近似匹配值。

（3）注意事项。

① 如果为 lookup_value 参数提供的值小于 table_array 参数第一列中的最小值，则 VLOOKUP 将返回错误值 ♯N/A。

② 如果 col_index_num 参数小于 1，则 VLOOKUP 返回错误值 ♯VALUE!；大于 table_array 的列数，则 VLOOKUP 返回错误值 ♯REF!。

③ 如果 range_lookup 为 TRUE 或 1 或被省略，则返回精确匹配值或近似匹配值。如果找不到精确匹配值，则返回小于 lookup_value 的最大值。

④ 如果 range_lookup 参数为 FALSE 或 0，VLOOKUP 将只查找精确匹配值。如果 table_array 的第一列中有两个或更多值与 lookup_value 匹配，则使用第一个找到的值。

⑤ 如果找不到精确匹配值，则返回错误值 ♯N/A。

⑥ 如果 range_lookup 为 TRUE 或 1 或被省略，则必须按升序排列 table_array 第一列中的值；否则，VLOOKUP 可能无法返回正确的值。

⑦ 如果 range_lookup 为 FALSE 或 0，则不需要对 table_array 第一列中的值进行排序。

（4）应用举例。

【例 4-1】 根据"基本工资""员工信息表"中的相关数据，如图 4-1 所示，利用

	A	B	C	D	E	F
1			工资表			
2	部门	姓名	工资级别	基本工资		
3	财务部	张三				
4	生产部	李四				
5	人事部	王五				
6	销售部	赵六				
7						
8	工资级别			基本工资		
9	人员	工资级别		工资级别	基本工资	
10	王五	A		A	5000	
11	赵六	C		B	4000	
12	张三	D		C	3500	
13	李四	E		D	3000	
14				E	2500	
15						
16						

图 4-1　工资信息

VLOOKUP 函数,将"工资表"中的"工资级别"和"基本工资"列数据填写完整。

【原理与思路】根据员工姓名在"工资级别"中查到对应的工资级别值填入"工资表"的 C 列,然后根据具体工资级别在"基本工资"表中查找到对应的基本工资数据填入"工资表"的 D 列完成全部工作。在这里,姓名和工资级别、工资级别和基本工资均是精确匹配。

(1) 选定 C3 单元格,录入以下公式:

＝VLOOKUP(B3,＄A＄10:＄B＄13,2,FALSE) 或者

＝VLOOKUP(B3,＄A＄10:＄B＄13,2,0)

回车键确认后,将此公式向下填充至 C6,如图 4-2 所示。

	A	B	C	D	E	F
	C3		fx	=VLOOKUP(B3,$A$10:$B$13,2,0)		
1			工资表			
2	部门	姓名	工资级别	基本工资		
3	财务部	张三	D			
4	生产部	李四	E			
5	人事部	王五	A			
6	销售部	赵六	C			
7						
8	工资级别			基本工资		
9	人员	工资级别		工资级别	基本工资	
10	王五	A		A	5000	
11	赵六	C		B	4000	
12	张三	D		C	3500	
13	李四	E		D	3000	
14				E	2500	
15						
16						

图 4-2　计算工资级别

(2) 选定 D3 单元格,录入以下公式:
=VLOOKUP(C3,$D$10:$E$14,2,0)
然后,将该公式向下填充至 D6 单元格,如图 4-3 所示。

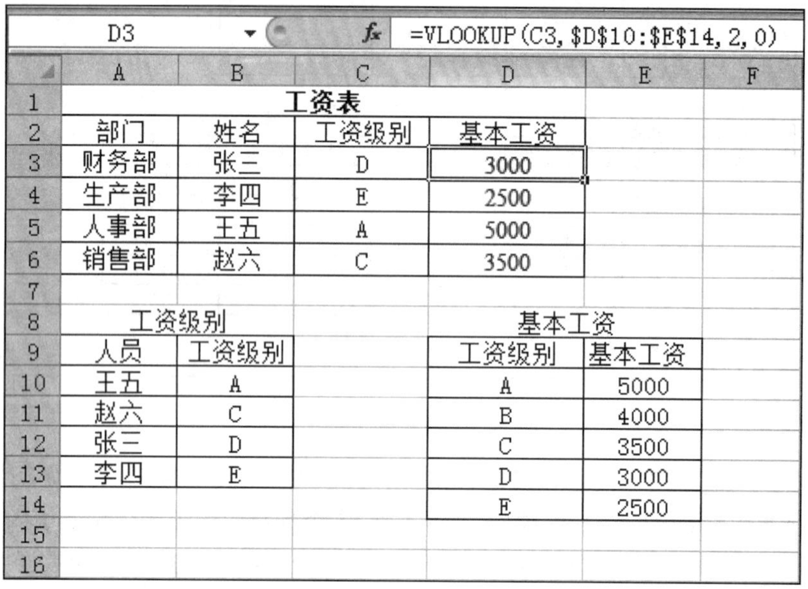

图 4-3 计算基本工资

【例 4-2】 按对应比例计算销售提成。

(1) 首先将销售分段点与提成比例表格定义为"分段点与比例",具体操作为:选定销售分段点与提成比例表格 G3:H10 单元格区域,如图 4-4 所示。

图 4-4 设置"分段点与比例"

(2)单击【公式】选项卡下的【定义名称】,在"名称"栏填写"分段点与比例",如图4-5所示。接下来,利用VLOOKUP函数计算某销售额对应的提成比例,结果如图4-6所示。

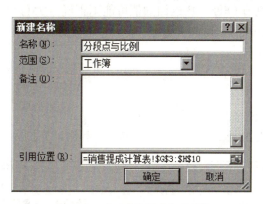

图4-5 定义"分段点与比例"

	A	B	C	D	E	F	G	H	I
1			销售提成计算表						
2		销售员	销售额	提成比例	提成金额		销售额分段点	提成比例	
3		张三	¥18,798.00	3.50%	¥657.93		¥0.00	1.50%	
4		李四	¥35,000.00	5.00%	¥1,750.00		¥5,000.00	3.00%	
5		王五	¥458,920.00	15.00%	¥68,838.00		¥10,000.00	3.50%	
6		赵六	¥500,000.00	20.00%	¥100,000.00		¥20,000.00	5.00%	
7		钱七	¥99,800.00	8.00%	¥7,984.00		¥50,000.00	8.00%	
8		孙八	¥260,000.00	15.00%	¥39,000.00		¥100,000.00	10.00%	
9		杨九	¥108,000.00	10.00%	¥10,800.00		¥250,000.00	15.00%	
10		吴十	¥4,920.00	1.50%	¥73.80		¥500,000.00	20.00%	
11									

D3 =VLOOKUP(C3,分段点与比例,2)

图4-6 销售提成计算结果

五、LOOKUP函数(查询函数)

(1)功能说明。

从单行或单行区域或者从一个数组中进行查找并返回相应值。

(2)格式与参数。

LOOKUP(lookup_value,lookup_vector,result_vector)(向量形式)

① lookup_value 是 LOOKUP 在第一个矢量中搜索到的值。Lookup_value 可以是数字、文本、逻辑值,也可以是代表某个值的名称或引用。

② lookup_vector 是一个仅包含一行或一列的区域。lookup_vector 中的值可以是文本、数字或逻辑值。

③ result_vector 是一个仅包含一行或一列的区域。它的大小必须与 lookup_vector 相同。

(3) 注意事项。

① lookup_vector 中的值必须按升序顺序排列。例如，-2、-1、0、1、2 或 A-Z 或 FALSE、TRUE。否则，LOOKUP 返回的值可能不正确。大写和小写文本是等效的。

② 如果 LOOKUP 找不到 lookup_value，它会匹配 lookup_vector 中小于或等于 lookup_value 的最大值。

③ 如果 lookup_value 小于 lookup_vector 中的最小值，则 LOOKUP 会返回 ♯N/A 错误值。

【例 4-3】 根据税率基准计算应交税额。

G3 单元格的公式如图 4-7 所示，其他单元格利用填充柄完成。

图 4-7 计算应交税额

六、HLOOKUP 函数（横向查询函数）

(1) 功能说明。

在表格或数值数组的首行查找指定的数值，并在表格或数组中指定行的同一列中返回一个数值。HLOOKUP 中的 H 表示水平（Horizontal），即"横向"或按行查询的意思。

(2) 格式与参数。

HLOOKUP(lookup_value,table_array,row_index_num,range_lookup)。

① lookup_value 为需要在数据表第一行中进行查找的数值。lookup_value 可以为数值、引用或文本字符串。

② table_array 为需要在其中查找数据的数据表。可以使用对区域或区域名称的引用。table_array 的第一行的数值可以为文本、数字或逻辑值，文本不区分大小写。

③ result_vector 是一个仅包含一行或一列的区域，它的大小必须与 lookup_vector 相同。

④ row_index_num 为 table_array 中待返回的匹配值的行序号。row_index_num 为 1 时，返回 table_array 第一行的数值，row_index_num 为 2 时，返回 table_array 第二行的数值，依此类推。如果 row_index_num 小于 1，函数 HLOOKUP 返回错误值 ♯VALUE!；如果 row_index_num 大于 table-array 的行数，函数 HLOOKUP 返回错误

值 ＃REF!。

⑤ range_lookup 为一逻辑值，指明函数 HLOOKUP 查找时是精确匹配，还是近似匹配。如果为 TRUE 或省略，则返回近似匹配值。也就是说，如果找不到精确匹配值，则返回小于 lookup_value 的最大数值。如果 range_value 为 FALSE，函数 HLOOKUP 将查找精确匹配值；如果找不到，则返回错误值 ＃N/A!。

(3) 注意事项。

① 如果函数 HLOOKUP 找不到 lookup_value，且 range_lookup 为 TRUE，则使用小于 lookup_value 的最大值。

② 如果函数 HLOOKUP 小于 table_array 第一行中的最小数值，函数 HLOOKUP 返回错误值 ＃N/A!。

【例 4－4】 根据产品价格计算相关销售额。

D7 单元格的公式如图 4－8 所示，其他单元格利用填充柄完成。

D7 =HLOOKUP(B7,$C$2:$H$4,2,FALSE)

产品价格表

产品名称	联想G系列	联想L系列	联想V系列	联想X系列	联想Y系列	联想Z系列
批发价格	¥800.00	¥900.00	¥1,000.00	¥1,088.00	¥1,188.00	¥1,260.00
零售价格	¥1,380.00	¥1,580.00	¥1,688.00	¥1,700.00	¥1,988.00	¥2,688.00

2015年10月销售额统计

产品名称	批发量(台)	批发价	批发销售额	零售量（台）	零售价	零售销售额	总销售额
联想Y系列	1200	¥1,188.00	¥1,425,600.00	688	¥1,988.00	¥1,367,744.00	¥2,793,344.00
联想G系列	1380	¥800.00	¥1,104,000.00	752	¥1,380.00	¥1,037,760.00	¥2,141,760.00
联想V系列	2500	¥1,000.00	¥2,500,000.00	1258	¥1,688.00	¥2,123,504.00	¥4,623,504.00
联想L系列	3000	¥900.00	¥2,700,000.00	1623	¥1,580.00	¥2,564,340.00	¥5,264,340.00
合计	8080	-----	¥7,729,600.00	4321	-----	¥7,093,348.00	¥14,822,948.00

图 4－8 计算销售额

七、OFFSET 函数(偏移函数)

(1) 功能说明。

以指定的引用为参照系，通过给定的偏移量得到新的引用。

(2) 格式与参数。

OFFSET(reference，rows，cols，height，width)

① reference 为作为偏移量参照系的引用区域。

② rows 表示相对偏移量参照系左上角的单元格上(下)偏移的行数；为正数时表示向下偏移，为负数时表示向上偏移。

③ cols 表示相对偏移量参照系左上角的单元格左(右)偏移的列数；为正数时表示向右偏移，为负数时表示向左偏移。

④ height 表示返回的引用区域的行数。

⑤ width 表示返回的引用区域的列数。

(3) 注意事项。

① 如果行数和列数偏移量超出工作表边缘，函数 OFFSET 返回错误值 #REF!。

② 如果省略 height 或 width，则假设其高度或宽度与 reference 区域相同。

③ 函数 OFFSET 实际上并不移动任何单元格或更改选定区域，它只是返回一个引用。函数 OFFSET 可用于任何需要将引用作为参数的函数。

④ height 与 width 必须为正数，也可以省略；如果省略，则假设其高度或宽度与第一个参数引用的区域相同。

(4) 应用举例。

如图 4－9 所示，F5 单元格的公式 =SUM(OFFSET(A2,2,3,2,2))，表示计算从单元格 A1 向下 2 行并向右 3 列的位置(即 D3 单元格)开始的第 2 行 2 列的区域(D3:E4)的总和，其结果为 68。

F5 fx =SUM(OFFSET(A1, 2, 3, 2, 2))

	A	B	C	D	E	F	G
1	1	2	3	4	5		
2	6	7	8	9	10		
3	11	12	13	14	15		
4	16	17	18	19	20		
5						68	
6							
7							

图 4－9　OFFSET 函数举例

第二节　计算工资明细

一、工资基本数据

佳园公司 2015 年 10 月有关工资基本数据存放于“工资相关表格”工作簿中的“信息表”，如图 4－10 所示。佳园公司与工资相关的规章制度见“规章制度”工作表，如图 4－11 所示。

二、计算工资表

【例 4－5】 根据计算工资所需要的一些基本数据和相关规章制度完成工资明细的计算。

(1) 打开“工资相关表格”工作簿，新建一张工作表，并将其命名为“工资表”，在该工作表中设计工资表的框架，并录入职工编号。工资表中包含的工资项目有：员工编号、姓名、所属部门、职务、基本工资、岗位工资、工龄工资、应发工资、住房公积金、社保费、应纳税所得、个人所得税、实发工资。如图 4－12 所示。

	A	B	C	D	E
1	员工编号	姓名	所属部门	职务	入职日期
2	000001	胡慧清	总经理办公室	文员	1996/8/21
3	000002	杨希铭	销售部	部门经理	2005/7/15
4	000003	徐颖	财务部	部门经理	2002/9/11
5	000004	王云康	生产部	部门经理	1989/7/5
6	000005	邱远山	销售部	销售员	1996/1/4
7	000006	肖传毅	销售部	销售员	2009/7/31
8	000007	陈苗	财务部	会计	2009/3/13
9	000008	万齐惊	财务部	会计	1997/4/18
10	000009	熊慧珉	销售部	销售员	2005/12/19
11	000010	姜鹏	总经理办公室	部门经理	2002/8/25
12	000011	汤钦平	生产部	技术员	1999/1/6
13	000012	黄淑芳	财务部	出纳	2003/6/9
14	000013	曾祥凤	总经理办公室	文员	2005/3/17
15	000014	徐金	总经理办公室	文员	2002/8/29
16	000015	顾嘉怡	总经理办公室	司机	2000/12/10
17	000016	陈美聪	总经理办公室	文员	2001/10/23
18	000017	陈俊霖	生产部	技术员	2002/5/13
19	000018	黄昱	总经理办公室	文员	1998/1/27
20	000019	姜鹏	生产部	技术员	2004/12/3
21	000020	邓子豪	销售部	销售员	2008/8/15
22	000021	钟春燕	总经理办公室	文员	2009/2/18
23	000022	况代超	生产部	技术员	2001/9/9
24	000023	何欣越	生产部	技术员	2007/2/18
25	000024	古阳阳	生产部	技术员	2010/8/1
26	000025	徐骏	生产部	技术员	2011/9/4

图 4-10　信息表

	基本工资标准			岗位工资标准	
	部门	基本工资		岗位	岗位工资
	总经理办公室	5000		部门经理	2400
	财务部	4500		会计	1400
	销售部	4000		出纳	1000
	生产部	3000		文员	900
				司机	900
				技术员	1200
				销售员	900

个人所得税缴纳标准			
级数	全月应纳税所得额（含税级距）	税率%	速算扣除数（元）
1	0-1500	3%	0
2	1500元至4500元	10%	105
3	4500元至9000元	20%	555
4	9000元至35000元	25%	1005
5	35000元至55000元	30%	2755
6	55000元至80000元	35%	5505
7	80000元以上	45%	13505

图 4-11　规章制度

EXCEL在财务会计中的应用

图4-12 工资表基本结构

(2) 利用 VLOOKUP 函数设计公式,分别从"信息表"中提取姓名、所属部门、职务数据;从"规章制度"工作表中提取基本工资、岗位工资。

选定 B2 单元格,录入公式 =VLOOKUP(A2,信息表!$A$2:$E$26,2,0),这样得到职工姓名;拖拽 B2 单元格右下角黑色小方块至 B26 单元格,则完成所有职工"姓名"的获取。

如果经常要引用某一区域,我们可以将这一区域用简单的代码来命名,这样在公式中就可以写名称而不用写引用的区域。例如,将上述"信息表!$A$2:$E$26"区域命名为 xxb,则录入公式可写成 =VLOOKUP(A2,xxb,2,0)。

选定 C2 单元格,录入公式 =VLOOKUP(A2,xxb,3,0),这样得到所属部门;拖拽 C2 单元格右下角黑色小方块至 C26 单元格,则完成所有职工"所属部门"信息的获取。

选定 D2 单元格,录入公式 =VLOOKUP(A2,xxb,4,0),这样得到所属部门;拖拽 D2 单元格右下角黑色小方块至 D26 单元格,则完成所有职工"职务"信息的获取。

(3) 计算基本工资。基本工资的金额根据"规章制度"表中职工所属部门对应的数值来填写。选定 E2 单元格,录入公式 =VLOOKUP(C2,规章制度!$B$4:$C$7,2,0),这样得到某位职工的基本工资;拖拽 E2 单元格右下角黑色小方块至 E26 单元格,则完成所有职工"基本工资"的获取。

(4) 计算岗位工资。岗位工资的金额根据"规章制度"表中职工职务对应的数值来填写。选定 F2 单元格,录入公式 =VLOOKUP(D2,规章制度!$E$4:$F$10,2,0),这样得到某位职工的岗位工资;拖拽 F2 单元格右下角黑色小方块至 E26 单元格,则完成所有职工"岗位工资"的获取。

(5) 计算工龄工资。工龄根据当前系统日期(假定为 2015 年 10 月 15 日)与"信息表"中职工入职日期相减而得到。如果工龄在 10 年以上,其工龄工资为 2000 元,如果在 5 年以上且不足 10 年,其工龄工资为 1500 元,如果工龄低于 5 年,则工龄工资为 1000 元。

对于 G2 单元格的计算公式如下：

=IF(YEAR(TODAY())－YEAR(VLOOKUP(A2,xxb,5,0))＞10,2000,IF(YEAR(TODAY())－YEAR(VLOOKUP(A2,xxb,5,0))＞5,1500,1000))

计算结果如图 4－13 所示。

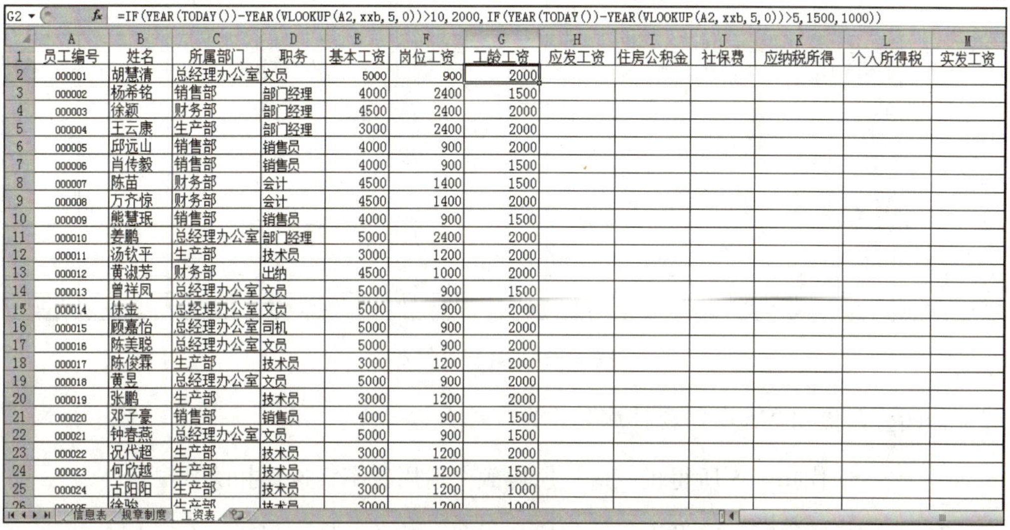

G2 =IF(YEAR(TODAY())-YEAR(VLOOKUP(A2,xxb,5,0))>10,2000,IF(YEAR(TODAY())-YEAR(VLOOKUP(A2,xxb,5,0))>5,1500,1000))

	A	B	C	D	E	F	G	H	I	J	K	L	M
1	员工编号	姓名	所属部门	职务	基本工资	岗位工资	工龄工资	应发工资	住房公积金	社保费	应纳税所得	个人所得税	实发工资
2	000001	胡慧清	总经理办公室	文员	5000	900	2000						
3	000002	杨希铭	销售部	部门经理	4000	2400	1500						
4	000003	徐颖	财务部	部门经理	4500	2400	2000						
5	000004	王云康	生产部	部门经理	3000	2400	2000						
6	000005	邱远山	销售部	销售员	4000	900	2000						
7	000006	肖传毅	销售部	销售员	4000	900	1500						
8	000007	陈苗	财务部	会计	4500	1400	1500						
9	000008	万齐惊	财务部	会计	4500	1400	2000						
10	000009	熊慧珉	销售部	销售员	4000	900	1500						
11	000010	姜鹏	总经理办公室	部门经理	5000	2400	2000						
12	000011	汤钦平	生产部	技术员	3000	1200	2000						
13	000012	黄淑芳	财务部	出纳	4500	1000	2000						
14	000013	曾祥凤	总经理办公室	文员	5000	900	1500						
15	000014	佅金	总经理办公室	文员	5000	900	2000						
16	000015	顾嘉怡	总经理办公室	司机	5000	900	2000						
17	000016	陈美聪	总经理办公室	文员	5000	900	2000						
18	000017	陈俊霖	生产部	技术员	3000	1200	2000						
19	000018	黄昱	总经理办公室	文员	5000	900	2000						
20	000019	张鹏	生产部	技术员	3000	1200	2000						
21	000020	邓子豪	销售部	销售员	4000	900	1500						
22	000021	钟春燕	总经理办公室	文员	5000	900	1500						
23	000022	况代超	生产部	技术员	3000	1200	2000						
24	000023	何欣越	生产部	技术员	3000	1200	1500						
25	000024	古阳阳	生产部	技术员	3000	1200	1000						
26	000025	徐骏	生产部	技术员	3000	1200	1000						

信息表 规章制度 工资表

图 4－13 计算工龄工资

(6) 计算应发工资。应发工资为基本工资、岗位工资、工龄工资三项之和。

H2 单元格的计算公式为：=E2＋F2＋G2

拖拽 H2 单元格右下角黑色小方块至 H26 单元格，则完成所有职工“应发工资”的获取。

(7) 根据单位所遵循的住房公积金和社会保险费计算管理办法，计算住房公积金和代扣社会保险。

佳园公司住房公积金和社会保险计算比例如下：应由个人缴纳住房公积金、养老保险、医疗保险、工伤保险、生育保险和失业保险部分，统一由企业按月代扣代缴。五险一金的缴纳基数为个人当月的基本工资与岗位工资之和，住房公积金的缴纳比例为 12%，“五险”的缴纳比例分别为 4%、3%、2%、2%、1%，社保费合计缴纳比例为 13%。

对于 I2 单元格的计算公式为：=(E2＋F2) * 12%

拖拽 I2 单元格右下角黑色小方块至 I26 单元格，则完成所有住房公积金的计算。

对于 J2 单元格的计算公式为：=(E2＋F2) * 13%

拖拽 J2 单元格右下角黑色小方块至 J26 单元格，则完成所有社保费的计算。如图 4－14 所示。

(8) 计算应税所得及代扣个人所得税。公司按照现行税收法律规定按月代扣代缴员工工资、薪金个人所得税，起征点为 3500 元，即应税所得额超过 3500 元，须缴纳个人所得税，否则，不缴个人所得税。个人所得税计算时使用超额累进税率。

J2 =(E2+F2)*13%

	员工编号	姓名	所属部门	职务	基本工资	岗位工资	工龄工资	应发工资	住房公积金	社保费	应纳税所得	个人所得税	实发工资
2	000001	胡慧清	总经理办公室	文员	5000	900	2000	7900	708	767			
3	000002	杨希铭	销售部	部门经理	4000	2400	1500	7900	768	832			
4	000003	徐颖	财务部	部门经理	4500	2400	2000	8900	828	897			
5	000004	王云康	生产部	部门经理	3000	2400	2000	7400	648	702			
6	000005	邱远山	销售部	销售员	4000	900	2000	6900	588	637			
7	000006	肖传毅	销售部	销售员	4000	900	1500	6400	588	637			
8	000007	陈苗	财务部	会计	4500	1400	1500	7400	708	767			
9	000008	万齐惊	财务部	会计	4500	1400	2000	7900	708	767			
10	000009	熊慧珉	销售部	销售员	4000	900	1500	6400	588	637			
11	000010	姜鹏	总经理办公室	部门经理	5000	2400	2000	9400	888	962			
12	000011	汤钦平	生产部	技术员	3000	1200	2000	6200	504	546			
13	000012	黄淑芳	财务部	出纳	4500	1000	2000	7500	660	715			
14	000013	曾祥凤	总经理办公室	文员	5000	900	1500	7400	708	767			
15	000014	徐金	总经理办公室	文员	5000	900	2000	7900	708	767			
16	000015	顾嘉怡	总经理办公室	司机	5000	900	2000	7900	708	767			
17	000016	陈美聪	总经理办公室	文员	5000	900	2000	7900	708	767			
18	000017	陈俊霖	生产部	技术员	3000	1200	2000	6200	504	546			
19	000018	黄昱	总经理办公室	文员	5000	900	2000	7900	708	767			
20	000019	姜鹏	生产部	技术员	3000	1200	2000	6200	504	546			
21	000020	邓子豪	销售部	销售员	4000	900	1500	6400	588	637			
22	000021	钟春燕	总经理办公室	文员	5000	900	1500	7400	708	767			
23	000022	况代超	生产部	技术员	3000	1200	2000	6200	504	546			
24	000023	何欣越	生产部	技术员	3000	1200	1500	5700	504	546			
25	000024	古阳阳	生产部	技术员	3000	1200	1000	5200	504	546			

信息表 规章制度 工资表

图 4－14 计算社保费

佳园公司代扣个人所得税计算公式为：

代扣个人所得税＝应税所得额×适用税率－速算扣除数

其中，应税所得额＝应发工资－住房公积金－社会保险－起征点。

① 创建税率查询表，用 IF 函数与 VLOOKUP 函数相结合来计算代扣个人所得税。在"规章制度"表的基础上添加"参考标准"列，根据 VLOOKUP 的查询原理，其数据为该级距范围内的最小值，如图 4－15 所示。

基本工资标准	
部门	基本工资
总经理办公室	5000
财务部	4500
销售部	4000
生产部	3000

岗位工资标准	
岗位	岗位工资
部门经理	2400
会计	1400
出纳	1000
文员	900
司机	900
技术员	1200
销售员	900

个人所得税缴纳标准				
级数	全月应纳税所得额（含税级距）	参考标准	税率%	速算扣除数（元）
1	0-1500	0	3%	0
2	1500元至4500元	1500	10%	105
3	4500元至9000元	4500	20%	555
4	9000元至35000元	9000	25%	1005
5	35000元至55000元	35000	30%	2755
6	55000元至80000元	55000	35%	5505
7	80000元以上	80000	45%	13505

图 4－15 添加"参考标准"列

② 选定图 4-11 中"规章制度"表中 D14：F20 区域，单击【公式】选项卡下的【定义名称】，为该区域命名为"ckbz"（即"参考标准"首位拼音字母），单击【确定】按钮。如图 4-16 所示。

③ 计算应纳税所得。选定"工资表"中 K2 单元格，输入公式为 ＝IF(H2－I2－J2－3500＞0，H2－I2－J2－3500，0)，如图 4-17 所示。

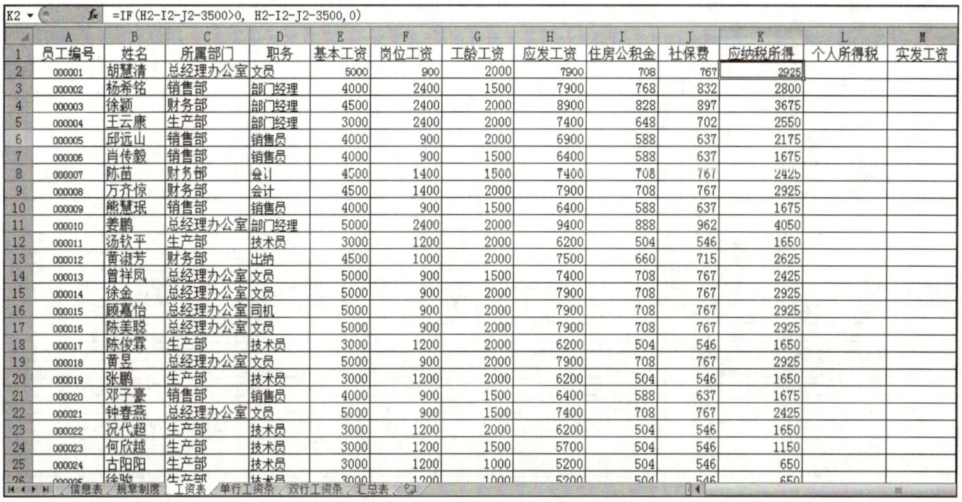

图 4-16　定义名称

图 4-17　计算应纳税所得

④ 计算个人所得税。选定"工资表"中的 L2 单元格，输入以下公式：
＝IF(K2＞0,K2＊VLOOKUP(K2,ckbz,2,1)－VLOOKUP(K2,ckbz,3,1),0)
计算结果如图 4-18 所示。

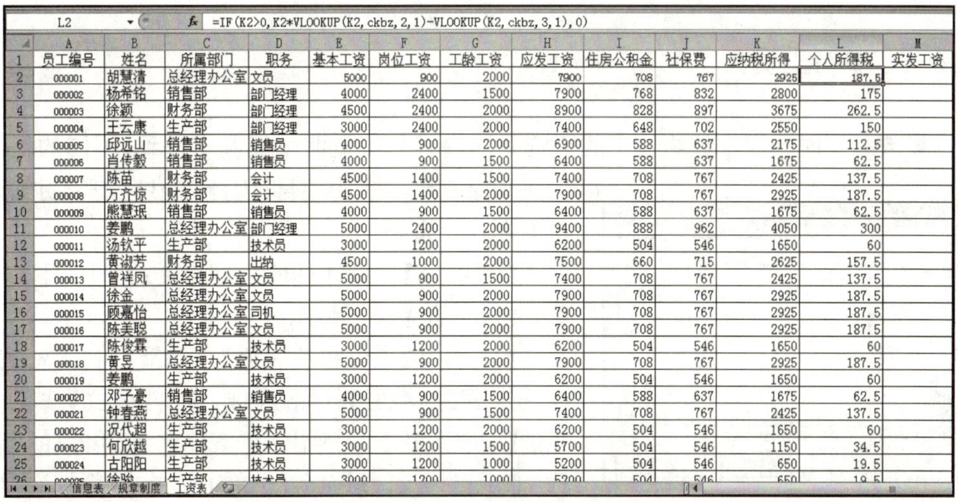

图 4-18　计算个人所得税

(9) 完成实发工资的计算,并调整表格格式。实发工资的计算公式如下:

实发工资=应发工资-住房公积金-社保费-个人所得税

在“工资表”中,选定 M2 单元格,录入公式 =H2-I2-J2-L2;拖拽 M2 单元格右下角黑色小方块至 M26 单元格,则完成所有职工“实发工资”的计算,并保存工作簿。最终结果如图 4-19 所示。

P36

	A	B	C	D	E	F	G	H	I	J	K	L	M
1	员工编号	姓名	所属部门	职务	基本工资	岗位工资	工龄工资	应发工资	住房公积金	社保费	应纳税所得	个人所得税	实发工资
2	000001	胡慧清	总经理办公室	文员	5000	900	2000	7900	708	767	2925	187.5	6237.5
3	000002	杨希铭	销售部	部门经理	4000	2400	1500	7900	768	832	2800	175	6125
4	000003	徐颖	财务部	部门经理	4500	2400	2000	8900	828	897	3675	262.5	6912.5
5	000004	王云康	生产部	部门经理	3000	2400	2000	7400	648	702	2550	150	5900
6	000005	邱远山	销售部	销售员	4000	900	2000	6900	588	637	2175	112.5	5562.5
7	000006	肖传毅	销售部	销售员	4000	900	1500	6400	588	637	1675	62.5	5112.5
8	000007	陈苗	财务部	会计	4500	1400	1500	7400	708	767	2425	137.5	5787.5
9	000008	万齐惊	财务部	会计	4500	1400	2000	7900	708	767	2925	187.5	6237.5
10	000009	熊慧珉	销售部	销售员	4000	900	1500	6400	588	637	1675	62.5	5112.5
11	000010	姜鹏	总经理办公室	部门经理	5000	2400	2000	9400	888	962	4050	300	7250
12	000011	汤钦平	生产部	技术员	3000	1200	2000	6200	504	546	1650	60	5090
13	000012	黄淑芳	财务部	出纳	4500	1000	2000	7500	660	715	2625	157.5	5967.5
14	000013	曾祥凤	总经理办公室	文员	5000	900	1500	7400	708	767	2425	137.5	5787.5
15	000014	徐金	总经理办公室	文员	5000	900	2000	7900	708	767	2925	187.5	6237.5
16	000015	顾嘉怡	总经理办公室	司机	5000	900	2000	7900	708	767	2925	187.5	6237.5
17	000016	陈美聪	总经理办公室	文员	5000	900	2000	7900	708	767	2925	187.5	6237.5
18	000017	陈俊霖	生产部	技术员	3000	1200	2000	6200	504	546	1650	60	5090
19	000018	黄昱	总经理办公室	文员	5000	900	2000	7900	708	767	2925	187.5	6237.5
20	000019	姜鹏	生产部	技术员	3000	1200	2000	6200	504	546	1650	60	5090
21	000020	邓子豪	销售部	销售员	4000	900	1500	6400	588	637	1675	62.5	5112.5
22	000021	钟春燕	总经理办公室	文员	5000	900	1500	7400	708	767	2425	137.5	5787.5
23	000022	况代超	生产部	技术员	3000	1200	2000	6200	504	546	1650	60	5090
24	000023	何欣越	生产部	技术员	3000	1200	1500	5700	504	546	1150	34.5	4615.5
25	000024	古阳阳	生产部	技术员	3000	1200	1000	5200	504	546	650	19.5	4130.5
26	000025	徐骏	生产部	技术员	3000	1200	1000	5200	504	546	650	19.5	4130.5

信息表 规章制度 工资表

图 4-19 工资表计算结果

第三节 工资条设计

一、单行工资条

发放工资时一同发放给员工的工资条的内容与工资明细表基本一致,不同的是每一条记录都带有表头项目,因此需根据工资明细表重新制作工资条。

图 4-20 定义名称

【例 4-6】 设计佳园公司 2015 年 10 月工资条,要求工资条单行显示。

(1) 打开“工资相关表格”工作簿,在“工资表”在选定 A2:M26 单元格区域,单击【公式】选项卡下的【定义名称】,在弹出的“新建名称”窗口的“名称”框中录入该区域名称“gzsj”(即“工资数据”首位拼音字母),如图 4-20 所示,单击【确定】按钮,然

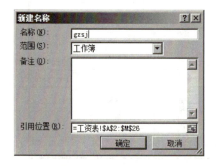

后按员工编号的升序对记录进行排序。

(2) 在"工资相关表格"工作簿中插入一张工作表,并修改名称为"工资条",将该表移至"工资表"的右边。在"工资条"表中 A1 单元格输入"年月";将"工资表"的 A1:M1 单元格区域复制到"工资条"表页上的 B1:N1 单元格区域,如图 4-21 所示。

图 4-21 设置工资条表头

(3) 在 A2 单元格中录入公式"=NOW()",然后将该单元格格式设置为"**年**月"格式;在 B2 单元格中录入第一个员工的编号"0001";C2 至 N2 单元格的公式如下:

C2 =VLOOKUP(B2,gzsj,2,0)
D2 =VLOOKUP(B2,gzsj,3,0)
E2 =VLOOKUP(B2,gzsj,4,0)
F2 =VLOOKUP(B2,gzsj,5,0)
G2 =VLOOKUP(B2,gzsj,6,0)
H2 =VLOOKUP(B2,gzsj,7,0)
I2 =VLOOKUP(B2,gzsj,8,0)
J2 =VLOOKUP(B2,gzsj,9,0)
K2 =VLOOKUP(B2,gzsj,10,0)
L2 =VLOOKUP(B2,gzsj,11,0)
M2 =VLOOKUP(B2,gzsj,12,0)
N2 =VLOOKUP(B2,gzsj,13,0)

完成操作后得到的结果如图 4-22 所示。

图 4-22 利用公式根据"员工编号"提取数据

(4) 选中 A1:N3 单元格区域(注意:要求个人工资条之间空一行,所以是 N3 而不是 N2),向下填充至第 75 行(员工记录为 25 条,每条记录对应的工资条数据占 3 行,共占 75 行),结果如图 4-23 所示。

EXCEL在财务会计中的应用

	A	B	C	D	E	F	G	H	I	J	K	L	M	N
1	年月	员工编号	姓名	所属部门	职务	基本工资	岗位工资	工龄工资	应发工资	住房公积金	社保费	应纳税所得	个人所得税	实发工资
2	2015年10月	000001	胡慧清	总经理办公室	文员	5000	900	2000	7900	708	767	2925	187.5	6237.5
3														
4	年月	员工编号	姓名	所属部门	职务	基本工资	岗位工资	工龄工资	应发工资	住房公积金	社保费	应纳税所得	个人所得税	实发工资
5	2015年10月	000002	杨希铭	销售部	部门经理	4000	2400	1500	7900	768	832	2800	175	6125
6														
7	年月	员工编号	姓名	所属部门	职务	基本工资	岗位工资	工龄工资	应发工资	住房公积金	社保费	应纳税所得	个人所得税	实发工资
8	2015年10月	000003	徐颖	财务部	部门经理	4500	2400	2000	8900	828	897	3675	262.5	6912.5
9														
10	年月	员工编号	姓名	所属部门	职务	基本工资	岗位工资	工龄工资	应发工资	住房公积金	社保费	应纳税所得	个人所得税	实发工资
11	2015年10月	000004	王云康	生产部	部门经理	3000	2400	2000	7400	648	702	2550	150	5900
12														
13	年月	员工编号	姓名	所属部门	职务	基本工资	岗位工资	工龄工资	应发工资	住房公积金	社保费	应纳税所得	个人所得税	实发工资
14	2015年10月	000005	邱远山	销售部	销售员	4000	900	2000	6900	588	637	2175	112.5	5562.5
15														
16	年月	员工编号	姓名	所属部门	职务	基本工资	岗位工资	工龄工资	应发工资	住房公积金	社保费	应纳税所得	个人所得税	实发工资
17	2015年10月	000006	肖传毅	销售部	销售员	4000	900	1500	6400	588	637	1675	62.5	5112.5
18														
19	年月	员工编号	姓名	所属部门	职务	基本工资	岗位工资	工龄工资	应发工资	住房公积金	社保费	应纳税所得	个人所得税	实发工资
20	2015年10月	000007	陈苗	财务部	会计	4500	1400	1500	7400	708	767	2425	137.5	5787.5
21														
22	年月	员工编号	姓名	所属部门	职务	基本工资	岗位工资	工龄工资	应发工资	住房公积金	社保费	应纳税所得	个人所得税	实发工资
23	2015年10月	000008	万齐惊	财务部	会计	4500	1400	2000	7900	708	767	2925	187.5	6237.5
24														
25	年月	员工编号	姓名	所属部门	职务	基本工资	岗位工资	工龄工资	应发工资	住房公积金	社保费	应纳税所得	个人所得税	实发工资

图 4-23 单行工资条

二、双行工资条

如果单位工资项目较多,单行工资条显示较长,不便于浏览和打印。此时,就应设计双行工资条。这里的双行是指工资项目的数据用两行显示,而不是指工资条的表头双行。

【例 4-7】 设计佳园公司 2015 年 10 月工资条,要求工资项目数据双行显示。

【原理与思路】 利用 MOD() 函数和 ROW() 函数的结合可以产生循环的若干个自然数,例如,MOD(ROW(),5) 可产生循环的数字 1、2、3、4、0。工资条的数据采用函数公式取自工资表,工资条第 1、3 行应取工资表中第一行(表头)前后各一半的内容,工资条第 2、4 行取工资表中的项目数据,而第 5 行为空行,以此循环实现双行工资表。

(1) 打开"工资相关表格"工作簿,在"工资条"工作表的后面新建"双行工资条"工作表。

(2) 在"双行工资条"表中 A1 单元格输入"发放月份",并将 A1 和 A2 单元格合并居中。在 A3 单元格输入"2015 年 10 月",并将 A3 和 A4 单元格合并居中,结果如图 4-24 所示。

(3) 根据前述的"原理与思路",在 B2 单元格中输入以下公式:

=IF(MOD(ROW(),5)=1,OFFSET(工资表! $A$1,,COLUMN(A1)−1),IF(MOD(ROW(),5)=3,OFFSET(工资表! $H$1,,COLUMN(A1)−1),IF(MOD(ROW(),5)=2,OFFSET(工资表! $A$1,INT(ROW()/5)+1,COLUMN(A1)−1),IF(MOD(ROW(),5)=4,OFFSET(工资表! $H$1,INT(ROW()/5)+1,COLUMN(A1)−1),""))))

其中,"工资表! $H$1"是需要截断另起一行显示的单元格位置(工资表 H 列"应发工资"),以后制作类似的双行工资条均可以套用该公式,只要修改这里的"工资表! $H$1"即可。公式及公式运算结果如图 4-25 所示。

(4) 由于原工资表中工资项目为 13 项,我们从第 8 项(工资表 H 列"应发工资")开始截断另起一行显示,即所谓"双行"。因此,我们选中 B1 单元格,拖拽右下角黑色小

图 4‑24　设置双行工资条表头

图 4‑25　利用公式提取"员工编号"数据

方块向右填充至第 H 列,向下填充至 B4 单元格,如图 4‑26 所示。对于 B2 单元格设置单元格格式为"特殊""邮政编码"样式,如图 4‑27 所示。

(5) 按照上述方法,填充至 H4 单元格,并设置单元格的边框,如图 4‑28 所示。由于原工资表中工资项目为 13 列奇数,因此工资项目分两行显示时,导致 H3 和 H4 单元格取数结果为 0。

(6) 由于要求每个员工的工资条之间空一行,因此,我们选择 A1：H5 单元格区域,然后拖拽选中区域右下角的黑色小方块向下填充至 125 行(25 个员工,每个占 5 行),如图 4‑29 所示。双行工资条的最终结果如图 4‑30 所示,打印效果如图 4‑31 所示。

图 4‑26　B2 单元格的取数

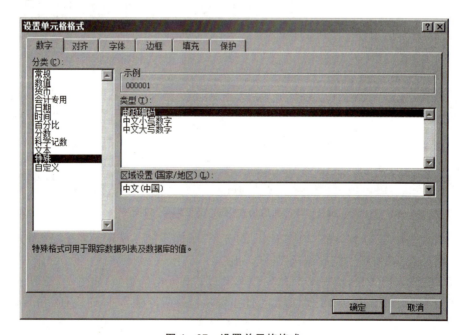

图 4‑27　设置单元格格式

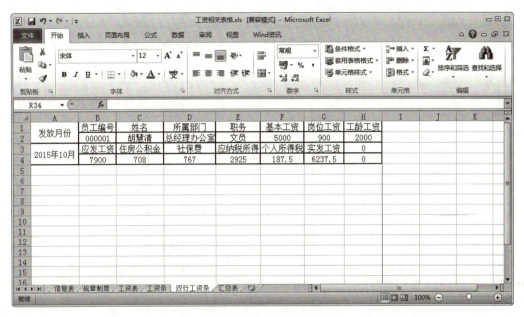

图 4-28　完成部分拖拽

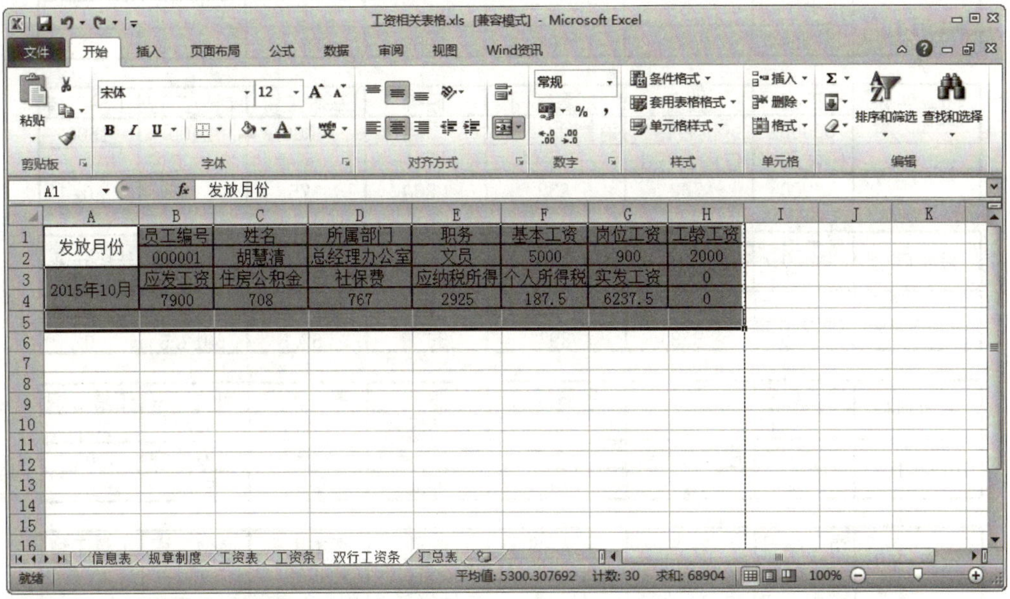

图 4-29　选中单元格

EXCEL在财务会计中的应用

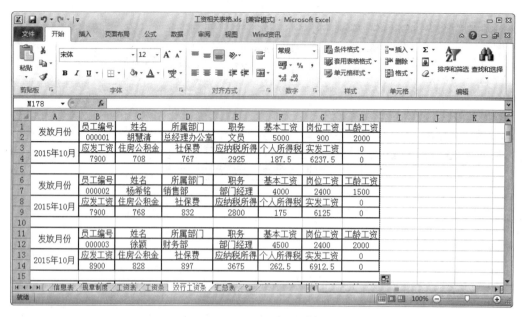

图 4-30 双行工资条

发放月份	员工编号	姓名	所属部门	职务	基本工资	岗位工资	工龄工资
	000001	胡慧清	总经理办公室	文员	5000	900	2000
2015年10月	应发工资	住房公积金	社保费	应纳税所得	个人所得税	实发工资	0
	7900	708	767	2925	187.5	6237.5	0
发放月份	员工编号	姓名	所属部门	职务	基本工资	岗位工资	工龄工资
	000002	杨希铭	销售部	部门经理	4000	2400	1500
2015年10月	应发工资	住房公积金	社保费	应纳税所得	个人所得税	实发工资	0
	7900	768	832	2800	175	6125	0
发放月份	员工编号	姓名	所属部门	职务	基本工资	岗位工资	工龄工资
	000003	徐颖	财务部	部门经理	4500	2400	2000
2015年10月	应发工资	住房公积金	社保费	应纳税所得	个人所得税	实发工资	0
	8900	828	897	3675	262.5	6912.5	0
发放月份	员工编号	姓名	所属部门	职务	基本工资	岗位工资	工龄工资
	000004	王云康	生产部	部门经理	3000	2400	2000
2015年10月	应发工资	住房公积金	社保费	应纳税所得	个人所得税	实发工资	0
	7400	648	702	2550	150	5900	0
发放月份	员工编号	姓名	所属部门	职务	基本工资	岗位工资	工龄工资
	000005	邱远山	销售部	销售员	4000	900	2000
2015年10月	应发工资	住房公积金	社保费	应纳税所得	个人所得税	实发工资	0
	6900	588	637	2175	112.5	5562.5	0

图 4-31 打印效果

第四节 工资分类汇总

一、分类汇总

根据工资数据核算与管理的需要,每月要按职工所属部门或人员类别等对工资数据进行分类汇总,以便分配工资费用或进行费用的统计分析。假设公司内部要求每月按所属部门计算应发工资和实发工资的部门总数和平均数,此项工作既可以采用 EXCEL 2010 提供的分类汇总功能实现,也可以使用透视表功能来完成。

【例 4-8】 对佳园公司的工资进行分类汇总。

1. 利用分类汇总功能进行分类汇总

(1) 打开"工资相关表格"工作簿,插入一张新工作表,修改工作表名为"汇总表"。

(2) 复制"工资表"工作表中的数据到"汇总表"。由于"工资表"中"姓名""所属部门"等列的数据由数组公式生成,系统不允许重新排序,因此,在复制数据应时采用"选择性粘贴""值和数字格式"命令,如图 4-32 所示。接下来,对"汇总表"中的数据按"所属部门"的升序进行排序,如图 4-33 所示。

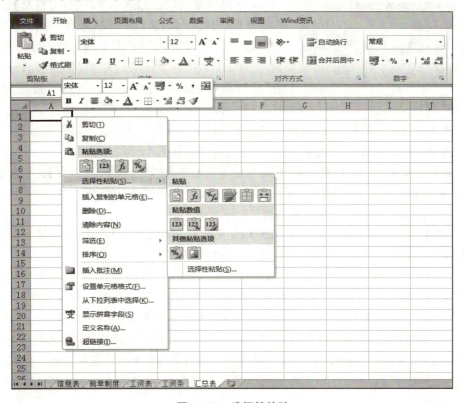

图 4-32 选择性粘贴

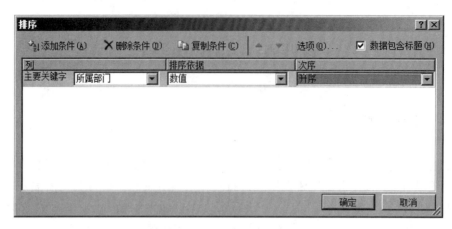

图 4-33 按所属部门升序排序

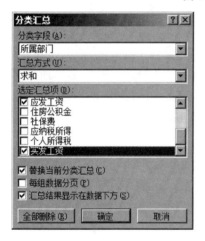

图 4-34 按"求和"分类汇总

(3) 选定 A3：N28 单元格区域，单击【数据】选项卡下的【分类汇总】命令，在打开的【分类汇总】窗口中依次选择"分类字段"为"所属部门""汇总方式"为"求和""选定汇总项"为"应发工资"和"实发工资"，然后单击"确定"按钮，如图 4-34、图 4-35 所示。

(4) 继续单击【数据】选项下的【分类汇总】命令，在打开的【分类汇总】窗口中依次选择"分类字段"为"所属部门""汇总方式"为"求平均值""选定汇总项"为"应发工资"和"实发工资"，取消"替换当前分类汇总"复选框中的对勾，然后单击"确定"按钮，如图 4-36 所示。

在此分类汇总结果中，既可以看到每个部门应发工资和实发工资的汇总数据，也可以看到每个部门应发工资和实发工资的平均数据。如图 4-37 所示。

如果要取消分类汇总的结果，只需选定分类汇总数据区域，单击【数据】选项卡下的【分类汇总】命令，在打开的【分类汇总】窗口中单击"全部删除"按钮即可。

2．利用透视表功能实现分类汇总

(1) 打开"工资表"，选定 A1：M26 单元格区域，单击【插入】选项卡下的【数据透视表】命令，如图 4-38 所示，打开"创建数据透视表"窗口。

(2) 在"创建数据透视表"窗口中，确认"请选择要分析的数据区域"选项为"工资表！$A$1：$M$26"，然后确定"选择放置数据透视表的位置"为"新工作表"，如图 4-39 所示，然后单击"确定"按钮，出现"数据透视表字段列表"选择项，如图 4-40 所示。

(3) 在"数据透视表字段列表"窗口中，先在"选择要添加到报表的字段"的选项列表中选定"所属部门"，系统将其确认为行标签，如图 4-41 所示。依次选定需要汇总的项目"应发工资"和"实发工资"，系统将其确认为列标签，汇总结果则随之而显示，如图 4-42 所示。

第四章 EXCEL 在工资管理中的应用

	A	B	C	D	E	F	G	H	I	J	K	L	M
1	员工编号	姓名	所属部门	职务	基本工资	岗位工资	工龄工资	应发工资	住房公积金	社保费	应纳税所得	个人所得税	实发工资
2	000003	徐颖	财务部	部门经理	4500	2400	2000	8900	828	897	3675	262.5	6912.5
3	000007	陈苗	财务部	会计	4500	1400	1500	7400	708	767	2425	137.5	5787.5
4	000008	万齐惊	财务部	会计	4500	1400	2000	7900	708	767	2925	187.5	6237.5
5	000012	黄淑芳	财务部	出纳	4500	1000	2000	7500	660	715	2625	157.5	5967.5
6			财务部 汇总					31700					24905
7	000004	王云康	生产部	部门经理	3000	2400	2000	7400	648	702	2550	150	5900
8	000011	汤钦平	生产部	技术员	3000	1200	2000	6200	504	546	1650	60	5090
9	000017	陈俊霖	生产部	技术员	3000	1200	2000	6200	504	546	1650	60	5090
10	000019	姜鹏	生产部	技术员	3000	1200	2000	6200	504	546	1650	60	5090
11	000022	况代超	生产部	技术员	3000	1200	2000	6200	504	546	1650	60	5090
12	000023	何欣越	生产部	技术员	3000	1200	1500	5700	504	546	1150	34.5	4615.5
13	000024	古阳阳	生产部	技术员	3000	1200	1000	5200	504	546	650	19.5	4130.5
14	000025	徐骏	生产部	技术员	3000	1200	1000	5200	504	546	650	19.5	4130.5
15			生产部 汇总					48300					39136.5
16	000002	杨希铭	销售部	部门经理	4000	2400	1500	7900	768	832	2800	175	6125
17	000005	邱远山	销售部	销售员	4000	900	2000	6900	588	637	2175	112.5	5562.5
18	000006	肖传毅	销售部	销售员	4000	900	1500	6400	588	637	1675	62.5	5112.5
19	000009	熊慧珉	销售部	销售员	4000	900	1500	6400	588	637	1675	62.5	5112.5
20	000020	邓子豪	销售部	销售员	4000	900	1500	6400	588	637	1675	62.5	5112.5
21			销售部 汇总					34000					27025
22	000001	胡慧清	总经理办	文员	5000	900	2000	7900	708	767	2925	187.5	6237.5
23	000010	姜鹏	总经理办	经理	5000	2400	2000	9400	888	962	4050	300	7250
24	000013	曾祥凤	总经理办	文员	5000	900	1500	7400	708	767	2425	137.5	5787.5
25	000014	徐金	总经理办	文员	5000	900	2000	7900	708	767	2925	187.5	6237.5
26	000015	顾嘉怡	总经理办	文员	5000	900	2000	7900	708	767	2925	187.5	6237.5

图 4‑35 按部门分类汇总求和

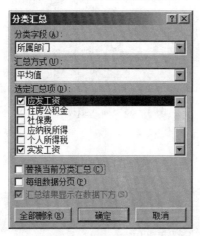

图 4‑36 按"平均值"分类汇总

	A	B	C	D	E	F	G	H	I	J	K	L	M
1	员工编号	姓名	所属部门	职务	基本工资	岗位工资	工龄工资	应发工资	住房公积金	社保费	应纳税所得	个人所得税	实发工资
2	000003	徐颖	财务部	部门经理	4500	2400	2000	8900	828	897	3675	262.5	6912.5
3	000007	陈苗	财务部	会计	4500	1400	1500	7400	708	767	2425	137.5	5787.5
4	000008	万齐惊	财务部	会计	4500	1400	2000	7900	708	767	2925	187.5	6237.5
5	000012	黄淑芳	财务部	出纳	4500	1000	2000	7500	660	715	2625	157.5	5967.5
6			财务部 平均值					7925					6226.25
7			财务部 汇总					31700					24905
8	000004	王云康	生产部	部门经理	3000	2400	2000	7400	648	702	2550	150	5900
9	000011	汤钦平	生产部	技术员	3000	1200	2000	6200	504	546	1650	60	5090
10	000017	陈俊霖	生产部	技术员	3000	1200	2000	6200	504	546	1650	60	5090
11	000019	姜鹏	生产部	技术员	3000	1200	2000	6200	504	546	1650	60	5090
12	000022	况代超	生产部	技术员	3000	1200	2000	6200	504	546	1650	60	5090
13	000023	何欣越	生产部	技术员	3000	1200	1500	5700	504	546	1150	34.5	4615.5
14	000024	古阳阳	生产部	技术员	3000	1200	1000	5200	504	546	650	19.5	4130.5
15	000025	徐骏	生产部	技术员	3000	1200	1000	5200	504	546	650	19.5	4130.5
16			生产部 平均值					6037.5					4892.063
17			生产部 汇总					48300					39136.5
18	000002	杨希铭	销售部	部门经理	4000	2400	1500	7900	768	832	2800	175	6125
19	000005	邱远山	销售部	销售员	4000	900	2000	6900	588	637	2175	112.5	5562.5
20	000006	肖传毅	销售部	销售员	4000	900	1500	6400	588	637	1675	62.5	5112.5
21	000009	熊慧珉	销售部	销售员	4000	900	1500	6400	588	637	1675	62.5	5112.5
22	000020	邓子豪	销售部	销售员	4000	900	1500	6400	588	637	1675	62.5	5112.5
23			销售部 平均值					6800					5405
24			销售部 汇总					34000					27025
25	000001	胡慧清	总经理办	文员	5000	900	2000	7900	708	767	2925	187.5	6237.5
26	000010	姜鹏	总经理办	部门经理	5000	2400	2000	9400	888	962	4050	300	7250

图 4‑37 按部门分类汇总平均值

111

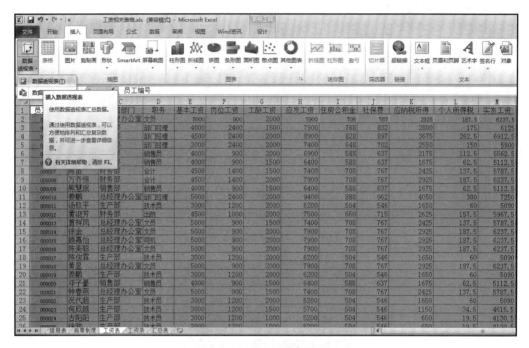

图 4-38 插入数据透视表

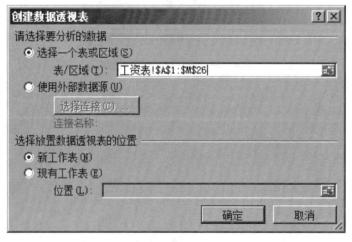

图 4-39 "创建数据透视表"窗口

图 4‑40 "数据透视表字段列表"选择项

图 4‑41 选择"所属部门"为行标签

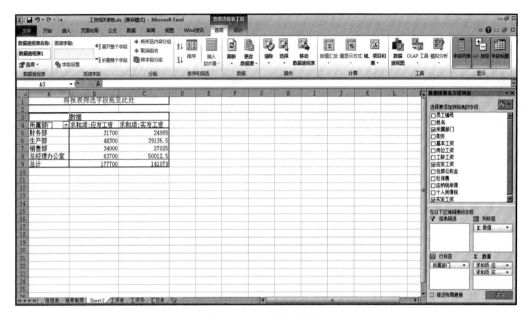

图 4-42 列标签的选择

(4) 在表中数据区域以外空白处单击,或者单击"数据透视表字段列表"的关闭按钮,"数据透视表字段列表"将被关闭。如需对"数据透视表"的内容进行修改,可右击任意数据区域在弹出的快捷选项卡中选择执行相应命令。

(5) 如果要对实发工资按部门平均值进行汇总,可右击"实发工资"列数据,在弹出的快捷选项卡中依次单击【值汇总依据(M)】、【平均值(A)】,如图 4-43 所示。

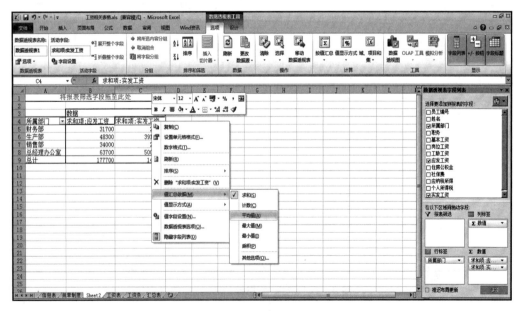

图 4-43 值汇总依据

(6) 将 B4 及 C4 单元格的显示名称分别修改为"应发工资汇总""实发工资汇总"。先双击 B4 单元格或右击 B4 单元格后选择【值字段设置】,在弹出的"值字段设置"选项卡上设定"自定义名称"的值为"应发工资汇总",然后单击"确定",如图 4-44 所示。然后再对 C4 单元格按照上述步骤进行类似设置,如图 4-45 所示。

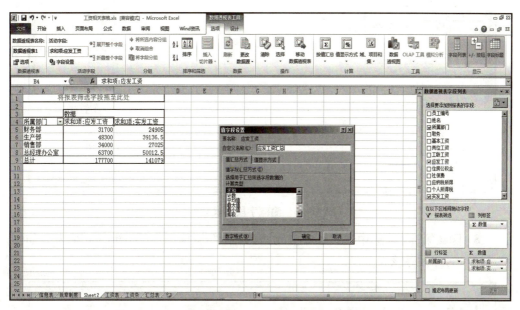

图 4-44 自定义名称

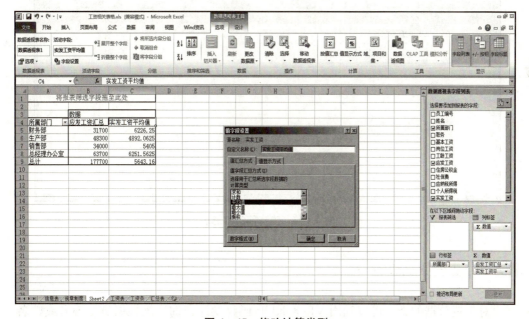

图 4-45 修改计算类型

(7) 如果不需要在表中显示"值"及"行标签"字样,则可单击【选项】右上角的【字段标题】对其进行隐藏,如图 4-46 所示。

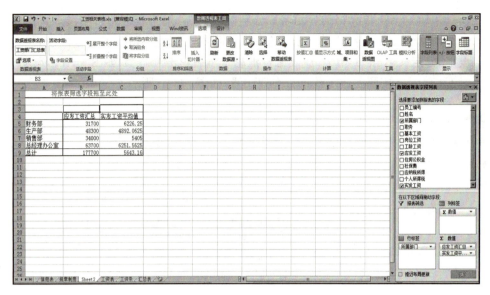

图 4‐46　隐藏字段列表功能

（8）隐藏第 2 行，选中 A1：C1 单元格区域，添加标题"工资部门汇总表"，如图 4‐47 所示，并保存该表。

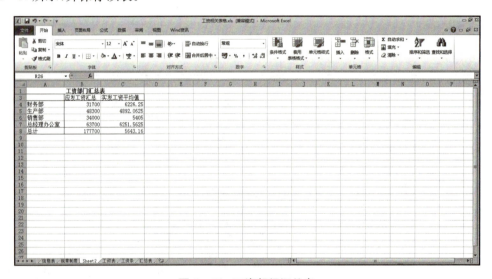

图 4‐47　工资部门汇总表

二、工资数据查询

对工资数据的查询可以利用 VLOOKUP 函数设计查询系统根据员工编号或姓名等查询个人工资数据，也可以利用系统提供的筛选功能进行查询。利用筛选功能进行查询既简单又方便。

【例 4‐9】　查询佳园公司生产部门实发工资低于 5000 元的所有工资数据。此项查询任务属于按复合条件进行查询。

（1）将光标定位于"工资表"数据区域，选择【数据】选项卡下面的【筛选】，在"所属部门"下拉列表中选中"生产部"，如图4-48所示。

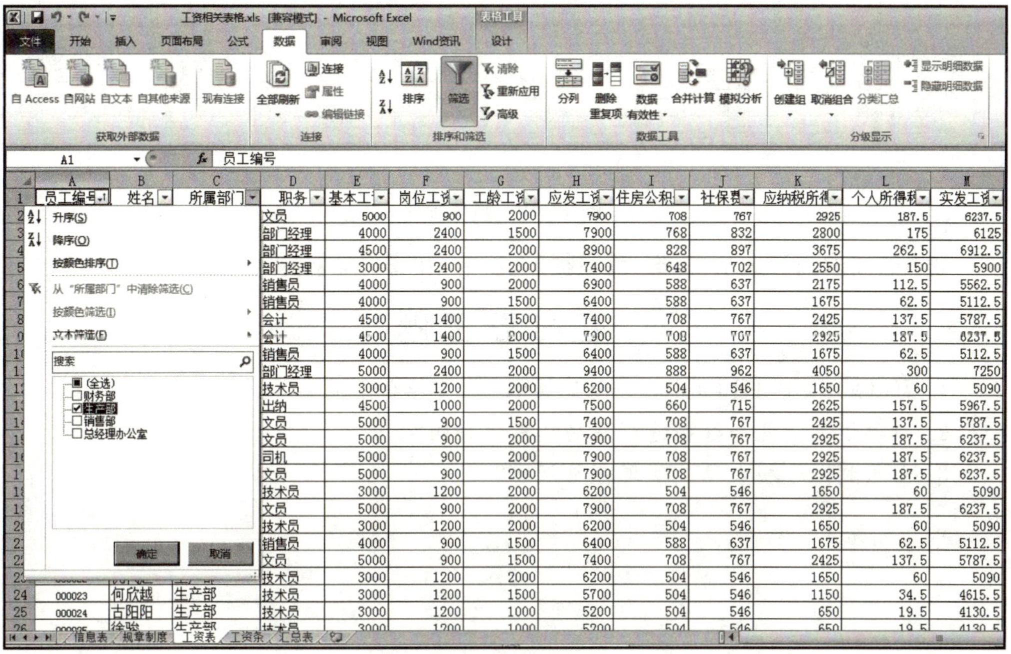

图4-48 "筛选"功能

（2）进一步点击"实发工资"下拉列表，选择"数字筛选""小于"，如图4-49所示。在弹出的窗口中填入5000，并单击"确定"。最终筛选结果如图4-50所示。

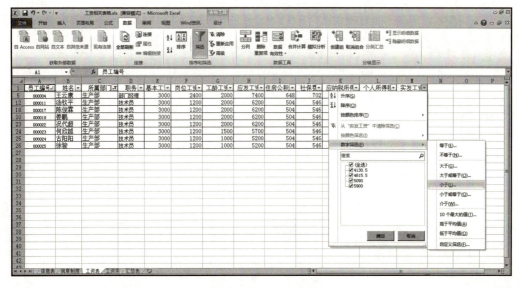

图4-49 进一步筛选

EXCEL在财务会计中的应用

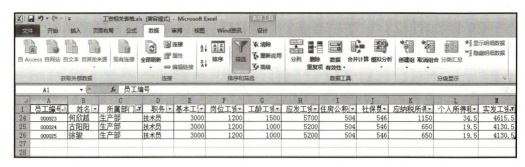

图4‑50　筛选结果

（3）若要取消筛选结果，选择【数据】选项卡中的【清除】命令。

复习思考题

1. VLOOKUP、HLOOKUP 和 LOOKUP 有什么区别？
2. 分类汇总功能与数据透视表功能有何异同？
3. 如何利用透视表功能实现分类汇总？

第五章　EXCEL 在固定资产管理中的应用

[**教学目的和要求**]

通过本章的学习,要求学生理解 MATCH 函数、OFFSET 函数、INDEX 函数、ROUNDUP 函数与 DATEDIF 函数的含义与用法;能够熟练运用固定资产折旧计算的 SLN 函数、DDB 函数与 SYD 函数,掌握某时段累计折旧的计提;理解固定资产清单相关公式的设置,了解固定资产卡片的制作与公式设置,掌握固定资产折旧费用的相关分析。

第一节　相关函数

一、MATCH 函数(定位函数)

(1) 功能说明。
返回在指定方式下与指定数值匹配的数组中元素的相应位置。
(2) 格式与参数。
MATCH(lookup_value,lookup_array,match_type)
① lookup_value:需要在数据表中查找的数值,可以是数值(数字、文本或逻辑值)或对数字、文本或逻辑值的单元格引用。
② lookup_array:可能包含所要查找的数值的连续单元格区域,可以是数组或数组引用。
③ match_type:可能的值是数字-1、0、1,它指明 EXCEL 如何在第二个参数中查找第一个参数。
当 match_type 为-1 时,lookup_array 必须按降序排列,函数 MATCH 查找大于或等于 lookup_value 的最小数值;当 match_type 为 0 时,lookup_array 可以按任何顺序排列,函数 MATCH 查找等于 lookup_value 的第一个数值;当 match_type 为 1 或省略时,lookup_array 必须按升序排列,函数 MATCH 查找小于或等于 lookup_value 的最大数值。

（3）应用举例。

MATCH(16,{97,52,36,15},-1)=3。

MATCH(15,{20,15,12,15},0)=2。

MATCH(68,{31,52,66,79})=3。

【例 5-1】 佳园公司 2015 年 8 月份员工提缴住房公积金明细表如图 5-1 所示，请判断是否有员工重复提缴的情况（假设不存在员工同名）。

图 5-1 判断是否重复提缴公积金

为了提高人工查找的效率，利用辅助列来实现此功能是常用方法之一，将 J 列作为辅助列，J3 单元格的公式为：

=IF(MATCH(D3,$D$3：$D$12,0)=ROW(A1),"","重复提缴!")

公式利用查找当前行的员工姓名列表中的位置进行判断，如果相等，则是唯一记录，否则该员工则被重复录入。另外，由于公式从 D3:D12 进行查找，因此返回的序号需要使用 ROW(A1)函数从自然数 1 开始进行比较。

二、INDEX 函数（索引函数）

（1）功能说明。

根据在一个范围（区域引用或数组）中指定的行号和列号来返回一个值，如果源范围是区域则返回单元格引用，如果源范围是数组则返回数组中的某个值。

（2）格式与参数：数组形式、引用形式。

数组形式：INDEX(array,row_num,column_num)

① array 为单元格区域或数组常数。

② row_num 为数组中某行的行序号，函数从该行返回数值。如果省略 row_num，则必须有 column_num。

③ column_num 为数组中某列的列序号，函数从该列返回数值。如果省略 column_num，则必须有 row_num。

引用形式：INDEX(reference，row_num，column_num，area_num)

① reference 为一个或多个单元格区域的引用。如果为引用输入一个不连续的选定区域，必须用括号括起来。如果引用中的每个区域只包含一行或一列，则为相应的参数。

② row_num 可选，引用中某行的行序号，函数从该行返回一个引用。

③ column_num 可选，引用中某列的列序号，函数从该列返回一个引用。

④ area_num 为选择引用中的一个区域，并返回该区域中 row_num 和 column_num 的交叉区域。选取或输入的第一个区域序号为 1，第二个为 2，依此类推。如果省略 area_num，函数 INDEX 使用区域 1。

(3) 注意事项。

① row_num、column_num 和 area_num 必须指向 reference 中的单元格，否则，函数 INDEX 返回错误值#REF!。

② 如果省略 row_num 和 column_num，函数 INDEX 返回由 arca_num 所指定的区域。

③ 函数 INDEX 的结果为一个引用，且在其他公式中也被解释为引用。根据公式的需要，函数 INDEX 的返回值可以作为引用或数值。

(4) 应用举例。

INDEX({1,2,3;4,5,6},2,3)=6。

INDEX({1,2,3;4,5,6},2,0)={4,5,6}。

INDEX(A1：C10,5,2)的结果，是返回 A1：C10 区域中第 5 行第 2 列的单元格引用 B5。

在 EXCEL 中，MATCH 函数可以用于查找数据的位置，而 INDEX 函数则可以根据查找到的位置返回为实际的单元格引用。因此，在实际工作中常常可以使用两者的组合来完成条件查询计算。

【例 5-2】 根据给定的员工号在员工信息表中查询员工的姓名。

公式与公式计算结果如图 5-2 所示。

fx =INDEX(C3:C10,MATCH(H5,B3:B10,0))

	A	B	C	D	E	F	G	H	I
1									
2		员工号	姓名	部门	职务				
3		A01048	叶自知	技术支持部	支持经理				
4		A02267	陈佩亮	企划部	技术经理		数据查找		
5		A03236	李明旭	综合部	副主任		查找员工号	A05023	
6		A05023	黄思露	企划部	技术经理		姓名	黄思露	
7		A05241	潘贺明	开发部	主任				
8		A07546	李影欣	推广部	科长				
9		A08084	蔡志洪	综合部	人力资源经理				
10		A09095	张文博	开发部	项目经理				
11									

图 5-2　员工姓名查询

EXCEL在财务会计中的应用

【例5-3】 佳园公司的产品价格表如图5-3所示,要求根据H5和H6单元格中的产品型号和规格条件,从价格表中查询产品的价格。

	A	B	C	D	E	F	G	H	I	J	K
1											
2		规格 型号	TPA10	TPL35	PBC22						
3		A0110	7800	8700	7600						
4		A0111	8000	9700	8400			产品价格查询			
5		A0112	9100	7500	6400			查询型号	A0114		
6		A0113	8800	8600	6800			查询规格	PBC22		
7		A0114	9300	9900	8300			产品价格	8300		
8		B1120	8900	6900	7900						
9		B1121	9100	7000	6900						
10		B1122	7700	9100	8100						
11		B1123	9800	7700	7400						
12											

I7 fx =INDEX($C$3:$E$11,MATCH($I$5,$B$3:$B$11,0),MATCH($I$6,$C$2:$E$2,0))

图5-3 查询产品价格表

在公式中则直接使用两个MATCH函数分别针对产品型号和产品规格进行独立查找,最终将行号和列号返回给INDEX函数来返回查询结果。

三、SLN、DDB、VDB和SYD函数(折旧函数)

1. SLN函数

(1)功能说明。

用平均年限法计算某项资产折旧额。

(2)格式与参数。

SLN(cost,salvage,life)

① cost:资产原值。

② salvage:资产在折旧期末的价值(称为资产残值)。

③ life:折旧期限(也称资产的使用寿命),如果为年,计算的是年折旧额;如果为月,则计算的是月折旧额。

(3)注意事项。

如果采用工作量法计算折旧,应在SLN函数的life参数中输入预计的总工作量,这样可以得到每单位工作量的折旧额,然后根据每期的工作量和每单位工作量的折旧额计算各期的折旧额。

(4)应用举例。

【例5-4】 佳园公司某固定资产原值40000元,预计净残值5000元,使用年限10年,求平均年限法下的每年折旧额。

公式与公式计算结果如图5-4所示。

122

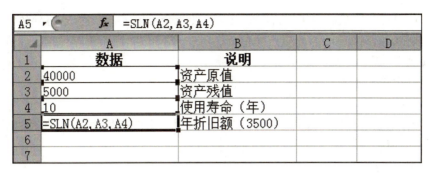

图 5-4 SLN 函数举例

2. DDB 函数

(1) 功能说明。

用双倍余额递减法或其他指定方法,计算某项资产在指定期间内的折旧额。

(2) 格式与参数。

DDB(cost,salvage,life,period,factor)

① cost:资产原值。

② salvage:资产在折旧期末的价值(也称资产残值)。

③ life:折旧期限(也称资产的使用寿命)。

④ period:需要计算折旧值的期间,period 必须使用与 life 相同的单位。

⑤ factor:余额递减速率。如果 factor 被省略,则假设为 2(双倍余额递减法)。

(3) 注意事项。

① 所有参数都必须为正数。

② 此公式中 factor 为余额递减速率,如果 factor 为 2,才为双倍余额递减法下的折旧额。

③ 此函数只能计算除最后两年的每一期折旧额,对于最后两年的折旧额需要用折余价值进行平均,即改为平均年限法。在公式上,可以结合本节后面的 VDB 函数使用。

(4) 应用举例。

【例 5-5】 按 DDB 函数计算固定资产每年折旧额,如图 5-5 所示。

	A	B	C	D	E	F
1	说明		数据			
2	资产原值		50,000			
3	资产残值		2,500			
4	使用寿命(年)		6			
5	年份		折旧额公式	结果		
6	1		=DDB(50000,2500,6,1)	¥16,666.67		
7	2		=DDB(50000,2500,6,2)	¥11,111.11		
8	3		=DDB(50000,2500,6,3)	¥7,407.41		
9	4		=DDB(50000,2500,6,4)	¥4,938.27		
10	5		=DDB(50000,2500,6,5)	¥3,292.18		
11	6		=DDB(50000,2500,6,6)	¥2,194.79		
12	合计		=SUM(D6:D11)	¥45,610.43		
13						
14						

图 5-5 DDB 函数举例

值得注意的是,最后两年的折旧额没有按照折余价值进行平均,这将导致每年计提折旧的总和(45,610.43元)与资产净值(50,000－2,500＝47,500)不相等,改进计算方法详见【例5－7】。

3. VDB 函数

(1) 功能说明。

使用双倍余额递减法或其他指定的方法,返回指定的任何期间内(包括部分期间)的资产折旧值。

(2) 格式与参数。

VDB(cost,salvage,life,start_period,end_period,factor,no_switch)

① cost:资产原值。

② salvage:资产在折旧期末的价值(也称资产残值)。

③ life:折旧期限(也称资产的使用寿命)。

④ start_period:折旧计算的起始期次,start_period 必须与 life 的单位相同。

⑤ end_period 为进行折旧计算的截止期次,end_period 必须与 life 的单位相同。

⑥ factor 为余额递减折旧因子,如果省略参数 factor,则函数假设 factor 为 2(双倍余额递减法)。

⑦ no_switch 为一逻辑值,指定当折旧值大于余额递减计算值时,是否转到直线折旧法。

(3) 注意事项。

① 如果 no_switch 为 TRUE,即使折旧值大于余额递减计算值,EXCEL 也不转换到直线折旧法。如果 no_switch 为 FALSE 或省略,且折旧值大于余额递减计算值,EXCEL 将转换到直线折旧法。

② 除 no_switch 参数外,其他参数必须为正数。

(4) 应用举例。

【例5－6】 按 VDB 函数计算图5－6所示固定资产某期间的累计折旧额。

	A	B	C	D	E	F
1	说明		数据			
2	资产原值		40,000			
3	资产残值		5,000			
4	使用寿命(年)		5			
5	期间		折旧额公式	结果		
6	第1个月		=VDB(B2,B3,60,0,1)	¥1,333.33		
7	第1年		=VDB(B2,B3,5,0,1)	¥16,000.00		
8	前20个月		=VDB(B2,B3,60,0,20)	¥19,695.38		
9	前2年半		=VDB(B2,B3,5,0,2.5)	¥28,480.00		
10	第8个月到30个月		=VDB(B2,B3,60,8,30)	¥16,031.72		
11	1-5年		=VDB(B2,B3,5,0,5)	¥35,000.00		
12						
13						

图5－6 各期间累计折旧

【例5－7】 按 VDB 函数改进计算固定资产每年折旧额。

首先利用 VDB 函数计算出截至第4年末的累计折旧 ＝VDB(50000,2500,6,0,

4),然后将折余价值$((50000-\text{VDB}(50000,2500,6,0,4)-2500)/2)$在最后两年平均摊销。如图5-7所示。

	A	B	C	D	E	F
1	说明		数据			
2	资产原值			50,000		
3	资产残值			2,500		
4	使用寿命（年）			6		
5	年份		折旧额公式	结果		
6	1	=DDB(50000,2500,6,1)		¥16,666.67		
7	2	=DDB(50000,2500,6,2)		¥11,111.11		
8	3	=DDB(50000,2500,6,3)		¥7,407.41		
9	4	=DDB(50000,2500,6,4)		¥4,938.27		
10	5	=(50000-VDB(50000,2500,6,0,4)-2500)/2		¥3,688.27		
11	6	=(50000-VDB(50000,2500,6,0,4)-2500)/2		¥3,688.27		
12	合计	=SUM(D6:D11)		¥47,500.00		
13						
14						

图5-7 改进计算固定资产折旧

4. SYD函数

(1) 功能说明。

用年数总和法计算某项资产的折旧额。

(2) 格式与参数。

SYD(cost,salvage,life,per)

① cost：资产原值。

② salvage：资产在折旧期末的价值(也称为资产残值)。

③ life：折旧期限(有时也称作资产的使用寿命)。

④ per：期间，其单位与life相同。per数值为所求折旧额对应的年份，例如per等于2,则求出的结果为第二年的折旧额。

(3) 应用举例。

【例5-8】 计算图5-8所示的固定资产在年数总和法下的各年折旧。

	A	B	C	D	E	F
1	说明		数据			
2	资产原值			40,000		
3	资产残值			5,000		
4	使用寿命（年）			5		
5	年份		折旧额公式	结果		
6	1	=SYD(B2,B3,B4,1)		¥11,666.67		
7	2	=SYD(B2,B3,B4,2)		¥9,333.33		
8	3	=SYD(B2,B3,B4,3)		¥7,000.00		
9	4	=SYD(B2,B3,B4,4)		¥4,666.67		
10	5	=SYD(B2,B3,B4,5)		¥2,333.33		
11	合计	=SUM(D6:D10)		¥35,000.00		
12						
13						

图5-8 年数总和法举例

EXCEL在财务会计中的应用

四、DATEDIF 函数(日期差函数)

(1) 功能说明。

计算两个日期之间的天数、月数或年数。

(2) 格式与参数。

DATEDIF(start_date,end_date,unit)

① start_date 为一个日期,它代表时间段内的第一个日期或起始日期。

② end_date 为一个日期,它代表时间段内的最后一个日期或结束日期。

③ unit 为所需信息的返回类型。返回类型主要包括"Y"、"M"、"D"、"MD"、"YM"和"YD"六种。

"Y":时间段中的整年数。

"M":时间段中的整月数。

"D":时间段中的天数。

"MD":start_date 与 end_date 日期中天数的差。忽略日期中的月和年。

"YM":start_date 与 end_date 日期中月数的差。忽略日期中的日和年。

"YD":start_date 与 end_date 日期中天数的差。忽略日期中的年。

(3) 注意事项。

start_date 和 end_date 为某个日期,它代表时间段内的第一个日期或起始日期。日期允许多种输入方法:带引号的文本串(例如,"2001/1/30")、系列数(例如,如果使用 1900 日期系统,则 36921 代表 2001 年 1 月 30 日)或其他公式或函数的结果(例如,DATEVALUE("2001/1/30"))。

(4) 应用举例。

DATEDIF("1980/1/1","2015/1/1","Y")等于 35,即时间段中有 35 个整年。

DATEDIF("2014/6/1","2014/12/8","M")等于 6,即时间段中有 6 个月。

DATEDIF("2014/6/1","2015/1/31","M")等于 7,即时间段中有 7 个月。

DATEDIF("2014/6/1","2015/1/31","D")等于 244,即在 2014 年 6 月 1 日和 2015 年 1 月 31 日之间有 244 天。

五、ROUNDUP 函数(向上取整函数)

(1) 功能说明。

向上舍入数字。

(2) 格式与参数。

ROUNDUP(number,num_digits)。

① number 为需要向上舍入的任意实数。

② num_digits 舍入后的数字的小数位数。

(3) 注意事项。

① ROUNDUP 函数和 ROUND 函数功能相似,不同之处在于 ROUNDUP 函数总是向上舍入数字,而 ROUND 函数是四舍五入数字。

② 如果 num_digits 大于 0,则向上舍入到指定的小数位;如果 num_digits 等于 0,则向上舍入到最接近的整数;如果 num_digits 小于 0,则在小数点左侧向上进行舍入。

(4) 应用举例。

公式与公式计算结果如表 5-1 所示。

表 5-1　ROUNDUP 函数举例

	A	B
1	公　式	说明(结果)
2	=ROUNDUP(3.2,0)	将 3.2 向上舍入,小数位为 0(4)
3	=ROUNDUP(76.9,0)	将 76.9 向上舍入,小数位为 0(77)
4	=ROUNDUP(3.14159,3)	将 3.14159 向上舍入,保留三位小数(3.142)
5	=ROUNDUP(-3.14159,1)	将 -3.14159 向上舍入,保留一位小数(-3.2)
6	=ROUNDUP(31415.92,-2)	将 31415.92654 向上舍入到小数点左侧两位(31500)

第二节　固定资产清单

一、固定资产参数设置

固定资产清单中涉及的有些数据相对固定,有一定规律,为了提高输入效率,可以将这些数据组成一个固定资产参数表。如果将这些数据设置为供用户选择的下拉列表,还需要将这些数据区域分别进行命名。

【例 5-9】　佳园公司固定资产相关信息,即固定资产一览表如图 5-9 所示。请设置佳园公司固定资产相关参数。

(1) 首先建立一个 EXCEL 工作簿,保存工作簿,命名为"EXCEL 在固定资产管理中的运用"。将该工作簿 Sheet1 工作表标签改为"基础信息"。在该工作表中输入如图 5-10 所示项目。

(2) 进行数据区域动态命名。利用【公式】选项卡下的【定义名称】可以直接实现区域的静态命名,但所命名的区域相对固定,当区域的增加或减少数据时所定义的名称不会随之而改变,而区域动态命名则可以达到这一要求。具体操作为,选定 B2:B9 单元格区域,执行【公式】选项卡、【名称管理器】命令,打开【名称管理器】窗口,单击【新建】按钮,打开【编辑名称】窗口,如图 5-11 所示。

	A	B	C	D	E	F	G	H	I	J	K
1		固定资产一览表									
2		资产编号	资产名称	使用部门	起始日期	使用年限	增加方式	折旧方法	原值	残值率	
3		1001001	1号办公楼	办公室	2008年8月	30	购入	平均年限法	800000	5.00%	
4		1001002	2号办公楼	办公室	2012年8月	30	购入	平均年限法	800000	5.00%	
5		1005003	台式计算机1	办公室	2014年2月	5	购入	平均年限法	5000	4.00%	
6		1005001	空调	办公室	2009年6月	10	购入	平均年限法	3200	4.00%	
7		1005002	打印机1	办公室	2010年11月	5	购入	平均年限法	3900	4.00%	
8		3002003	液晶显示仪	生产车间	2012年7月	5	购入	双倍余额递减法	10000	4.00%	
9		4004011	汽车	销售部	2009年11月	15	购入	平均年限法	200000	4.00%	
10		3002012	机床	生产车间	2009年7月	10	购入	双倍余额递减法	8500	4.00%	
11		3003031	控制器	生产车间	2009年9月	10	购入	双倍余额递减法	10000	4.00%	
12		3002032	车床	生产车间	2013年12月	10	购入	双倍余额递减法	40000	4.00%	
13		2003033	磨床	生产车间	2014年7月	10	购入	双倍余额递减法	4500	4.00%	
14		1005051	电话传真机	办公室	2011年2月	10	购入	平均年限法	4000	4.00%	
15		1005004	笔记本电脑1	办公室	2015年9月	5	购入	平均年限法	7500	4.00%	
16		2005013	笔记本电脑2	财务部	2015年8月	5	购入	平均年限法	8600	4.00%	
17		4005001	台式计算机2	销售部	2011年9月	5	购入	平均年限法	5600	4.00%	
18		4005002	打印机2	销售部	2010年9月	5	购入	平均年限法	3500	4.00%	
19											

图 5-9　固定资产一览表

	A	B	C	D	E	F	G	H	I	J	K	L
1		固定资产基础信息										
2		类别编号	类别名称	部门编号	部门名称	费用科目	增加方式	减少方式	资产状态	资产性质	折旧方法	
3		001	建筑物	1	办公室	管理费用	购入	报废	未使用	正常	平均年限法	
4		002	生产设备	2	财务部	管理费用	自建	出售	在用	当月新增	双倍余额递减法	
5		003	制造设备	3	生产车间	制造费用	投入	投资转出	已提足折旧	当月减少		
6		004	运输工具	4	销售部	管理费用	盘盈	盘亏	正常使用	当月新增并减少		
7		005	办公设备				捐赠	捐赠	报废			
8							内部调拨	内部调拨				
9							其他	其他				
10												

图 5-10　固定资产基础信息

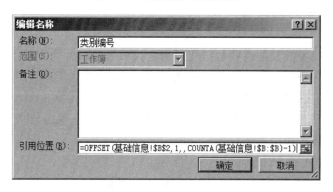

图 5-11　数据区域动态命名

在【名称】文本框中输入"类别编号"。通过在【引用位置】文本框中输入公式＝OFFSET(基础信息！$B$2,1,,COUNTA(基础信息！$B：$B)－1),这样可以实现动态调整命名区域,单击【确定】按钮。

（3）用同样的方法,可以将其他基础信息分别进行数据区域命名,公式如下：

类别编号＝OFFSET(基础信息！$B$2,1,,COUNTA(基础信息！$B：$B)－1)

类别名称＝OFFSET(基础信息！$C$2,1,,COUNTA(基础信息！$C：$C)－1)
部门编号＝OFFSET(基础信息！$D$2,1,,COUNTA(基础信息！$D：$D)－1)
部门名称＝OFFSET(基础信息！$E$2,1,,COUNTA(基础信息！$E：$E)－1)
费用科目＝OFFSET(基础信息！$F$2,1,,COUNTA(基础信息！$F：$F)－1)
增加方式＝OFFSET(基础信息！$G$2,1,,COUNTA(基础信息！$G：$G)－1)
减少方式＝OFFSET(基础信息！$H$2,1,,COUNTA(基础信息！$H：$H)－1)
资产状态＝OFFSET(基础信息！$I$2,1,,COUNTA(基础信息！$I：$I)－1)
资产性质＝OFFSET(基础信息！$J$2,1,,COUNTA(基础信息！$J：$J)－1)
折旧方法＝OFFSET(基础信息！$K$2,1,,COUNTA(基础信息！$K：$K)－1)

在具体的操作细节上，每一个基础信息的设置只需要修改数据区域名称以及函数OFFSET 中的第一、第四个参数，单击【确定】按钮，完成以上的区域命名，结果如图5－12 所示。

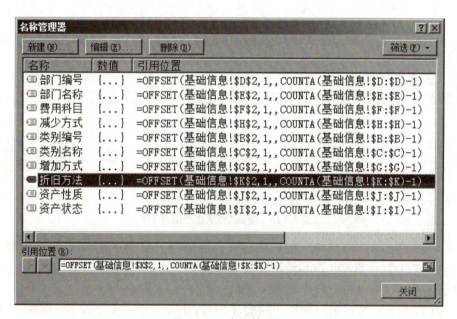

图 5－12　名称管理器

二、固定资产清单设计

固定资产清单是用来存放所有固定资产数据的工作表，后续折旧费用的分配、相关记账凭证的生成、资产的分析都是建立在固定资产清单的基础上。利用 EXCEL 建立固定资产清单是固定资产管理的前提。固定资产清单项目设置的多少可以根据实际情况灵活掌握，如果企业管理需要，还可以包括资产设备的规格型号、制造单位等一些辅助项目。

1. 基本信息录入

基本信息录入是将固定资产一览表中的信息录入到固定资产清单中。这一工作比较简单，主要通过复制粘贴功能来实现。

EXCEL在财务会计中的应用

【例 5-10】 录入佳园公司固定资产清单的基本信息。

固定资产清单的项目包括："资产名称""资产编号""类别编号""类别名称""使用部门""费用科目""购入日期""使用年限""终止日期""资产状态""增加方式""资产性质""折旧方法""原值""残值率""残值""已计提月份""本月折旧额""本年计提月数""本年折旧额""累计折旧额"。

（1）打开"EXCEL在固定资产管理中的运用"工作簿，将Sheet3工作表标签改为"固定资产清单"。在该工作表中输入如图5-13所示的项目。

图5-13　新建"固定资产清单"表

（2）J2单元格中应该填入的是固定资产清单当前日期。在J2单元格中输入公式=NOW()或=TODAY()，使用这两个函数的好处是可以使折旧计算清单中的相关数据随系统日期的更新而自动更新计算。

（3）J2单元格显示为日期所对应的序列号，还需要进行如下设置：选定J2单元格，执行【开始】选项卡下面的【数字】，【设置单元格格式】命令，弹出【设置单元格格式】窗口，选择【数字】选项卡，【分类】设置为"日期"，【类型】选择为"2001年3月"。设置好后J2单元格如图5-14所示。

（4）录入基础数据。将固定资产一览表中的信息复制后粘贴到固定资产清单相关单元格区域中。固定资产清单表格中可以直接复制粘贴的数据包括：资产名称、资产编号、起始日期、使用年限、资产状态、增加方式、资产性质、原值、残值率等列数据，结果如图5-15所示。

2. 单元格公式设置

【例 5-11】 设置佳园公司固定资产清单相关单元格的公式。

（1）"类别编号"列的公式设置。该公司固定资产编码方式为：部门编号+类别编号+序号；各级编码长度为133。因此，我们可以利用EXCEL中的MID函数从资产编号中取得"类别编号"。

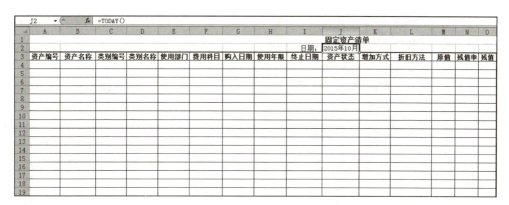

图 5‑14　设置日期

图 5‑15　录入基础数据

例如,"资产编号"是"1011001",在编号的左边第一位"1"是"使用部门"的编号,左边第二到第四位"011"是"类别编号",表示"建筑物"。

因此,C4 单元格公式为:＝MID(A4,2,3)

接下来,利用填充柄完成所有固定资产"资产编号"的填写,结果如图 5‑16 所示。

图 5‑16　"类别编号"的公式设置

(2)"类别名称"列的公式设置。"类别名称"与"类别编号"具有对应关系,可以采用查询函数,根据"类别编号"查询"类别名称"。

D4 单元格公式为:=LOOKUP(C4,类别编号,类别名称)

接下来,利用填充柄完成所有固定资产"类别编号"的填写,结果如图 5-17 所示。

图 5-17 "类别名称"的公式设置

(3)"费用科目"列的公式设置。每月计提的固定资产折旧费,应根据用途计入相关产品的成本或者当期损益,借记"制造费用""销售费用""管理费用"等科目,在固定资产清单中设置"费用科目"列,便于以后费用的归集。"费用科目"列可以利用VLOOKUP 函数从"基础信息"表中取得。

F4 单元格公式为:=VLOOKUP(E4,基础信息!$D$3:$E$7,2,FALSE)

然后,利用填充柄完成所有固定资产"费用科目"的填写,结果如图 5-18 所示。

图 5-18 "费用科目"的公式设置

（4）"终止日期"列的公式设置。终止日期的设置主要是起到提醒该项固定资产是否已经到了停止计提折旧的作用。

I4 单元格公式为：＝DATE(YEAR(G4)+H4,MONTH(G4),DAY(G4))

由于每个固定资产终止日期的计算都是相同的方法，利用填充柄完成其他固定资产"终止日期"的填写，结果如图 5‑19 所示。

	A	B	C	D	E	F	G	H	I	J	K
1										固定资产清单	
2									日期：	2015年10月	
3	资产编号	资产名称	类别编号	类别名称	使用部门	费用科目	购入日期	使用年限	终止日期	资产状态	增加方式
4	1001001	1号办公楼	001	建筑物	办公室	管理费用	2008年8月	30	2038年8月		购入
5	1001002	2号办公楼	001	建筑物	办公室	管理费用	2012年8月	30	2042年8月		购入
6	1005003	台式计算机1	005	办公设备	办公室	管理费用	2014年2月	5	2019年2月		购入
7	1005001	空调	005	办公设备	办公室	管理费用	2009年6月	10	2019年6月		购入
8	1005002	打印机1	005	办公设备	办公室	管理费用	2010年11月	5	2015年11月		购入
9	3002003	液晶显示仪	002	生产设备	生产车间	制造费用	2012年7月	5	2017年7月		购入
10	4004011	汽车	004	运输工具	销售部	管理费用	2009年11月	15	2024年11月		购入
11	3002012	机床	002	生产设备	生产车间	制造费用	2009年7月	10	2019年7月		购入
12	3003031	控制器	003	制造设备	生产车间	制造费用	2009年9月	10	2019年9月		购入
13	3002032	车床	002	生产设备	生产车间	制造费用	2013年12月	10	2023年12月		购入
14	2003033	磨床	003	制造设备	生产车间	制造费用	2014年2月	10	2024年2月		购入
15	1005051	电话传真机	005	办公设备	办公室	管理费用	2011年2月	10	2021年2月		购入
16	1005004	笔记本电脑1	005	办公设备	办公室	管理费用	2015年9月	5	2020年9月		购入
17	2005013	笔记本电脑2	005	办公设备	财务部	管理费用	2015年8月	5	2020年8月		购入
18	4005001	台式计算机2	005	办公设备	销售部	管理费用	2011年9月	5	2016年9月		购入
19	4005002	打印机2	005	办公设备	销售部	管理费用	2010年9月	5	2015年9月		购入

图 5‑19　"终止日期"的公式设置

（5）"资产状态"列的公式设置。如果当前日期小于固定资产的终止日期，资产状态为"在用"，否则说明资产处于"报废"状态。

因此，J4 单元格的公式：＝IF($J$2<I4,"在用","报废")

接下来，利用拖拽功能完成其他"资产状态"的填写，如图 5‑20 所示。

	A	B	C	D	E	F	G	H	I	J	K
1										固定资产清单	
2									日期：	2015年10月	
3	资产编号	资产名称	类别编号	类别名称	使用部门	费用科目	购入日期	使用年限	终止日期	资产状态	增加方式
4	1001001	1号办公楼	001	建筑物	办公室	管理费用	2008年8月	30	2038年8月	在用	购入
5	1001002	2号办公楼	001	建筑物	办公室	管理费用	2012年8月	30	2042年8月	在用	购入
6	1005003	台式计算机1	005	办公设备	办公室	管理费用	2014年2月	5	2019年2月	在用	购入
7	1005001	空调	005	办公设备	办公室	管理费用	2009年6月	10	2019年6月	在用	购入
8	1005002	打印机1	005	办公设备	办公室	管理费用	2010年11月	5	2015年11月	在用	购入
9	3002003	液晶显示仪	002	生产设备	生产车间	制造费用	2012年7月	5	2017年7月	在用	购入
10	4004011	汽车	004	运输工具	销售部	管理费用	2009年11月	15	2024年11月	在用	购入
11	3002012	机床	002	生产设备	生产车间	制造费用	2009年7月	10	2019年7月	在用	购入
12	3003031	控制器	003	制造设备	生产车间	制造费用	2009年9月	10	2019年9月	在用	购入
13	3002032	车床	002	生产设备	生产车间	制造费用	2013年12月	10	2023年12月	在用	购入
14	2003033	磨床	003	制造设备	生产车间	制造费用	2014年2月	10	2024年2月	在用	购入
15	1005051	电话传真机	005	办公设备	办公室	管理费用	2011年2月	10	2021年2月	在用	购入
16	1005004	笔记本电脑1	005	办公设备	办公室	管理费用	2015年9月	5	2020年9月	在用	购入
17	2005013	笔记本电脑2	005	办公设备	财务部	管理费用	2015年8月	5	2020年8月	在用	购入
18	4005001	台式计算机2	005	办公设备	销售部	管理费用	2011年9月	5	2016年9月	在用	购入
19	4005002	打印机2	005	办公设备	销售部	管理费用	2010年9月	5	2015年9月	报废	购入

图 5‑20　"资产状态"的公式设置

（6）"残值"列的公式设置。固定资产净残值决定于其原值和残值率，利用公式"原值""残值率"两列中取得数据计算得到。

因此，N4 单元格公式为：＝M4 * N4

接下来，利用拖拽功能完成其他固定资产"残值"数据的填写，如图 5‐21 所示。

图 5‐21 "残值"的公式设置

（7）"已计提月份"列的公式设置。已计提月份是指从起始日期开始到当前日期，该项固定资产已经计提折旧的月份。

我国会计制度规定固定资产应当按月计提折旧，通常对当月增加的固定资产，当月不提折旧，从下月起计提；对当月减少的固定资产，当月照提，从下月起不提折旧。利用 DATEDIF 函数可以算出起始日期与当前日期之间的月份差，不论 DATEDIF 函数遵循"算头不算尾"和"算尾不算头"规则，其计算结果是相同的。但已计提月份应该是"不算头又不算尾"，即从起始日期的下一个月到当前日期的前一个月。因此，已计提月份的计算公式应该是利用 DATEDIF 函数计算起始日期与当前日期之间的月份差的结果再减去 1。

P4 单元格的公式为：＝DATEDIF(G4，$J$2，"M")－1

然后，利用填充柄完成其他固定资产"已计提月份"的计算，如图 5‐22 所示。

图 5‐22 "已计提月份"的公式设置

(8)"本年应计提月数"列的公式设置。由于固定资产的使用寿命一般都在几年以上,所以本年启用的设备本年就停用的情况可以不予考虑。如果固定资产的状态为"报废",则本年计提月数为零。在判断本年折旧月份时,可以分为两种情况:一是本年内到期,则本年应折旧的月份数应为12减去起始月份数;二是如果起始的年份小于当前年份,并且当前年份小于起始年份和使用年限之和,则表示资产全年处于正常使用状态。

基于以上的分析,Q4单元格公式为:
=IF(J4="报废",0,IF(YEAR(G4)=YEAR($J$2),12−MONTH(G4),IF(AND(YEAR(G4)<YEAR($J$2),YEAR($J$2)<(YEAR(G4)+H4)),12,MONTH(G4))))

利用填充柄完成其他固定资产"本年应计提月数"的计算,如图5-23所示。

图5-23 "本年应计提月数"的公式设置

(9)"本月折旧额"列的公式设置。该公司对生产设备和制造设备采用双倍余额递减法计提固定资产折旧,除此之外均采用平均年限法计提固定资产折旧。因此,在本例中只考虑平均年限法和双倍余额递减法。

如果固定资产采用双倍余额递减法计提折旧并且当前月份不属于最后两年,则可以运用DDB函数计算本月折旧;如果当前月份属于最后两年,则要运用VDB函数计算本月折旧。如果固定资产采用平均年限法计提折旧,则比较简单,直接运用SLN函数即可计算本月折旧。

以固定资产清单中第9行所属的第一个以双倍余额递减法计提折旧的固定资产为例,当前日期为2015年10月,该固定资产终止日期为2017年7月,即当前日期处于使用年限的最后两年,运用DDB函数和VDB函数计算本月折旧额的结果如图5-24所示。

对于双倍余额递减法下当前月份不属于最后两年的情况,计算本月折旧额的关键是求出当前月份所属的折旧年度。在已知"已计提月份"的条件下,可以利用

EXCEL 在财务会计中的应用

	A	B	C	D	E	F	G
1		不同函数计算结果的比较					
2		年限	开始月份	结束月份	DDB函数月折旧额	VDB函数月折旧额	
3		1	2012年8月	2013年7月	333.33	333.33	
4		2	2013年8月	2013年7月	200.00	200.00	
5		3	2014年8月	2013年7月	120.00	120.00	
6		4	2015年8月	2013年7月	72.00	73.33	
7		5	2016年8月	2013年7月	43.20	73.33	
8		固定资产净值（倒推数）			9222.40	9600.00	
9							

F6 =(10000-VDB(10000,400,5,0,3)-400)/24

图 5‑24 不同函数的计算结果

ROUNDUP 函数根据"已计提月份"得到当前月份所属的折旧年度。我们利用 IF 条件进行判断，并将结果保留两位小数，这样 R4 单元格的公式为：

=ROUND(IF(L4="双倍余额递减法",IF(DATEDIF($J$2,I4,"m")/12<=2,(M4－VDB(M4,O4,H4,0,H4－2)－O4)/24,DDB(M4,O4,H4,ROUNDUP((P4+1)/12,0))/12),SLN(M4,O4,H4*12)),2)

利用填充柄完成其他固定资产"本月折旧额"的计算，如图 5‑25 所示。

	G	H	I	J	K	L	M	N	O	P	Q	R	S
1				固定资产清单									
2			日期:	2015年10月									
3	购入日期	使用年限	终止日期	资产状态	增加方式	折旧方法	原值	残值率	残值	已计提月份	本年应计提月数	本月折旧额	累计折旧额
4	2008年8月	30	2038年8月	在用	购入	平均年限法	800000	5.00%	40000	85	12	2,111.11	
5	2012年8月	30	2042年8月	在用	购入	平均年限法	800000	5.00%	40000	37	12	2,111.11	
6	2014年2月	5	2019年2月	在用	购入	平均年限法	5000	4.00%	200	19	12	80.00	
7	2009年6月	10	2019年6月	在用	购入	平均年限法	3200	4.00%	128	75	12	25.60	
8	2010年11月	5	2015年11月	在用	购入	平均年限法	3900	4.00%	156	58	11	62.40	
9	2012年7月	5	2017年7月	在用	购入	双倍余额递减法	10000	4.00%	400	38	12	73.33	
10	2009年11月	15	2024年11月	在用	购入	平均年限法	200000	4.00%	8000	70	12	1,066.67	
11	2009年7月	10	2019年7月	在用	购入	平均年限法	8500	4.00%	340	74	12	37.14	
12	2009年9月	10	2019年9月	在用	购入	双倍余额递减法	10000	4.00%	400	72	12	43.69	
13	2013年12月	10	2023年12月	在用	购入	双倍余额递减法	40000	4.00%	1600	21	12	533.33	
14	2014年2月	10	2024年2月	在用	购入	双倍余额递减法	4500	4.00%	180	19	12	60.00	
15	2011年2月	10	2021年2月	在用	购入	平均年限法	4000	4.00%	160	55	12	32.00	
16	2015年9月	5	2020年9月	在用	购入	平均年限法	7500	4.00%	300	0	3	120.00	
17	2015年8月	5	2020年8月	在用	购入	平均年限法	8600	4.00%	344	1	4	137.60	
18	2011年9月	5	2016年9月	在用	购入	平均年限法	5600	4.00%	224	48	12	89.60	
19	2010年9月	5	2015年9月	报废	购入	平均年限法	3500	4.00%	140	60	9	56.00	

R4 =ROUND(IF(L4="双倍余额递减法",IF(DATEDIF($J$2,I4,"m")/12<=2,(M4-VDB(M4,O4,H4,0,H4-2)-O4)/24,DDB(M4,O4,H4,ROUNDUP((P4+1)/12,0))/12),SLN(M4,O4,H4*12)),2)

图 5‑25 "本月折旧额"的公式设置

(10)"累计折旧额"列的公式设置。累计折旧额是指包含本月在内的累计已计提的固定资产折旧。平均年限法是按照固定资产使用年限平均计算年折旧额的计算方法，每期的折旧额是相同的。所以在这种情况下，累计折旧只需要通过已计提月份和本期计提折旧额就可以直接计算出来了。如果固定资产采用双倍余额递减法计提折旧，则应采用 VDB 函数计算截止到某一时点的累计折旧。利用 IF 条件进行判断，并将结果保留两位小数、四舍五入，S4 单元格公式为：

=ROUND(IF(L4="双倍余额递减法",VDB(M4,O4,H4*12,0,P4),(P4+1)*R4),2)

利用填充柄完成其他固定资产"累计折旧"的计算,如图 5-26 所示。

S4 fx =ROUND(IF(L4="双倍余额递减法",VDB(M4,O4,H4*12,0,P4),(P4+1)*R4),2)

	G	H	I	J	K	L	M	N	O	P	Q	R	S
1				固定资产清单									
2			日期:	2015年10月									单位:元
3	购入日期	使用年限	终止日期	资产状态	增加方式	折旧方法	原值	残值率	残值	已计提月份	本年应计提月数	本月折旧额	累计折旧额
4	2008年8月	30	2038年8月	在用	购入	平均年限法	800000	5.00%	40000	85	12	2,111.11	181,555.46
5	2012年8月	30	2042年8月	在用	购入	平均年限法	800000	5.00%	40000	37	12	2,111.11	80,222.18
6	2014年2月	5	2019年2月	在用	购入	平均年限法	5000	4.00%	200	19	12	80.00	1,600.00
7	2009年6月	10	2019年6月	在用	购入	平均年限法	3200	4.00%	128	75	12	25.60	1,945.60
8	2010年11月	5	2015年11月	在用	购入	平均年限法	3900	4.00%	156	58	11	62.40	3,681.60
9	2012年7月	5	2017年7月	在用	购入	双倍余额递减法	10000	4.00%	400	38	12	73.33	7,266.33
10	2009年11月	15	2024年11月	在用	购入	平均年限法	200000	4.00%	8000	70	12	1,066.67	75,733.57
11	2009年7月	10	2019年7月	在用	购入	双倍余额递减法	8500	4.00%	340	74	12	37.14	6,062.90
12	2009年9月	10	2019年9月	在用	购入	双倍余额递减法	10000	4.00%	400	72	12	43.69	7,025.56
13	2013年12月	10	2023年12月	在用	购入	双倍余额递减法	40000	4.00%	1600	21	12	533.33	11,895.49
14	2014年2月	10	2024年2月	在用	购入	平均年限法	4500	4.00%	180	19	12	60.00	1,230.16
15	2011年2月	10	2021年2月	在用	购入	平均年限法	4000	4.00%	160	55	12	32.00	1,792.00
16	2015年9月	5	2020年9月	在用	购入	平均年限法	7500	4.00%	300	0	3	120.00	120.00
17	2015年8月	5	2020年8月	在用	购入	平均年限法	8600	4.00%	344	1	4	137.60	275.20
18	2011年9月	5	2016年9月	在用	购入	平均年限法	5600	4.00%	224	48	12	89.60	4,390.40
19	2010年9月	5	2015年9月	报废	购入	平均年限法	3500	4.00%	140	60	9	56.00	3,416.00

图 5-26 "累计折旧"的公式设置

第三节 固定资产卡片

固定资产清单中包含了所有的固定资产信息,但当只需要查看某一项固定资产时,该表格就显得比较繁杂,不易于查找。固定资产卡片是按照固定资产项目开设,用以进行固定资产明细核算的账簿。在管理规范的企业,大型的机器设备类固定资产通常会通过固定资产卡片进行管理。

固定资产卡片是将固定资产清单中某个固定资产以特定的格式呈现出来,因此,固定资产卡片中的数据可以利用 EXCEL 的公式从固定资产清单中取得。以固定资产卡片中的数据为基础,还可以利用公式对折旧额的相关数据进行计算。本操作的基本流程包括:设置固定资产卡片格式;录入相关单元格公式;选择固定资产编号,生成固定资产卡片。

一、设计固定资产卡片格式

【例 5-12】 设计佳园公司固定资产卡片格式。

(1) 新建工作表命名为"固定资产卡片",输入表格项目。合并及居中单元格区域 C2:H2,设置文字下划线为"会计用双下划线",调整行高至合适的数值。将表格项目所在单元格填充为浅灰色,并设置对齐方式和边框,适当调整行高和列宽。设置后的效果如图 5-27 所示。

(2) 设置卡片编号的长度。卡片编号的长度通常是固定的,为了输入方便,我们应提前设置 D3 单元格的格式。例如,卡片编号的长度是 5 位,不够 5 位的前面补"0",具体操作步骤为:选择 D3 单元格,打开【设置单元格格式】窗口【数字】选项卡,在【自定

图 5-27 设计固定资产卡片格式

义】分类中,【类型】文本框中输入"00000"。

(3)设置固定资产卡片的日期。卡片的日期可以直接取自"固定资产清单"中的日期,在 I3 单元格中输入公式:=固定资产清单!J2,并将 I3 单元格的格式设置为日期型格式,否则将显示为日期所对应的序列号。

(4)固定资产编号的提示设置。每一项固定资产都有唯一的编号,编号的信息直接会影响到其余固定资产信息的取得,因此我们首先设置 D4 单元格的输入提示。具体步骤为:选定 D4 单元格,执行【数据】选项卡下的【数据工具】中的【数据有效性】命

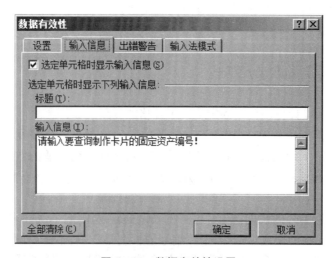

图 5-28 数据有效性设置

令,弹出"数据有效性"窗口,单击"输入信息"选项卡,选择"选定单元格时显示输入信息"复选框,然后在"输入信息"文本框中键入"请输入要查询制作卡片的固定资产编号!",如图5-28所示。

单击【确定】按钮后,关闭【数据有效性】窗口,选定工作表中的D4单元格,此时屏幕上将显示如图5-29所示的提示信息。

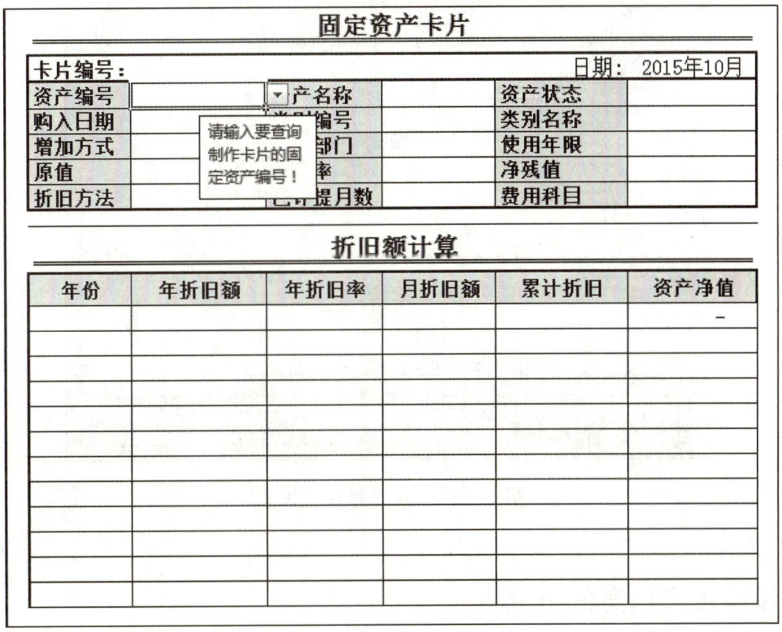

图5-29 提示信息

（5）固定资产编号的下拉列表设置。为了提高输入的准确度和效率,还可以进一步将"固定资产编号"(D4单元格)设置成下拉列表式输入。首先,必须对数据源区域进行区域命名。具体步骤为:将"固定资产清单"中的"资产编号"区域进行命名,如图5-30所示。

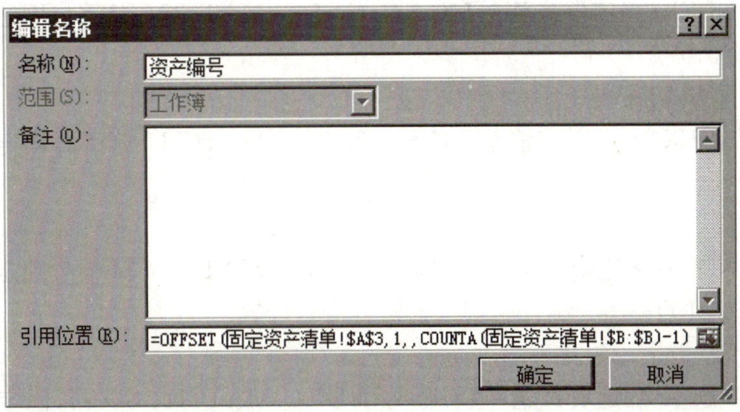

图5-30 "资产编号"区域命名

公式设置为：=OFFSET(固定资产清单!$B$3,1,,COUNTA(固定资产清单!$B:$B)-1)

然后，再选择 D4 单元格，打开【数据有效性】窗口，单击【设置】选项卡，在【允许】文本框中选择"序列"，【来源】文本框中输入公式：=资产编号，如图 5-31 所示。

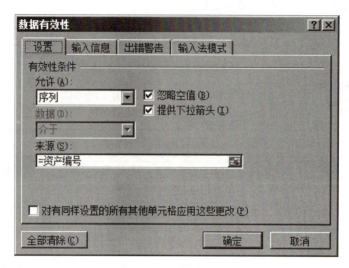

图 5-31 数据有效性设置

二、设置资产信息的公式

【例 5-13】 设计佳园公司固定资产卡片中资产信息的公式。

固定资产卡片中的其他信息，如"固定资产名称""类别编号""类别名称""增加方式""部门名称""使用状况""原值""残值""折旧方法""已计提月份""开始使用日期""费用科目"等都可以通过公式的设置，取自于"固定资产清单"。相关公式设置如下：

(1) 购入日期：

D5 =INDEX(固定资产清单!G$4:G$500,MATCH($D$4,固定资产清单!A$4:A$500,0))

(2) 增加方式：

D6 =INDEX(固定资产清单!K$4:K$500,MATCH($D$4,固定资产清单!A$4:A$500,0))

(3) 原值：

D7 =INDEX(固定资产清单!M$4:M$500,MATCH($D$4,固定资产清单!A$4:A$500,0))

(4) 折旧方法：

D8 =INDEX(固定资产清单!L$4:L$500,MATCH($D$4,固定资产清单!A$4:A$500,0))

(5) 资产名称:
F4 =INDEX(固定资产清单! B $4: B $500,MATCH($D $4,固定资产清单! A $4: A $500,0))

(6) 类别编号:
F5 =INDEX(固定资产清单! C $4: C $500,MATCH($D $4,固定资产清单! A $4: A $500,0))

(7) 使用部门:
F6 =INDEX(固定资产清单! E $4: E $500,MATCH($D $4,固定资产清单! A $4: A $500,0))

(8) 残值率:
F7 =INDEX(固定资产清单! N $4: N $500,MATCH($D $4,固定资产清单! A $4: A $500,0))

(9) 已计提月数:
F8 =INDEX(固定资产清单! P $4: P $500,MATCH($D $4,固定资产清单! A $4: A $500,0))

(10) 资产状态:
H4 =INDEX(固定资产清单! J $4: J $500,MATCH($D $4,固定资产清单! A $4: A $500,0))

(11) 类别名称:
H5 =INDEX(固定资产清单! D $4: D $500,MATCH($D $4,固定资产清单! A $4: A $500,0))

(12) 使用年限:
H6 =INDEX(固定资产清单! H $4: H $500,MATCH($D $4,固定资产清单! A $4: A $500,0))

(13) 净残值: H8 =D8 * F8

(14) 费用科目:
H8 =INDEX(固定资产清单! F $4: F $500,MATCH($D $4,固定资产清单! A $4: A $500,0))

公式的运算结果如图 5 - 32。

三、设置折旧信息的公式

【例 5 - 14】 设计佳园公司固定资产卡片中折旧信息的公式。

(1) 年份。C12 单元格是未计提折旧的初始年份,用"0"表示。C13 单元格的公式:
=IF($D $8="","",IF(ROW()−ROW($C $12)<= $H $6,ROW()−ROW($C $12),""))

接下来,利用填充柄完成下面单元格公式的设置,由于平均年限法下每年折旧额相

EXCEL在财务会计中的应用

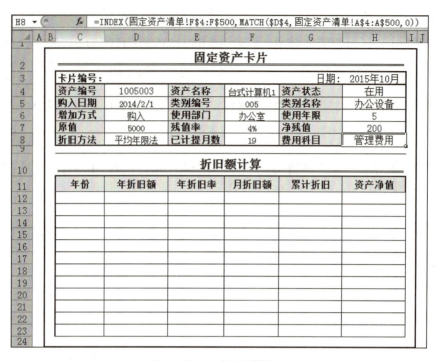

图 5-32 公式及运算结果

同,而该公司采用双倍余额递减法计提折旧的固定资产年限最长为 10 年,所以填充至 C22 单元格即可,假设不考虑超过 10 年的情况。

(2)年折旧额。在 D13 单元格中输入下面的公式,计算第 1 年的折旧额,如图 5-33 所示。

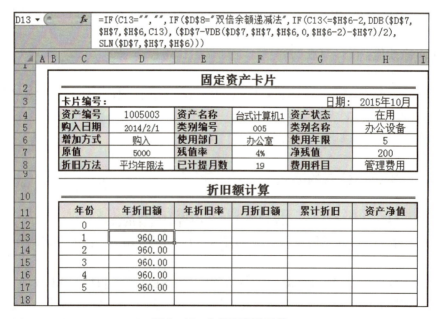

图 5-33 年折旧额的计算

142

=IF(C13="","",IF($D$8="双倍余额递减法",IF(C13<=$H$6-2,DDB($D$7,$H$7,$H$6,C13),($D$7-VDB($D$7,$H$7,$H$6,0,$H$6-2)-$H$7)/2),SLN($D$7,$H$7,$H$6)))

接下来,D14至D22单元格利用填充柄完成。

(3) 年折旧率。在E13单元格中输入下面的公式,计算第1年的折旧率。

=IF(C13="","",ROUND(IF($D$8="双倍余额递减法",2/$H$6,(1-$F$7)/$H$6),4))

接下来,E14至E22单元格利用填充柄完成。

(4) 月折旧额。在F13单元格中输入下面的公式,计算第1年每个月的折旧额。

=IF(C13="","",D13/12)

接下来,F14至F22单元格利用填充柄完成。

(5) 累计折旧。在G13单元格中输入下面的公式,计算第1年的累计折旧额。

=IF(C13="","",ROUND(IF($D$8="双倍余额递减法",VDB($D$7,$H$7,$H$6,0,C13),G12+D13),2))

接下来,G14至G22单元格利用填充柄完成。

(6) 资产净值。H12单元格的公式为=$D$7,即初始期间固定资产的原值。在H13单元格中输入下面的公式,计算第1年的固定资产净值,即折余价值。

=IF(C13="","",$H$12-G13)

接下来,H14至H22单元格利用填充柄完成。公式及公式运算结果如图5-34所示。

图5-34 固定资产卡片最终结果

四、选择编号生成卡片

(1) 平均年限法。选择折旧方法为平均年限法的某一项固定资产生成卡片。在资产编号后面的下拉框中选择编号"1005001",该编号对应的固定资产详细信息即生成了固定资产卡片,如图 5-35 所示。

固定资产卡片

卡片编号:				日期:	2015年10月
资产编号	1005001	资产名称	空调	资产状态	在用
购入日期	2009/6/1	类别编号	005	类别名称	办公设备
增加方式	购入	使用部门	办公室	使用年限	10
原值	3200	残值率	4%	净残值	128
折旧方法	平均年限法	已计提月数	75	费用科目	管理费用

折旧额计算

年份	年折旧额	年折旧率	月折旧额	累计折旧	资产净值
0					3,200.00
1	307.20	10%	25.60	307.20	2,892.80
2	307.20	10%	25.60	614.40	2,585.60
3	307.20	10%	25.60	921.60	2,278.40
4	307.20	10%	25.60	1,228.80	1,971.20
5	307.20	10%	25.60	1,536.00	1,664.00
6	307.20	10%	25.60	1,843.20	1,356.80
7	307.20	10%	25.60	2,150.40	1,049.60
8	307.20	10%	25.60	2,457.60	742.40
9	307.20	10%	25.60	2,764.80	435.20
10	307.20	10%	25.60	3,072.00	128.00

图 5-35 平均年限法卡片

(2)双倍余额递减法。选择折旧方法为双倍余额递减法的某一项固定资产生成卡片。在资产编号后面的下拉框中选择编号"3003031",该编号对应的固定资产详细信息即生成了固定资产卡片,如图 5-36 所示。

固定资产卡片

卡片编号:				日期:	2015年10月
资产编号	3003031	资产名称	控制器	资产状态	在用
购入日期	2009/9/1	类别编号	003	类别名称	制造设备
增加方式	购入	使用部门	生产车间	使用年限	10
原值	10000	残值率	4%	净残值	400
折旧方法	双倍余额递减法	已计提月数	72	费用科目	制造费用

折旧额计算

年份	年折旧额	年折旧率	月折旧额	累计折旧	资产净值
0					10,000.00
1	2,000.00	20%	166.67	2,000.00	8,000.00
2	1,600.00	20%	133.33	3,600.00	6,400.00
3	1,280.00	20%	106.67	4,880.00	5,120.00
4	1,024.00	20%	85.33	5,904.00	4,096.00
5	819.20	20%	68.27	6,723.20	3,276.80
6	655.36	20%	54.61	7,378.56	2,621.44
7	524.29	20%	43.69	7,933.92	2,066.08
8	419.43	20%	34.95	8,489.28	1,510.72
9	555.36	20%	46.28	9,044.64	955.36
10	555.36	20%	46.28	9,600.00	400.00

图 5-36 双倍余额递减法卡片

第四节 固定资产分析

固定资产是企业赖以生产经营的主要资产,与其他资产相比,具有两个主要特点:一是使用年限长,能多次加入生产过程并保持其原有实物形态;二是单位价值较高,其价值随着使用的磨损逐渐部分地通过折旧形式转移到新产品中去。

对固定资产进行分析的主要目的是及时掌握固定资产的使用状况和资金占用情况,为固定资产管理提供依据。固定资产分析中折旧分析是固定资产管理的重要内容。折旧是固定资产在使用过程中逐渐损耗而消失的那部分价值,这部分价值应该以折旧费用的形式计入各期成本费用,并从企业的营业收入中得到补偿,转化为货币资金,从而为固定资产的更新提供可能。

一、利用数据透视表编制折旧费用分配表

固定资产管理中,由于受益对象(使用部门)不同,折旧费的借记科目也不同,因此需要对固定资产的折旧按受益对象(使用部门)进行分配汇总。

数据透视表是一种交互式报表,可以各种不同方式灵活地展示数据的特征。利用数据透视表可以编制折旧费用的分配表。

【例 5-15】 编制佳园公司固定资产折旧费用分配表。

(1) 打开工作簿,新建"折旧费用分配"工作表,选定 B3 单元格(为设置标题日期等行预留两行)。选择【插入】选项卡下的【表】、【数据透视表】下拉选项卡中的【数据透视表】命令,在弹出的"创建数据透视表"窗口中,单击"选择一个表或区域"单选按钮。

在"表/区域"文本框中,通过单击右侧的折叠按钮直接选择数据源区域。【选择放置数据透视表的位置】为"现有工作表"单选按钮,如图 5-37 所示。

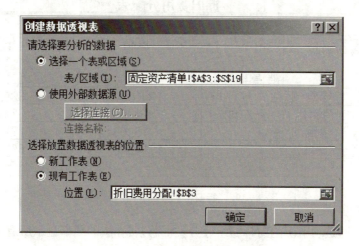

图 5-37 "创建数据透视表"窗口

（2）选择数据透视表字段。单击【确定】按钮,在弹出的【数据透视表字段列表】窗口中,先后选择"费用科目""使用部门"字段添加到【行标签】中,选择"原值""本月折旧额"字段添加到【数值】中。数据透视表初步制作完成,如图5-38所示。

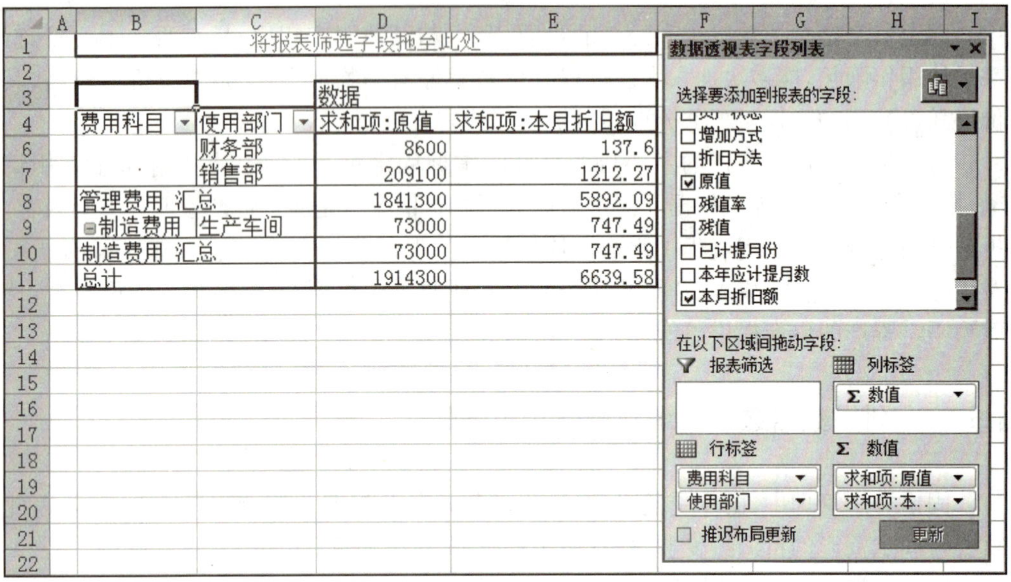

图5-38 "数据透视表字段列表"窗口

（3）格式化数据透视表,使其美观、易懂。合并及居中单元格区域B1：E1,输入表格标题"折旧费用分配表",并设置文字的字体、下划线为"会计专用双下划线"。合并及居中单元格区域B2：E2,设置公式为＝TODAY(),日期显示格式选择"2001年3月"示例。然后,隐藏第2行,如图5-39所示。

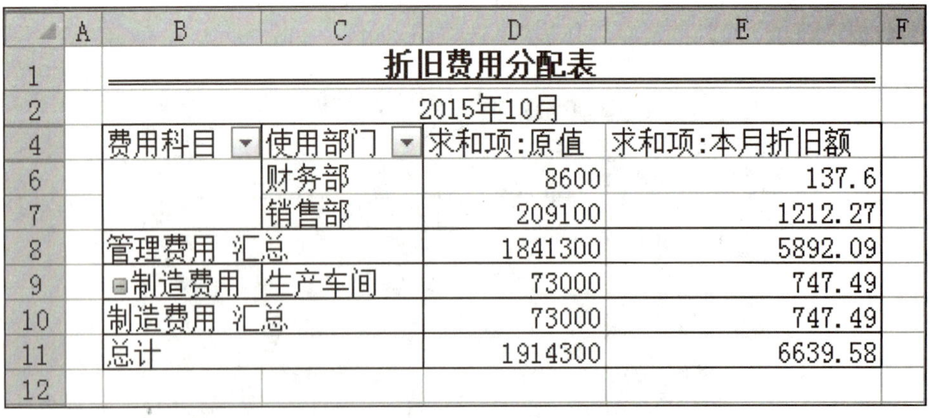

图5-39 "折旧费用分配表"初步结果

选择【设计】选项卡下的【布局】组、【分类汇总】、【在组的顶部显示所有分类汇总】选项,如图5-40所示。

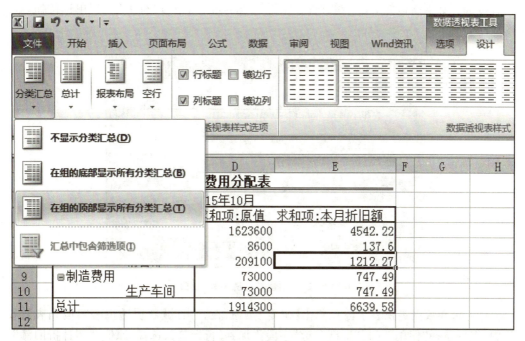

图 5-40　分类汇总设置

将 E 列、F 列字段名分别改为“资产原值”和“本月折旧”。画表格线，在单元格格式设置中，设置 E 列、F 列数字为“会计专用”格式，保留两位小数，无货币符号。设置对齐方式，调整行高列宽至合适的数值，如图 5-41 所示。

折旧费用分配表

2015年10月

费用科目	使用部门	资产原值	本月折旧
	办公室	1,623,600.00	4,542.22
	财务部	8,600.00	137.60
	销售部	209,100.00	1,212.27
制造费用		73,000.00	747.49
	生产车间	73,000.00	747.49
总计		1,914,300.00	6,639.58

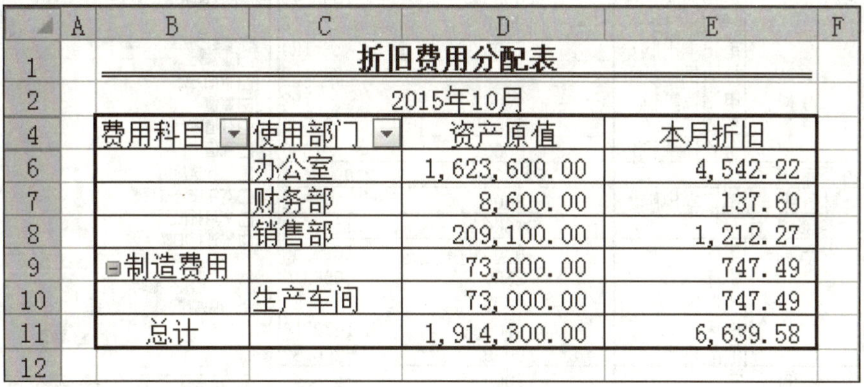

图 5-41　“折旧费用分配表”最终结果

二、固定资产新旧程度分析

【例 5-16】 利用数据透视表对佳园公司固定资产的新旧程度进行分析。

(1) 新建“固定资产新旧程度分析”工作表，选定 B3 单元格。打开【创建数据透视表】窗口，单击“选择一个表或区域”单选按钮。在【表/区域】中通过单击右侧的折叠按钮直接选择数据源区域。【选择放置数据透视表的位置】为"现有工作表"单选按钮，如图 5-42 所示。

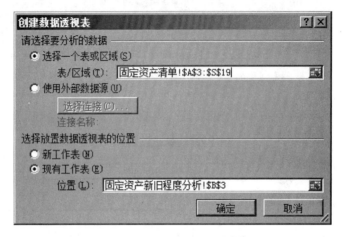

图 5-42 "创建数据透视表"窗口

（2）选择数据透视表字段。单击【确定】按钮，在弹出的【数据透视表字段列表】窗口中，先后选择"使用部门""资产名称"字段添加到【行标签】、选择"原值""累计折旧额"字段添加到【数值】，如图 5-43 所示。

	A	B	C	D	E
2					
3				数据	
4		使用部门	资产名称	求和项:原值	求和项:累计折旧额
5		⊟办公室	1号办公楼	800000	181555.46
6			2号办公楼	800000	80222.18
7			笔记本电脑1	7500	120
8			打印机1	3900	3681.6
9			电话传真机	4000	1792
10			空调	3200	1945.6
11			台式计算机1	5000	1600
12		办公室 汇总		1623600	270916.84
13		⊟财务部	笔记本电脑2	8600	275.2
14		财务部 汇总		8600	275.2
15		⊟生产车间	车床	40000	11895.49
16			机床	8500	6062.9
17			控制器	10000	7025.56
18			磨床	4500	1230.16
19			液晶显示仪	10000	7266.33
20		生产车间 汇总		73000	33480.44
21		⊟销售部	打印机2	3500	3416
22			汽车	200000	75733.57
23			台式计算机2	5600	4390.4
24		销售部 汇总		209100	83539.97
25		总计		1914300	388212.45
26					

图 5-43 选择数据透视表字段

（3）新建"折余价值"字段。选定数据透视表中任一个单元格，此时出现【选项】选项卡，选择其中的【计算】中的【域、项目和集】下的"计算字段"命令，如图 5-44 所示。

图 5‑44 "计算字段"选项

在"插入计算字段"窗口中的"名称"复合框中输入"折余价值",在【公式】文本框中输入"＝原值－累计折旧额",如图 5‑45 所示。

图 5‑45 插入计算字段

单击【确定】按钮,数据透视表中增加了一列"求和项:折余价值"。

(4) 新建"新旧程度"字段。选定数据透视表中任一个单元格,点击【选项】选项卡,选择其中的【计算】中的【域、项目和集】下的"计算字段"命令打开【插入计算字段】窗口。在【名称:】复合框中输入"折余价值占原值比重",在【公式】文本框中输入"＝折余价值/原值"。单击【确定】按钮,在数据透视表中增加了一列"求和项:折余价值占原值比重",如图 5‑46 所示。

图 5‑46 插入计算字段

(5) 格式化数据透视表,使其美观、易懂。合并及居中单元格区域 B1:E1,输入表格标题"固定资产新旧程度分析表",并设置文字的字体、下划线为"会计专用双下划线"。合并及居中单元格区域 B2:E2,设置公式为=TODAY(),日期显示格式选择"2001 年 3 月"示例。然后,隐藏第 2 行。将 D 列、E 列、F 列、G 列字段名分别改为"资产原值""累计折旧""资产净值""新旧程度"。画表格线,设置 D 列、E 列、F 列数字为"会计专用"格式,保留两位小数,无货币符号,G 列数字为"百分比"格式,保留两位小数。设置对齐方式,调整行高列宽至合适的数值。

接下来,选择【设计】选项卡、【布局】组、【分类汇总】中的"不显示分类汇总"选项,结果如图 5-47 所示。

	A	B	C	D	E	F	G	H
1				固定资产新旧程度分析				
2				2015年10月				
4		使用部门	资产名称	资产原值	累计折旧	资产净值	新旧程度	
5		⊟办公室	1号办公楼	800,000.00	181,555.46	618,444.54	77.31%	
6			2号办公楼	800,000.00	80,222.18	719,777.82	89.97%	
7			笔记本电脑1	7,500.00	120.00	7,380.00	98.40%	
8			打印机1	3,900.00	3,681.60	218.40	5.60%	
9			电话传真机	4,000.00	1,792.00	2,208.00	55.20%	
10			空调	3,200.00	1,945.60	1,254.40	39.20%	
11			台式计算机1	5,000.00	1,600.00	3,400.00	68.00%	
12		⊟财务部	笔记本电脑2	8,600.00	275.20	8,324.80	96.80%	
13		⊟生产车间	车床	40,000.00	11,895.49	28,104.51	70.26%	
14			机床	8,500.00	6,062.90	2,437.10	28.67%	
15			控制器	10,000.00	7,025.56	2,974.44	29.74%	
16			磨床	4,500.00	1,230.16	3,269.84	72.66%	
17			液晶显示仪	10,000.00	7,266.33	2,733.67	27.34%	
18		⊟销售部	打印机2	3,500.00	3,416.00	84.00	2.40%	
19			汽车	200,000.00	75,733.57	124,266.43	62.13%	
20			台式计算机2	5,600.00	4,390.40	1,209.60	21.60%	
21		总计		1,914,300.00	388,212.45	1,526,087.55	79.72%	
22								

图 5-47　固定资产新旧程度分析

三、固定资产构成分析

【例 5-17】　利用数据透视表和数据透视图对佳公司的固定资产构成进行分析。

(1) 新建"固定资产构成分析"工作表,选定 B3 单元格。打开【创建数据透视表】窗口中,单击"选择一个表或区域"单选按钮。在【表/区域】文本框单击右侧的折叠按钮直接选择数据源区域。【选择放置数据透视表的位置】为"现有工作表"单选按钮,如图 5-48 所示。

(2) 选择数据透视表字段。单击【确定】按钮,在弹出的【数据透视表字段列表】窗口中,选择"使用部门"字段添加到【报表筛选】中,选择"类别名称"字段添加到【行标签】中、选择"折余价值"字段添加到【数值】中,如图 5-49 所示。

(3) 选定数据透视表中任意一个单元格,点击【选项】选项卡,选择其中的【计算】中的【域、项目和集】下的"计算字段"命令打开【插入计算字段】窗口。在【名称:】复合框中输入"比重",在【公式】文本框中输入"=原值-累计折旧额",如图 5-50 所示。单击【确定】按钮,数据透视表中增加了一列"求和项:比重"。

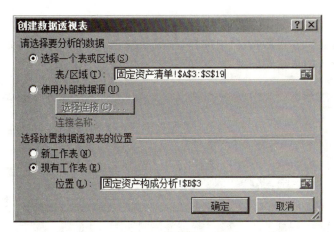

图 5‑48 "创建数据透视表"窗口

图 5‑49 选择数据透视表字段

图 5‑50 插入计算字段

(4) 双击"求和项：比重"所在的 D4 单元格，打开【值字段设置】窗口。选择【值显示方式】，在【值显示方式】列表框中选择"占同列数据总和的百分比"，如图 5-51 所示。单击【确定】按钮，初步结果如图 5-52 所示。

图 5-51 值字段设置

图 5-52 固定资产构成分析表初步结果

(5) 格式化数据透视表，使其美观、易懂。合并及居中单元格区域 B1：E1，输入表格标题"固定资产构成分析"，并设置文字的字体、下划线为"会计专用双下划线"。设置 D2 单元格公式为=TODAY()，调整日期显示格式。隐藏第 3 行和第 4 行。设置 C 列数字为"会计专用"格式，保留两位小数，无货币符号，D 列数字为"百分比"格式，保留两位小数。设置对齐方式，调整行高列宽至合适的数值，结果如图 5-53 所示。

	A	B	C	D	E
1		固定资产构成分析			
2		使用部门	(全部)	2015年10月	
5		类别名称	资产净值	所占比重	
6		办公设备	24,079.20	1.58%	
7		建筑物	1,338,222.36	87.69%	
8		生产设备	33,275.28	2.18%	
9		运输工具	124,266.43	8.14%	
10		制造设备	6,244.28	0.41%	
11		总计	1,526,087.55	100.00%	
12					

图 5-53 固定资产构成分析表最终结果

（6）建立固定资产构成饼图。选定数据透视表任一单元格，执行【插入】选项卡下的【图表】【饼图】【分离型三维饼图】命令，即可生成固定资产构成饼图，如图 5-54 所示。

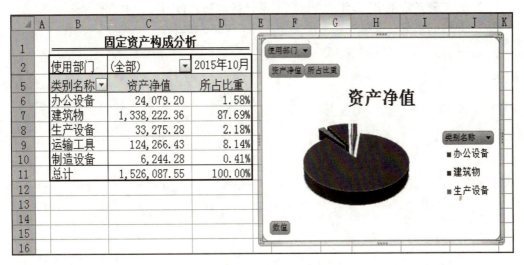

图 5-54 固定资产构成分析图初步结果

（7）格式化图表，使其美观、易懂。

① 设置数据标签：选定图表，执行【布局】【标签】【数据标签】【数据标签外】命令。

② 设置数据标签格式：选定数据标签，单击【格式】【当前所选内容】【设置所选内容格式】按钮，打开【设置数据标签格式】窗口，在【标签选项】【标签包括】中选择"类别名称""百分比"复选框；在【数字】中"类别"选择"百分比"，保留两位小数。

③ 删除图例，将图表标题改为"固定资产构成分析"。

④ 调整字符格式、绘图区格式到合适状态。最终结果如图 5-55 所示。

EXCEL在财务会计中的应用

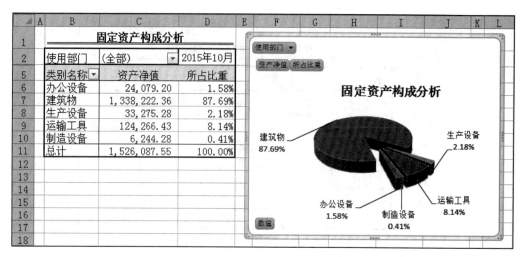

图 5-55　固定资产构成分析图最终结果

复习思考题

1. 固定资产折旧函数 SLN、函数 DDB 与函数 SYD 的参数有何不同？
2. 固定资产清单中"已计提月份"和"累计折旧"如何计算？
3. 如何利用数据透视表编制固定资产折旧费用分配表？

第六章　EXCEL 在筹资管理中的应用

[**教学目的和要求**]

通过本章的学习,要求学生理解筹资管理相关的 PV 函数、PMT 函数、IPMT 函数和 PPMT 函数的功能;掌握运用 EXCEL 相关函数和单元格的相对引用和绝对引用实现应付债券溢价与折价的摊销;能够熟练运用相关函数计算企业融资租赁中未确认融资费用的摊销。

第一节　相关函数

一、PV 函数(现值函数)

(1) 功能说明。

返回投资一系列未来偿还款(年金)的当前总值或一次性偿还款(复利)的现值。

(2) 格式与参数。

PV(rate, nper, pmt, [fv], [type])

① rate 必需,为各期利率。例如,如果按 10% 的年利率借入一笔贷款购买商品房,并按月偿还贷款,则月利率为 10%/12(即 0.83%)。可以在公式中输入 10%/12、0.83% 或 0.0083 作为 rate 的值。

② nper 必需,为总贷款(或投资)期。例如,对于一笔 20 年期按月偿还的商品房贷款,共有 240(即 20×12)个偿款期。可以在公式中输入 240 作为 nper 的值。

③ pmt 必需,为各期所应支付(或得到)的金额,其数值在整个年金期间(或投资期)保持不变。通常,pmt 包括本金和利息,但不包括其他费用或税款。例如,10000 元的年利率为 12% 的 4 年期汽车贷款的月偿还额为 263.33 元。可以在公式中输入 −263.33 作为 pmt 的值。

④ fv 可选,为终值,或在最后一次支付后希望得到的现金余额。例如,如果需要存 50000 元以便在 18 年后为特殊项目付款,则 50000 元就是未来值。可以根据保守估计的利率来决定每月的存款额。

⑤ type 可选,为数字 0 或 1,用以指定各期的付款时间是在期初(1)还是期末(0)。

如果省略 type,则假设其值为零。

(3) 注意事项。

① 如果省略 pmt,则必须包含 fv 参数。

② 如果省略 fv,则假设其值为 0(例如,一笔贷款的未来值即为 0),则必须包含 pmt 参数。

③ 如果 pmt 为零,fv 为某一负值,则函数是计算该值在固定利率下的复利现值。

(4) 应用举例。

【例 6-1】 计算复利现值。佳园公司计划在 5 年后获得一笔资金 1000000 元,假设年投资报酬率为 10%,问现在应该一次性地投入多少资金?

在 EXCEL 工作表的单元格中录入:=PV(10%,5,0,-1000000),回车确认,结果自动显示为 620,921.32 元。

【例 6-2】 计算普通年金现值。佳园公司拟购买一项基金,购买成本为 80,000 元,该基金可以在以后 20 年内于每月月末回报 600 元。若要求的最低年回报率为 8%,问投资该项基金是否合算?

在 EXCEL 工作表的单元格中录入:=PV(8%/12,12*20,-600),回车确认,结果自动显示为 71732.58 元。71732.58 元为应该投资金额,由于实际购买成本为 80000 元,因此,投资该项基金是不合算的。

【例 6-3】 计算预付年金现值。佳园公司拟采用分期付款购买某设备,5 年期、每年年初支付 180000 元,银行实际年利率为 10%。问该项业务分期付款总额相当于现在一次性支付多少价款?

在 EXCEL 工作表的单元格中录入:=PV(10%,5,-180000,0,1),回车确认,结果自动显示为 750575.78 元。即该项业务分期付款总额相当于现在一次性支付 750575.78 元。

【例 6-4】 佳园公司发行 100 元面值债券若干,债券期限 3 年,票面利率为 5%,每年年末支付利息,到期偿还本金,若市场实际利率为 3%,请问该债券的发行价格是多少?

由于发行价格是按市场利率计算的债券的现值,而利息又是按年发放,因而可以利用年金现值函数求解债券的发行价格。

发行价格 =PV(3%,3,-100*5%,-100)=106 元。

二、PMT 函数(等额付款函数)

(1) 功能说明。

基于固定利率及等额分期付款方式,返回贷款的每期付款额。

(2) 格式与参数。

PMT(rate,nper,pv,fv,type)

① rate 为各期利率。

② nper 为总贷款期,即该项贷款的付款期总数。

③ pv 为现值,或一系列未来付款的当前值的累积和,也称为本金。

④ fv 为终值,或在最后一次付款后希望得到的现金余额。如果省略 fv,则假设其值为零,也就是一笔贷款的未来值为零。

⑤ type 可选,为数字 0 或 1,用以指定各期的付款时间是在期初(1)还是期末(0)。如果省略 type,则假设其值为零。

(3) 注意事项。

① PMT 函数返回的支付款项包括本金和利息,但不包括税款、保留支付或某些与贷款有关的费用。

② 另外,应确认所指定的 rate 和 nper 单位的一致性。例如,同样是四年期年利率为 12% 的贷款,如果按月支付,rate 应为 12%/12,nper 应为 4*12;如果按年支付,rate 应为 12%,nper 为 4。

(4) 应用举例。

【例 6-5】 佳园公司向某银行贷款 900000 元,贷款期限 3 年,当前银行利率为 10%,请计算按月支付时第一个月还款额为多少?按年支付时最后一年还款额为多少?公式与公式计算结果如图 6-1 所示。

	A	B	C	D	E
1		PMT函数举例			
2		年利率	10%		
3		贷款年限	3		
4		贷款金额	900,000.00		
5					
6		项目	公式	结果	
7		第一个月的还款额(按月支付)	=PMT(C2/12,C3*12,-C4)	29,040.47	
8		最后一年的还款额(按年支付)	=PMT(C2,C3,-C4)	361,903.32	
9					

图 6-1 PMT 函数举例

三、IPMT 函数(利息函数)

(1) 功能说明。

该函数返回在固定利率、期数下某项贷款偿还或投资回报的利息金额。

(2) 格式与参数。

IPMT(rate,per,nper,pv,fv,type)

① rate 为各期利率。

② per 用于计算其利息金额的期数,必须在 1 到 nper 之间。

③ nper 为总贷款期,即该项贷款的付款期总数。

④ pv 为现值,即一系列未来付款的当前值的累积和,也称为本金。

⑤ fv 为终值,即在最后一次付款后希望得到的现金余额。如果省略 fv,则假设其值为零(例如,一笔贷款的未来值即为零)。

⑥ type 可选,为数字 0 或 1,用以指定各期的付款时间是在期初(1)还是期末(0)。如果省略 type,则假设其值为零。

(3) 应用举例。

【例 6-6】 佳园公司向某银行贷款 900000 元,贷款期限 3 年,当前银行利率为 10%,请计算按月支付时第一个月的利息为多少?按年支付时最后一年的利息为多少?

公式与公式计算结果如图 6-2 所示。

	A	B	C	D	E
1		IPMT函数举例			
2		年利率	10%		
3		贷款年限	3		
4		贷款金额	900,000.00		
5					
6		项目	公式	结果	
7		第一个月的利息(按月支付)	=IPMT(C2/12,1,C3*12,-C4)	7,500.00	
8		最后一年的利息(按年支付)	=IPMT(C2,3,C3,-C4)	32,900.30	
9					

图 6-2 IPMT 函数举例

四、PPMT 函数(本金函数)

(1) 功能说明。

基于固定利率及等额分期付款方式,返回投资在某一给定期间内的本金偿还额。

(2) 格式与参数。

PPMT(rate,per,nper,pv,fv,type)

① rate 为各期利率。

② per 用于计算其利息数额的期数,必须在 1 到 nper 之间。

③ nper 为总贷款期,即该项贷款的付款期总数。

④ pv 为现值,即一系列未来付款的当前值的累积和,也称为本金。

⑤ fv 为终值,即在最后一次付款后希望得到的现金余额。如果省略 fv,则假设其值为零(例如,一笔贷款的未来值即为零)。

⑥ type 可选,为数字 0 或 1,用以指定各期的付款时间是在期初(1)还是期末(0)。如果省略 type,则假设其值为零。

(3) 应用举例。

【例 6-7】 佳园公司向某银行贷款 900000 元,贷款期限 3 年,当前银行利率为 10%,请计算按月支付时第一个月支付的本金为多少?按年支付时最后一年支付的本金为多少?

公式与公式计算结果如图 6-3 所示。

值得注意的是,【例 6-5】【例 6-6】和【例 6-7】的各参数取值相同,PMT 函数、IPMT 函数和 PPMT 函数之间存在以下对应关系:PMT()=IPMT()+PPMT()。

	A	B	C	D	E
1		PPMT函数举例			
2		年利率	10%		
3		贷款年限	3		
4		贷款金额	900,000.00		
5					
6		项目	公式	结果	
7		第一个月的本金支付(按月支付)	=PPMT(C2/12,1,C3*12,-C4)	21,540.47	
8		最后一年的本金支付（按年支付）	=PPMT(C2,3,C3,-C4)	329,003.02	
9					

图 6-3 PPMT 函数举例

第二节 企业债券筹资

公司债券的发行价格通常有三种：等价发行、溢价发行和折价发行。等价发行是指按与债券的面值相等的价格发行，溢价发行是指按高于债券面值的价格发行，折价发行是指按低于债券面值的价格发行。确定债券的发行价格要同时考虑债券的面值、票面利率、期限、还本付息方式以及发行债券时的市场利率等诸多因素。

债券的发行价格应根据债券的内在价值确定，债券的内在价值等于未来其现金流量的总现值。还本付息方式不同的债券，其内在价值的具体计算公式也不完全相同。

一、企业债券的发行

1. 每年付息一次、到期一次还本的债券

投资者购买这种类型的债券后，每年可以获得按债券面值乘以计算的利息，到期可获得按债券面值所偿还的本金，这种债券的内在价值为：

$$P_b = \sum_{i=1}^{n} \frac{I}{(1+K)^i} + \frac{M}{(L+K)^n}$$

公式中的 P 表示债券的内在价值；M 表示债券的面值；I 表示债券的期限；K 表示债券投资者要求的投资报酬率，或市场利率。PV 函数的计算过程即如此。

【例 6-8】 佳园公司拟选择发行每年付息一次、到期一次还本的两种企业债券 M 和 W，相关信息如图 6-4 所示，试计算不同利率下两种企业债券的价值。

（1）初学者可以借助插入函数向导来输入公式。选择 C10 单元格，从【公式】选项卡中选择【插入函数】命令，如图 6-5 所示。

（2）此时，弹出"插入函数"窗口，在"或选择类别"框中选择"财务"，在"选择函数"框中，选择"PV"函数，如图 6-6 所示。

（3）在弹出的"函数参数"窗口中，依次按照参数要求输入对应的单元格或值，如图 6-7 所示。

EXCEL在财务会计中的应用

	A	B	C	D	E	F	G
1			企业债券信息				
2			M债券	W债券			
3		债券面值	1000	1000			
4		票面利率	8%	12%			
5		期限	5	10			
6		市场利率	10%	10%			
7							
8			债券价值的计算				
9		市场利率	6%	8%	10%	12%	14%
10		M债券的价值					
11		W债券的价值					
12							

图 6-4　企业债券信息

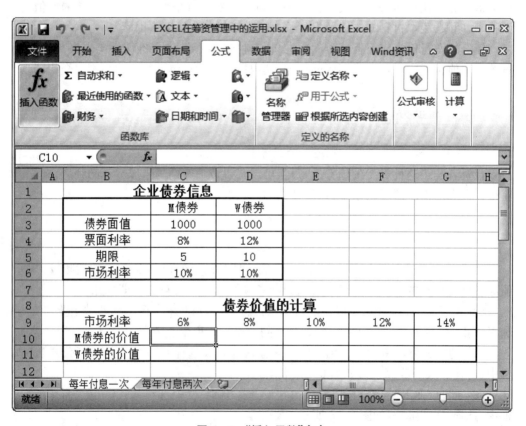

图 6-5　"插入函数"命令

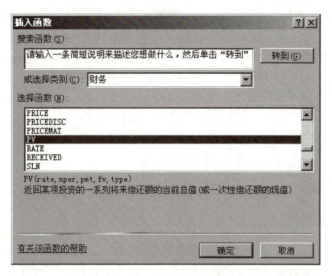

图6-6 "插入函数"窗口

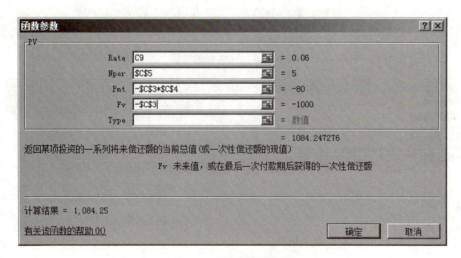

图6-7 "函数参数"窗口

(4) 单击"确定"按钮,得到计算结果,如图6-8所示。

(5) 拖拽C10单元格右下角小方块至G10单元格,此时得到M债券在不同市场利率下的债券价值,如图6-9所示。

(6) 同理,选择C11单元格,从"公式"选项卡中选择"插入函数"命令,弹出"插入函数"窗口,在"或选择类别"框中选择"财务",在"选择函数"框中,选择"PV"函数,在弹出的"函数参数"窗口中依次按照参数要求输入对应的单元格或值,如图6-10所示。

(7) 单击"确定"按钮,得到计算结果,如图6-11所示。

(8) 拖拽C11单元格右下角小方块至G11单元格,此时得到W债券在不同市场利率下的债券价值,如图6-12所示。

EXCEL在财务会计中的应用

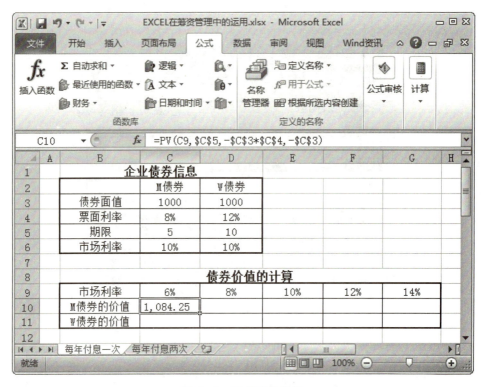

图 6-8　M 债券的价值

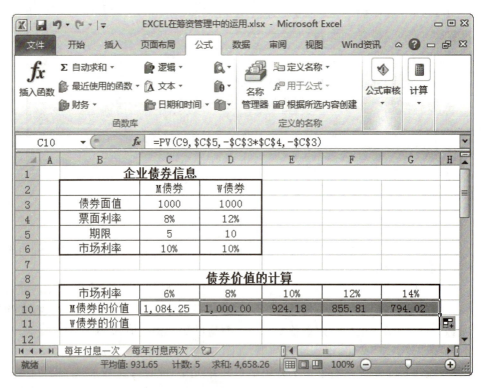

图 6-9　M 债券在不同市场利率下的价值

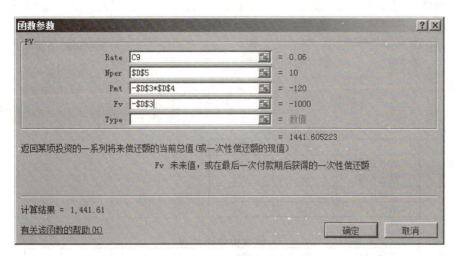

图 6-10 "函数参数"窗口

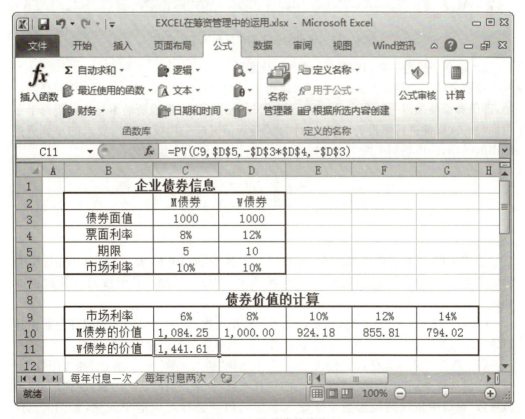

图 6-11 W 债券的价值

EXCEL在财务会计中的应用

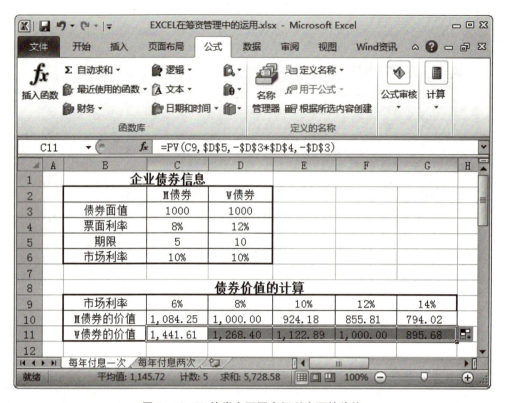

图 6-12 W 债券在不同市场利率下的价值

2. 每半年付息一次、到期一次还本的债券

投资者购买这种债券后,每半年可以得到一次利息,每次得到的利息为年利息的一半,即债券面值乘以一年利率的一半,到期可以得到所有债券投资的本息均期望每半年可回收一次以便进行再投资。因此,计算债券现值时应采用投资者所要求的年筹资报酬率的一半,即市场利率的一半作贴现率。这种债券的内在价值为:

$$P_b = \sum_{i=1}^{2n} \frac{\frac{I}{2}}{\left(1+\frac{K}{2}\right)^t} + \frac{M}{\left(1+\frac{K}{2}\right)^{2n}}$$

公式中的 P 表示债券的内在价值;M 表示债券的面值;I 表示债券的期限;K 表示债券投资者要求的投资报酬率,或市场利率。因此,运用 PV 函数的计算过程即如此。

【例 6-9】 佳园公司拟选择发行每半年付息一次、到期一次还本的两种企业债券 M 和 W,相关信息如图 6-13 所示,试计算不同利率下两种企业债券的价值。

(1) 选择 C11 单元格,从"公式"选项卡中选择"插入函数"命令,弹出"插入函数"窗口,在"或选择类别"框中选择"财务",在"选择函数"框中,选择"PV"函数,在弹出的"函数参数"窗口中依次按照参数要求输入相应的值或选择对应的单元格,如图 6-14 所示。

第六章　EXCEL在筹资管理中的应用

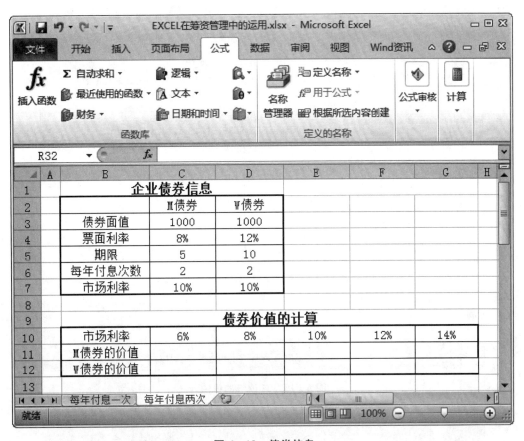

图6-13　债券信息

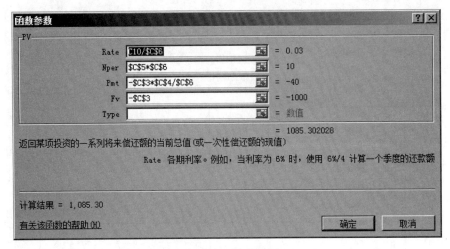

图6-14　"函数参数"窗口

（2）单击"确定"按钮，得到计算结果，如图6-15所示。

（3）W债券价值的确定与M债券类似，利用拖拽功能得到表内所有单元格的数值，最终结果如图6-16所示。

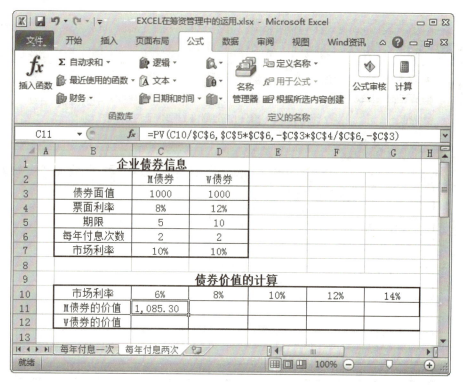

图 6-15 M 债券的价值

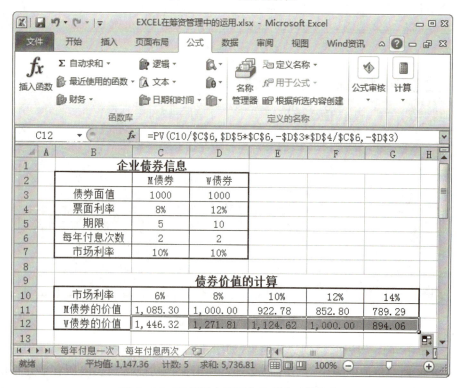

图 6-16 W 债券在不同市场利率下的价值

二、债券价值趋势图

用图表可以更清晰地分析债券价值与市场价值之间的关系,结合【例 6-9】制作债券价值趋势图,具体操作步骤如下:

(1) 选择 B10:G12 单元格区域,从【插入】选项卡中,选择【折线图】命令,点击下拉按钮,选择"带数据标记的折线图"样式,如图 6-17 所示。

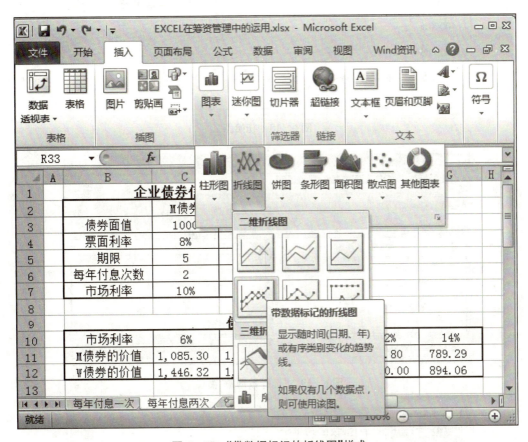

图 6-17 "带数据标记的折线图"样式

(2) 选择折线图样式后,得到工作表显示初始图,如图 6-18 所示。

(3) 选择图表后,单击【设计】选项卡中【选择数据】按钮。由于"市场利率"并不是项目(系列)之一,而是横坐标,因此应将其删除。在弹出的"选择数据源"窗口中,选择"图例项(系列)"下的"市场利率",然后点击"删除",如图 6-19 所示。

(4) 接下来,单击"水平(分类)轴标签"下的"编辑"按钮,如图 6-20 所示。

(5) 在弹出的"轴标签"窗口中,点击"选择区域"按钮,返回原工作表中选择 C10:G12 单元格区域,结果如图 6-21 所示。

(6) 单击"确定"按钮后,返回"选择数据源"窗口中的设置,如图 6-22 所示。

(7) 单击"确定"按钮,退出"选择数据源"窗口,结果如图 6-23 所示。

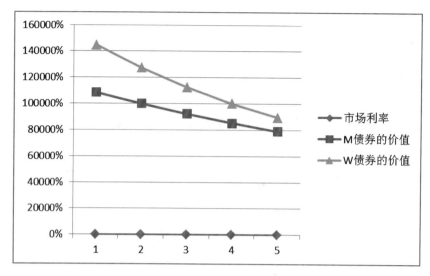

图 6-18 初始图

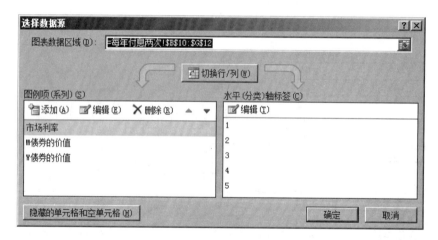

图 6-19 "选择数据源"窗口

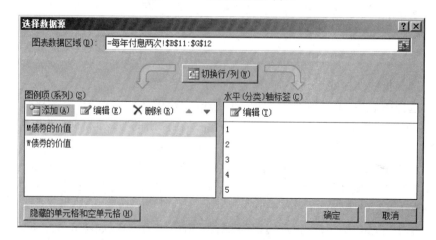

图 6-20 "编辑"按钮

图 6-21 选择轴标签

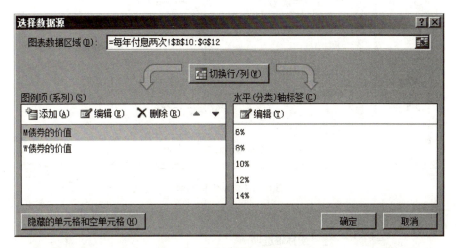

图 6-22 "选择数据源"窗口

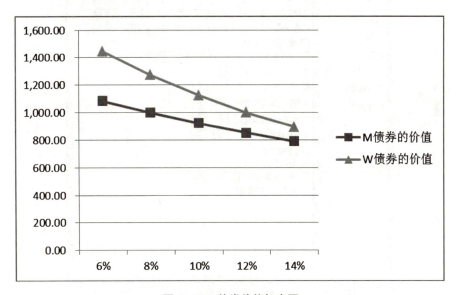

图 6-23 债券价值初步图

(8) 调整纵坐标轴大小。选择图表中纵向坐标轴,单击鼠标右键,从弹出的选项卡中,选择"设置坐标轴格式"命令,如图 6-24 所示。

(9) 在弹出的"设置坐标轴格式"窗口中的左列表中选择"坐标轴选项"选项卡,在右侧"坐标轴选项"中"最小值"中勾选"固定"复选项,并在输入框中输入"700",如图 6-25 所示。

169

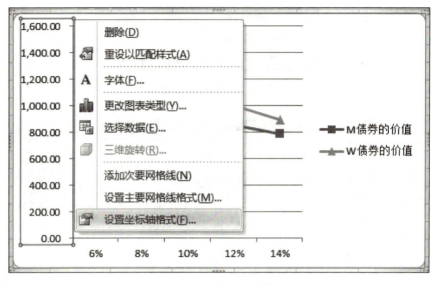

图 6-24 纵坐标右键

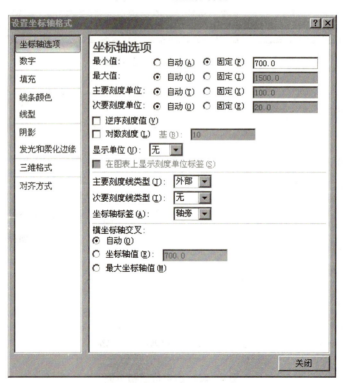

图 6-25 设置坐标轴格式

(10) 单击"关闭"按钮,此时图表的显示如图 6-26 所示。

(11) 选择图标,将图表中的绘图区缩小,并从【插入】选项卡中单击【文本框】的"横排文本框"命令,单击图表中上部位置,在文本框中输入标题"每半年付息一次债券价值",最终结果如图 6-27 所示。

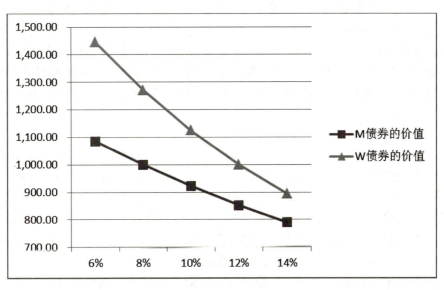

图 6-26 债券价值初步图

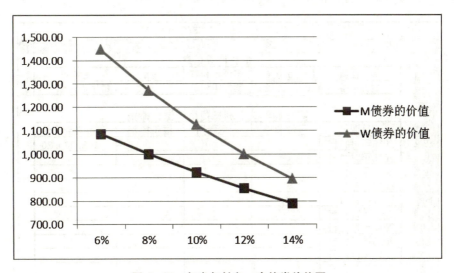

图 6-27 每半年付息一次债券价值图

最后,将每年付息一次、到期一次还本的债券与每半年付息一次、到期一次还本的债券用图表进行分析并决策。

三、企业债券利息的摊销

公司债券利息摊销是指将债券的名义利息费用调整为实际利息费用的过程。公司债券利息摊销一般应采用实际利率法。实际利率法是指按照金融资产或金融负债的实际利率计算其摊余成本及各期利息收入或利息费用的方法。

债券发行存在溢价或折价现象,这将导致债券发行后存续期内的实际利息与票面利息之间产生差异。运用财务管理理论的相关知识,将债券未来存续期间的现金流出(包括利息和本金)折现,令其等于目前债券的发行价时获得的内在收益率即为该债券的实际利率。于是,各期计提的应付利息是票面利息,而计入财务费用(或资本化计入资产成本)的是实际利息,二者之间的差额就是当期需要摊销的溢价或折价。

1. 债券溢价的摊销

对于债券发行方而言,摊余成本就是应付债券的账面价值,或者说是企业发行债券筹资尚未偿还的债务。企业溢价发行债券时,每期摊余成本等于上期摊余成本与溢价摊销额之差,而折价时,等于上期摊余成本与折价摊销额之和。

【例 6 - 10】 佳园公司于 2015 年 1 月 1 日发行面值为 100,000 元、5 年期、票面利率为 8% 的企业债券,该债券每半年付息一次、到期一次还本,市场利率为 6%。试计算该债券的发行价格并采用实际利率法摊销利息费用。

(1)债券发行价格的计算。债券发行价格的计算是典型的现值计算问题。利用 PV 函数,我们在 C3 单元格内输入或选择以下公式:=PV(E2/2,5*2,-C2*E3/2,-C2),得到债券的发行价格 108,530.20 元,如图 6 - 28 所示。

图 6 - 28 债券发行价格的计算

(2)利息费用与溢价摊销。2015 年 1 月 1 日债券的摊余价值即债券的发行价格,应付利息是面值与对应期间票面利率的乘积,利息费用是实际利率与债券摊余价值的乘积,溢价摊销则是应付利息与利息费用之差,最后,本期债券摊余价值则是上期债券摊余成本与溢价摊销额之差。因此,相关单元格的填写如下:

F7＝C3

C8＝$C$2*$E$3/2

D8=F7*$E$2/2

E8=C8-D8

F8=F7-E8

注意上述公式中的绝对引用与相对引用的运用。该公司第一期(半年)利息费用与溢价摊销结果如图 6-29 所示。接下来,后面单元格的内容利用拖拽功能就可以完成了。最终结果如图 6-30 所示。

日期	应付利息	利息费用	溢价摊销	债券摊余价值
2015年1月1日				108,530.20
2015年7月1日	4,000.00	3,255.91	744.09	107,786.1
2016年1月1日				
2016年7月1日				
2017年1月1日				
2017年7月1日				
2018年1月1日				
2018年7月1日				
2019年1月1日				
2019年7月1日				
2020年1月1日				

图 6-29 利息费用与溢价摊销

日期	应付利息	利息费用	溢价摊销	债券摊余价值
2015年1月1日				108,530.20
2015年7月1日	4,000.00	3,255.91	744.09	107,786.1
2016年1月1日	4,000.00	3,233.58	766.42	107,019.7
2016年7月1日	4,000.00	3,210.59	789.41	106,230.3
2017年1月1日	4,000.00	3,186.91	813.09	105,417.2
2017年7月1日	4,000.00	3,162.52	837.48	104,579.7
2018年1月1日	4,000.00	3,137.39	862.61	103,717.1
2018年7月1日	4,000.00	3,111.51	888.49	102,828.6
2019年1月1日	4,000.00	3,084.86	915.14	101,913.5
2019年7月1日	4,000.00	3,057.40	942.60	100,970.9
2020年1月1日	4,000.00	3,029.13	970.87	100,000.0

图 6-30 溢价摊销结果

2. 债券折价的摊销

【例 6-11】 佳园公司于 2015 年 1 月 1 日发行面值为 100,000 元、5 年期、票面利率为 8% 的企业债券，该债券每半年付息一次、到期一次还本，市场利率为 10%。试计算该债券的发行价格并采用实际利率法摊销利息费用。

(1) 债券发行价格的计算。利用 PV 函数，我们在 C3 单元格内输入或选择以下公式：=PV(E2/2,5*2,-C2*E3/2,-C2)，得到债券的发行价格为 92,278.27 元，如图 6-31 所示。

图 6-31 债券发行价格的计算

(2) 利息费用与折价摊销。2015 年 1 月 1 日债券的摊余价值即债券的发行价格，应付利息是面值与对应期间票面利率的乘积，利息费用是实际利率与债券摊余价值的乘积，折价摊销则是利息费用与应付利息之差，最后，本期债券摊余价值则是上期债券摊余成本与折价摊销额之和。因此，相关单元格的填写如下：

F7＝C3

C8＝＄C＄2*＄E＄3/2

D8＝F7*＄E＄2/2

E8＝D8－C8

F8＝F7＋E8

注意上述公式中的绝对引用与相对引用的运用，前三行与溢价摊销时相同，而后两行有所不同。该公司第一期(半年)利息费用与折价摊销结果如图 6-32 所示。接下来，后面单元格的内容利用拖拽功能完成。最终结果如图 6-33 所示。

	A	B	C	D	E	F	G
			C8	fx	=$C$2*$E$3/2		
1				企业债券信息			
2		债券面值	100,000.00	市场年利率	10%	5年期	
3		发行价格	92,278.27	票面年利率	8%	每半年付息一次	
4							
5			实际利率法下利息费用与折价摊销				
6		日期	应付利息	利息费用	折价摊销	债券摊余价值	
7		2015年1月1日				92,278.27	
8		2015年7月1日	4,000.00	4,613.91	613.91	92,892.2	
9		2016年1月1日					
10		2016年7月1日					
11		2017年1月1日					
12		2017年7月1日					
13		2018年1月1日					
14		2018年7月1日					
15		2019年1月1日					
16		2019年7月1日					
17		2020年1月1日					
18							

图 6‑32 利息费用与折价摊销

	A	B	C	D	E	F	G
1				企业债券信息			
2		债券面值	100,000.00	市场年利率	10%	5年期	
3		发行价格	92,278.27	票面年利率	8%	每半年付息一次	
4							
5			实际利率法下利息费用与折价摊销				
6		日期	应付利息	利息费用	折价摊销	债券摊余价值	
7		2015年1月1日				92,278.27	
8		2015年7月1日	4,000.00	4,613.91	613.91	92,892.2	
9		2016年1月1日	4,000.00	4,644.61	644.61	93,536.8	
10		2016年7月1日	4,000.00	4,676.84	676.84	94,213.6	
11		2017年1月1日	4,000.00	4,710.68	710.68	94,924.3	
12		2017年7月1日	4,000.00	4,746.22	746.22	95,670.5	
13		2018年1月1日	4,000.00	4,783.53	783.53	96,454.0	
14		2018年7月1日	4,000.00	4,822.70	822.70	97,276.8	
15		2019年1月1日	4,000.00	4,863.84	863.84	98,140.6	
16		2019年7月1日	4,000.00	4,907.03	907.03	99,047.6	
17		2020年1月1日	4,000.00	4,952.38	952.38	100,000.0	
18							

图 6‑33 折价摊销结果

第三节 企业融资租赁

融资租赁是指出租人根据承租人对租赁物件的特定要求和对供货人的选择，出资向供货人购买租赁物件，并租给承租人使用，承租人则分期向出租人支付租金，在租赁期内租赁物件的所有权属于出租人所有，承租人拥有租赁物件的使用权。租期届满，租金支付完毕并且承租人根据融资租赁合同的规定履行完所有义务后，对租赁物的归属没有约定的或者约定不明的，可以协议补充；不能达成补充协议的，按照合同有关条款或者交易习惯确定，仍然不能确定的，租赁物件所有权归出租人所有。

融资租赁和传统租赁的本质区别在于，传统租赁以承租人租赁使用物件的时间计算租金，而融资租赁以承租人占用融资成本的时间计算租金。

一、最低租赁付款额现值的计算

【例 6-12】 佳园公司从某租赁公司租入一固定资产，该固定资产公允价值为 700,000 元，佳园公司每期期末向租赁公司支付租金 150000 元，共需支付 6 期；租赁期满，佳园公司享有该设备优惠购买选择权，价格 100 元；租赁合同规定的利率为 7％。

（1）计算最低租赁付款额

最低租赁付款额＝各期租金之和＋行使优惠购买选择权支付的金额
＝150000×6＋100＝900100

（2）计算最低租赁付款额的现值

最低租赁付款额的现值由两部分构成，一是每期支付租金的现值（年金现值）；二是租赁到期时优惠购买价款现值（复利现值），利用 EXCEL 中的 PV 函数，其计算公式如下：

最低租赁付款额的现值＝PV(7％,6,－150000)＋PV(7％,6,0,－100)

计算结果如图 6-34 所示，最低租赁付款额的现值为 715047.58 元。

	A	B	C	D	E	F
1		融资租赁信息				
2		固定资产公允价值	700000.00	每期支付的租金	150000.00	
3		租赁方式	后付	租赁期数	6	
4		优先购买权费用	100.00	贴现率	7%	
5		最低租赁付款额	900100.00	最低租赁付款额现值	715047.58	
6		固定资产入账价值	700000.00	未确认融资费用	200100.00	
7						

E5 单元格公式：=PV(E4,E3,-E2)+PV(E4,6,0,-C4)

图 6-34 最低租赁付款额现值

(3) 计算未确认融资费用

根据《企业会计准则》的相关规定,在租赁期开始日,承租人应当将租赁开始日租赁资产公允价值与最低租赁付款额现值两者中较低者作为租入资产的入账价值,将最低租赁付款额作为长期应付款的入账价值,其差额作为未确认融资费用。由于最低租赁付款额的现值 715047.58 大于该固定资产公允价值 700000,所以固定资产以公允价值 700000 入账;长期应付款为 900100。因此,两项差额 200100 确认为未确认融资费用。

二、未确认融资费用分摊率的计算与摊销

(1) 计算未确认融资费用分摊率

根据公式:最低租赁付款额现值=租赁资产入账价值

分摊率应是使:$PV(r,6,-150000)+PV(r,6,0,-100)=700000$ 的实际利率。

首先,使用 8% 作为测试利率,按上述公式计算结果为 693494.97,如图 6-35 所示。

图 6-35 测试利率

然后,根据插值法,利用 EXCEL 可以很方便地算出未确认融资费用分摊率 $r=7.70\%$,如图 6-36 所示。

(2) 未确认融资费用的分摊

在计算费用分摊率之后,采用实际利率法将未确认融资费用在各期进行分摊。第一期未确认融资费用等于实际利率 7.70% 与应付本金余额之积,应付本金减少为租金与第一期未确认融资费用之差,本期应付本金余额为上期应付本金余额减本期应付本金减少,相关单元格计算公式如下:

C17＝$E$2

D17＝F16*$D$11

E17＝C17－D17

F17＝F16－E17

注意上述公式中的绝对引用与相对引用的运用。当第一期未确认融资费用的分摊

EXCEL在财务会计中的应用

图 6-36 目标利率

完成后,除最后一期的数据外,其他单元格的内容利用拖拽功能完成。结果如图 6-37 所示。

图 6-37 前几分摊结果

对于最后一期的计算,应采用尾数调整,按以下顺序计算:

E22=F21−F22

D22=C22−E22

接下来,利用 EXCEL 自动求和功能计算出合计数,最终结果如图 6-38 所示。

	A	B	C	D	E	F	G
1			融资租赁信息				
2		固定资产公允价值	700000.00	每期支付的租金	150000.00		
3		租赁方式	后付	租赁期数	6		
4		优先购买权费用	100.00	贴现率	7%		
5		最低租赁付款额	900100.00	最低租赁付款额现值	715047.58		
6		固定资产入账价值	700000.00	未确认融资费用	200100.00		
7							
8			插值法计算实际利率				
9		项目	计算值	对应利率			
10		已有利率	715047.58	7.00%			
11		目标利率	700000.00	7.70%			
12		测试利率	693494.97	8.00%			
13							
14			实际利率法下未确认融资费用分摊表				
15		期间	每期租金	未确认融资费用	应付本金减少	应付本金余额	
16		0				700000.00	
17		1	150000.00	53887.25	96112.75	603887.25	
18		2	150000.00	46488.32	103511.68	500375.57	
19		3	150000.00	38519.81	111480.19	388895.38	
20		4	150000.00	29937.86	120062.14	268833.24	
21		5	150000.00	20695.26	129304.74	139528.51	
22		6	150000.00	10571.49	139428.51	100.00	
23			100.00		100.00		
24		合计	900100.00	200100.00	700000.00		
25							

图 6-38　未确认融资费用分摊结果

第四节　长期借款筹资

长期借款是企业向银行或其他金融机构借入的、使用超过一年期的借款,主要用于购建固定资产和满足长期占用流动资产的需要。长期借款本金与利息的支付方法主要有等额利息法、等额本金法、等额摊还法、一次性偿还法和部分分期等额偿还法。

一、等额利息法

等额利息法是指每年年末按借款利率偿还固定利息,到期一次还本。

【例 6-13】　佳园公司向银行申请 1000000 元的贷款,贷款年利率 10%,借款期限为 10 年。银行要求公司每年年末付息,到期还本。请用 EXCEL 编制还款计划。

(1) 建立长期借款模型计算表,如图 6-39 所示。

(2) 在 D8 单元格中输入 0,在 D9 单元格输入公式=$D$2*$D$4,利用填充柄拖拽完成 D9:C17 单元格区域的计算,得到每年公司需支付的借款利息。

(3) 因为本金到期一次偿还,所以除 E18 单元格为 1,000,000 元以外,其余各年均为 0。

(4) 在 C9 输入公式=D9+E9 并复制公式至单元格区域 C10:C18,得到每年年末偿还额。

EXCEL在财务会计中的应用

图 6-39　长期借款模型计算表

（5）在 F8 单元格中输入"1,000,000"，在 F9 单元格中输入公式＝F8－E9，利用填充柄拖拽完成 F10：F18 单元格区域的计算，得到每年年末剩余本金金额。

（6）在 C19 输入公式＝SUM(C8：C18)，并复制公式至单元格 D19 和 E19，得到各项合计值，最终结果见图 6-40。

图 6-40　等额利息法还款计划表

二、等额本金法

等额本金法是指每年偿还固定的本金及相应的利息。

【例 6‑14】 佳园公司向银行申请 1000000 元的贷款,贷款年利率 10%,借款期限为 10 年。银行要求公司按等额本金法偿还借款。请用 EXCEL 编制还款计划。

(1) 建立长期借款模型计算表,如图 6‑41 所示。

	A	B	C	D	E	F	G
1				等额本金法			
2		借款金额(元)			1,000,000.00		
3		期限(年)			10		
4		年利率			10%		
5							
6				还款计划表			
7		年	年偿还额	支付利息	偿还本金	剩余本金	
8		0					
9		1					
10		2					
11		3					
12		4					
13		5					
14		6					
15		7					
16		8					
17		9					
18		10					
19		合计				—	
20							

图 6‑41 长期借款模型计算表

(2) 在 E8 单元格中输入 0,在 E9 单元格输入公式 =$D$2/$D$3,利用填充柄拖拽完成 E10:E18 单元格区域的计算,得到每年年末剩余本金偿还额。

(3) 在 F8 单元格中输入"1,000,000",在 F9 单元格中输入公式 =F8−E9,利用填充柄拖拽完成 F10:F18 单元格区域的计算,得到每年年末剩余本金金额。

(4) 在 D8 单元格中输入 0,在 D9 单元格输入公式 =$D$2/$D$3,利用填充柄拖拽完成 E10:E18 单元格区域的计算,得到每年公司需支付的借款利息。

(5) 在 C8 输入公式 =D8+E8,利用填充柄拖拽完成 C9:C18 单元格区域的计算,得到每年年末偿还额。

(6) 在 C19 输入公式 =SUM(C8:C18),并复制公式至 D19 单元格和 E19 单元格,得到各项合计值,最终结果见图 6‑42。

三、等额摊还法

等额摊还法是指每年偿还本金和利息之和相等。

【例 6‑15】 佳园公司向银行申请 1000000 元的贷款,贷款年利率 10%,借款期限为 10 年。银行要求公司按等额摊还法归还借款。请用 EXCEL 编制还款计划。

(1) 建立长期借款模型计算表,如图 6‑43 所示。

(2) 在 C8 单元格中输入 0,选中 C9:C17 单元格区域,插入 PMT 函数,输入相关参数,得到每年年末偿还额,如图 6‑44 所示。

EXCEL在财务会计中的应用

	A	B	C	D	E	F	G
1				等额本金法			
2		借款金额（元）		1,000,000.00			
3		期限（年）		10			
4		年利率		10%			
5							
6				还款计划表			
7		年	年偿还额	支付利息	偿还本金	剩余本金	
8		0	0	0	0	1,000,000.00	
9		1	200,000.00	100,000.00	100,000.00	900,000.00	
10		2	190,000.00	90,000.00	100,000.00	800,000.00	
11		3	180,000.00	80,000.00	100,000.00	700,000.00	
12		4	170,000.00	70,000.00	100,000.00	600,000.00	
13		5	160,000.00	60,000.00	100,000.00	500,000.00	
14		6	150,000.00	50,000.00	100,000.00	400,000.00	
15		7	140,000.00	40,000.00	100,000.00	300,000.00	
16		8	130,000.00	30,000.00	100,000.00	200,000.00	
17		9	120,000.00	20,000.00	100,000.00	100,000.00	
18		10	110,000.00	10,000.00	100,000.00	0	
19		合计	1,550,000.00	550,000.00	1,000,000.00	—	
20							

图6-42　等额本金法还款计划表

	A	B	C	D	E	F	G
1				等额摊还法			
2		借款金额（元）		1,000,000.00			
3		期限（年）		10			
4		年利率		10%			
5							
6				还款计划表			
7		年	年偿还额	支付利息	偿还本金	剩余本金	
8		0					
9		1					
10		2					
11		3					
12		4					
13		5					
14		6					
15		7					
16		8					
17		9					
18		10					
19		合计				—	
20							

图6-43　长期借款模型计算表

(3) 在C7单元格中输入0,选中C8单元格,插入 IPMT 函数,输入相关参数,得到每年公司需支付的借款利息,如图6-45所示。利用填充柄完成其他各期的结果。

(4) 在E8单元格中输入0,选中E9单元格,插入 PPMT 函数,输入相关参数,得到每年年末偿还本金金额,如图6-46所示。利用填充柄完成其他各期的结果。

(5) 在E7单元格中输入"1,000,000",在F9单元格中输入公式＝F8－E9,利用填充柄拖拽完成 F10：F19 单元格区域的计算,得到每年年末剩余本金金额。

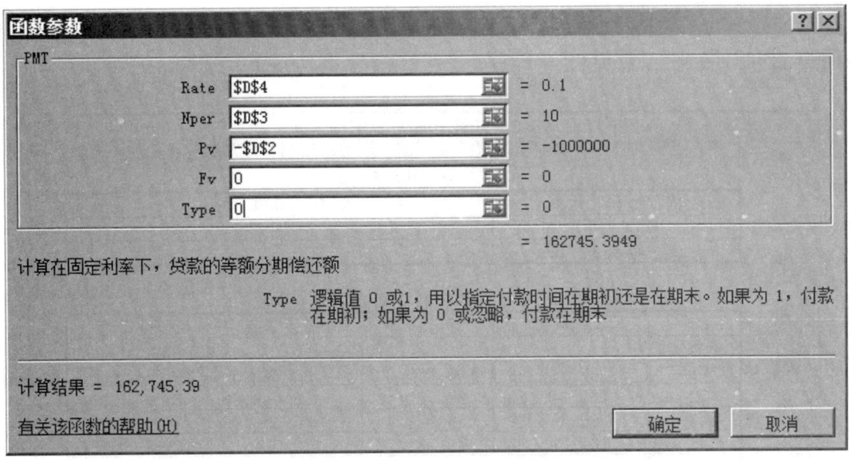

图 6 - 44　插入 PMT 函数

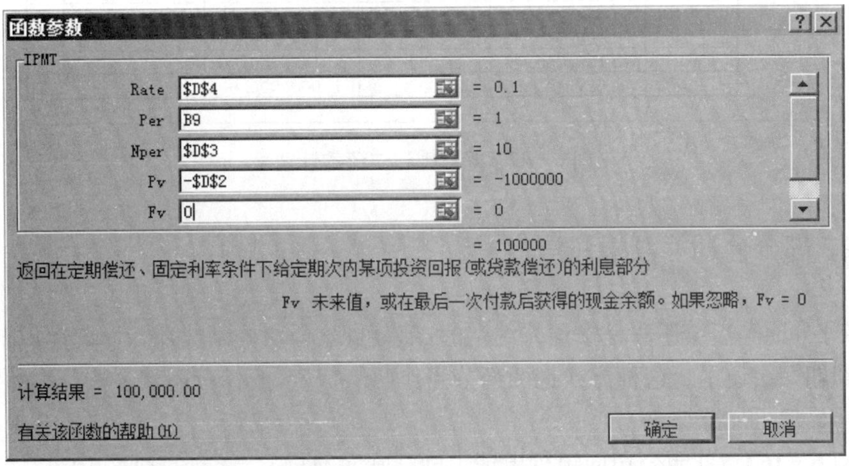

图 6 - 45　插入 IPMT 函数

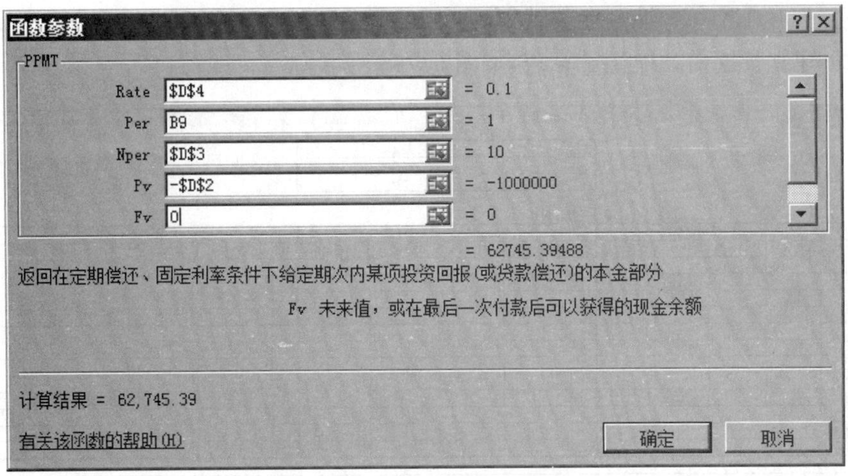

图 6 - 46　插入 PPMT 函数

（6）在 C19 输入公式＝SUM(C8：C18)，并复制公式至 D19 单元格和 E19 单元格，得到各项合计值，最终结果见图 6－47。

C9		fx =PMT($D$4,$D$3,-$D$2,0,0)			
	A B	C	D	E	F G
1		等额摊还法			
2	借款金额（元）		1,000,000.00		
3	期限（年）		10		
4	年利率		10%		
5					
6		还款计划表			
7	年	年偿还额	支付利息	偿还本金	剩余本金
8	0	0	0	0	1,000,000.00
9	1	162,745.39	100,000.00	62,745.39	937,254.61
10	2	162,745.39	93,725.46	69,019.93	868,234.67
11	3	162,745.39	86,823.47	75,921.93	792,312.74
12	4	162,745.39	79,231.27	83,514.12	708,798.62
13	5	162,745.39	70,879.86	91,865.53	616,933.09
14	6	162,745.39	61,693.31	101,052.09	515,881.00
15	7	162,745.39	51,588.10	111,157.29	404,723.71
16	8	162,745.39	40,472.37	122,273.02	282,450.69
17	9	162,745.39	28,245.07	134,500.33	147,950.36
18	10	162,745.39	14,795.04	147,950.36	0
19	合计	1,627,453.95	627,453.95	1,000,000.00	—
20					

图 6－47　等额摊还法还款计划表

四、部分分期等额偿还法

部分分期等额偿还法是按预先约定的，部分贷款分期等额偿还，其余部分贷款分期付息，到期一次还本。这种方式把两部分当作两笔贷款，按各自还款方法分别编制还款计划表，最后再加总综合。

【例 6－16】　佳园公司向银行申请 1000000 元的贷款，贷款年利率 10%，借款期限为 10 年。银行与公司约定，该笔贷款一半金额按等额摊还法归还，另一半用等额利息法偿还。试用 EXCEL 编制还款计划。

（1）建立长期借款模型计算表，如图 6－48 所示。

图 6－48　长期借款模型计算表

(2) 按 6.4.1 方法编制等额利息法还款计划表。

(3) 按 6.4.3 方法编制等额摊还法还款计划表。

(4) 选定单元格区域 M9：P20，输入数组公式 {＝C9：F20＋H9：K20}，按键盘中的“Ctrl＋Shift＋Enter”组合键确认，得到全部贷款还款计划表，如图 6－49 所示。

M9　fx {=C9:F20+H9:K20}

部分分期等额偿还法

借款金额（元）	1000000
期限（年）	10
年利率	10%

部分还款计划表

500000元 等额利息法					500000元 等额摊还法					全部还款计划表				
年	年偿还额	支付利息	偿还本金	剩余本金	年	年偿还额	支付利息	偿还本金	剩余本金	年	年偿还额	支付利息	偿还本金	剩余本金
0	0	0	0	500000	0	0	0	0	500000	0	0	0	0	1000000.00
1	50000	50000	0	500000	1	81372.70	50000.00	31372.70	468627.30	1	131372.70	100000.00	31372.70	968627.30
2	50000	50000	0	500000	2	81372.70	46862.73	34509.97	434117.34	2	131372.70	96862.73	34509.97	934117.34
3	50000	50000	0	500000	3	81372.70	43411.73	37960.96	396156.37	3	131372.70	93411.73	37960.96	896156.37
4	50000	50000	0	500000	4	81372.70	39615.64	41757.06	354399.31	4	131372.70	89615.64	41757.06	854399.31
5	50000	50000	0	500000	5	81372.70	35439.93	45932.77	308466.54	5	131372.70	85439.93	45932.77	808466.54
6	50000	50000	0	500000	6	81372.70	30846.65	50526.04	257940.50	6	131372.70	80846.65	50526.04	757940.50
7	50000	50000	0	500000	7	81372.70	25794.05	55578.65	202361.85	7	131372.70	75794.05	55578.65	702361.85
8	50000	50000	0	500000	8	81372.70	20236.19	61136.51	141225.34	8	131372.70	70236.19	61136.51	641225.34
9	50000	50000	0	500000	9	81372.70	14122.53	67250.16	73975.18	9	131372.70	64122.53	67250.16	573975.18
10	550000	50000	500000	0	10	81372.70	7397.52	73975.18	0	10	631372.70	57397.52	573975.18	0
合计	1000000	500000	500000		合计	813726.97	313726.97	500000		合计	1813726.97	813726.97	1000000.00	0

图 6－49　部分分期等额偿还法还款计划表

五、长期借款模拟运算模型

在实际工作中，企业向银行借款时，其总还款次数与相应年利率已知，此时企业要根据自身偿债能力来选择借款类型。EXCEL 2010 提供的模拟运算表工具可以对总还款次数和相应的年利率进行不同组合的分析。

【例 6－17】 佳园公司向银行申请 500 万元的贷款，借款期限为 5 年。每年还款次数有 2 次、4 次、12 次、24 次，银行要求的借款年利率对应为 8%、7.5%、6%、5%，要求计算不同组合情况下佳园公司还款金额。

(1) 建立长期借款模型计算表，如图 6－50 所示。

借款分期还款模型

借款金额（万元）	500
借款年利率	8%
借款期限（年）	5
每年借款次数（期）	2
总还款次数（期）	10

次数	借款年利率（%）			
	8%	7.5%	6%	5%
2				
4				
12				
24				

图 6－50　长期借款模型计算表

(2) 建立表格中各因素的勾稽关系,在单元格 E6 输入公式 =E4*E5,即总还款次数=借款年限×每年还款次数。

(3) 在单元格区域 B10:B13 中输入计划的每年还款次数,在单元格区域 C9:F9 中输入计划的借款年利率。在每年还款次数和借款年利率交叉处,即 B9 单元格,输入目标函数公式 =PMT(E3/E5,E6,-E2,0,0),如图 6-51 所示。

	A	B	C	D	E	F	G
1			借款分期还款模型				
2			借款金额（万元）		500		
3			借款年利率		8%		
4			借款期限（年）		5		
5			每年借款次数（期）		2		
6			总还款次数（期）		10		
7							
8		次数	借款年利率（%）				
9		61.65	8%	7.5%	6%	5%	
10		2					
11		4					
12		12					
13		24					
14							

图 6-51　目标函数

(4) 选中模拟运算区域 B9:F13（即从目标函数所在的单元格到右下角单元格）,单击【数据】选项卡,选择【模拟分析】下拉按钮中的"模拟运算表"。在"模拟运算表"窗口中的"输入引用行的单元格"中输入"$E$3""输入引用列的单元格"中输入"$E$5",单击"确定"按钮,得到模拟运算结果,如图 6-52 所示。佳园公司通过比较计算结果,选择适合的借款方案。

	A	B	C	D	E	F	G
1			借款分期还款模型				
2			借款金额（万元）		500		
3			借款年利率		8%		
4			借款期限（年）		5		
5			每年借款次数（期）		2		
6			总还款次数（期）		10		
7							
8		次数	借款年利率（%）				
9		61.65	8%	7.5%	6%	5%	
10		2	61.65	60.88	58.62	57.13	
11		4	30.58	30.21	29.12	28.41	
12		12	10.14	10.02	9.67	9.44	
13		24	5.06	5.00	4.83	4.71	
14							

图 6-52　模拟运算结果

复习思考题

1. 利用 PV 函数计算复利现值与年金现值的参数有何不同?
2. 随着市场利率的提高,债券价值如何变化? 为什么?
3. 利用插值法计算未确认融资费用分摊率的原理是什么? 应该注意哪些问题?

第七章 EXCEL 在投资管理中的应用

[**教学目的和要求**]

通过本章的学习,要求学生理解与投资管理相关的 FV 函数、NPV 函数、XNPV 函数、IRR 函数和 XIRR 函数的功能;掌握投资效益分析中的净现值法和内含报酬率法,能够熟练运用条件统计函数 COUNTIF 计算投资回收期;理解净现值法在资产更新决策中的运用;熟练运用 EXCEL 相关函数和单元格引用确定持有至到期投资的实际利率与利息调整摊销。

第一节 相 关 函 数

一、FV 函数(终值函数)

(1) 功能说明。

基于固定利率及等额分期付款方式,返回某项投资的未来价值。

(2) 格式与参数。

FV(rate,nper,pmt,pv,type)

① nper 即该项投资(或贷款)的付款期总数。

② pmt 为各期所应支付的金额,其数值在整个年金期间保持不变。通常 pmt 包括本金和利息,但不包括其他费用及税款。如果忽略 pmt,则必须包含 pv 参数。

③ pv 为现值,即从该项投资开始计算时已经入账的款项,或一系列未来付款的当前值的累积和,也称为本金。如果省略 PV,则假设其值为零,并且必须包括 pmt 参数。

④ type 可选,为数字 0 或 1,用以指定各期的付款时间是在期初(1)还是期末(0)。如果省略 type,则假设其值为零。

(3) 注意事项。

① rate 和 nper 的单位要一致。例如,同样是四年期年利率为 12% 的贷款,如果按月支付,rate 应为 12%/12,nper 应为 4×12;如果按年支付,rate 应为 12%,nper 为 4。

② 在所有参数中,支出的款项,如银行存款,表示为负数;收入的款项,如股息收入,表示为正数。

③ 该函数既可以计算复利终值,又可以计算普通年金的终值,只是参数的使用不同。

(4) 应用举例。

【例 7-1】 佳园公司将 10000 元投资于一个项目,预计可实现的年报酬率为 6%,3 年后该公司可获得的资金总额为多少?

公式与公式计算结果见图 7-1。当然我们也可以采用一般函数计算公式,结果是一样的。

	A	B	C	D
			fx =FV(C3,C4,,-C2)	
1		普通复利终值计算		
2		投资额	10,000.00	
3		年利率	6%	
4		期限	3	
5		终值	11,910.16	
6		一般函数计算公式	=C2*(1+C3)^C4	
7				

图 7-1 普通复利终值计算

【例 7-2】 佳园公司每年年末投资 10000 元,年回报率为 10%,3 年后该公司可获得的资金总额为多少?

公式与公式计算结果见图 7-2。当然,我们也可以采用一般函数对数组求和,结果是一样的。

	A	B	C	D
			fx =FV(C3,C4,-C2,,1)	
1		普通年金终值计算		
2		每年投资额	10,000.00	
3		年利率	10%	
4		期限	3	
5		终值	36,410.00	
6		一般函数计算公式	{=SUM(C2*(1+C3)^ROW(1:3))}	
7				

图 7-2 普通年金终值计算

二、NPV 函数(净现值函数)

(1) 功能说明。

使用贴现率和一系列未来支出(负值)和收益(正值)来计算一项投资的净现值。

(2) 格式与参数。

NPV(rate,value1,value2,…)

① rate 必需,为某一期间的贴现率。

② value1，value2，… value1 是必需的，后续值是可选的。这些是代表支出及收入的 1 到 254 个参数。

(3) 注意事项。

① value1，value2，…在时间上必须具有相等间隔，并且都发生在期末。

② NPV 使用 value1，value2，… 的顺序来说明现金流的顺序。一定要按正确的顺序输入支出值和收益值。

(4) 应用举例。

【例 7-3】 佳园公司某项目投资期为 4 年，各年净现金流量分别为 -10000、3000、4200、6800，该项目基准收益率为 10%，求该投资的净现值。

公式与公式的计算结果如图 7-3 所示。

	A	B	C	D
1		净现值的计算		
2		年贴现率	10%	
3		初期投资	-10000	
4		第一年的收益	3000	
5		第二年的收益	4200	
6		第三年的收益	6800	
7		该投资的净现值	1,188.44	
8				

C7 fx =NPV(C2, C3, C4:C6)

图 7-3 NPV 函数举例

三、XNPV 函数（不定期净现值函数）

(1) 功能说明。

返回一组不定期发生的现金流量的净现值。

(2) 格式与参数。

XNPV(rate，values，dates)

① rate 必需，为某一期间的贴现率。

② values 与 dates 中的支付时间相对应的一系列现金流。首期支付是可选的，并与投资开始时的成本或支付有关。如果第一个值是成本或支付，则它必须是负值。所有后续支付都基于 365 天/年贴现。数值系列必须至少要包含一个正数和一个负数。

③ dates 与现金流支付相对应的支付日期表。第一个支付日期代表支付表的开始。其他日期应迟于该日期，但可按任何顺序排列。

(3) 注意事项。

① 如果任一参数为非数值型，函数 XNPV 返回错误值 #VALUE!。

② 如果 dates 中的任一数值不是合法日期，函数 XNPV 返回错误值 #VALUE。

③ 如果 dates 中的任一数值先于开始日期，函数 XNPV 返回错误值 #NUM!。

④ 如果 values 和 dates 所含数值的数目不同，函数 XNPV 返回错误值 #NUM!。

(4) 应用举例。

【例 7-4】 佳园公司贷款 350 万元购买一台设备，年利率为 7.2%，投资期后不同时期产生的净现金流量不等，详见图 7-4。要求根据条件计算出该项投资的净现值是多少？

=XNPV(D2,D4:D12,C4:C12)

	A	B	C	D	E	F
1		不定期现金流量净现值				
2		年利率		7.2%		
3		说明	日期	金额	普通公式	
4		设备投资（万元）	2015/1/10	-350		
5		产生的净现金流量（万元）	2015/1/28	30		
6			2015/12/18	50		
7			2016/2/19	75		
8			2016/10/20	90		
9			2017/3/19	80		
10			2017/12/31	65		
11			2018/3/10	50		
12			2019/12/9	50		
13		净现值		72.92		
14						

图 7-4　不定期现金流量净现值

根据已知条件，利用 XNPV 函数计算的结果如图 7-4 所示。当然，我们利用普通公式先计算每一时点的净现值，如图 7-5 所示，然后再累加起来，结果是一样的，如图 7-6 所示。

E5　=D5/(1+$D$2)^((C5-$C$4)/365)

	A	B	C	D	E	F
1		不定期现金流量净现值				
2		年利率		7.2%		
3		说明	日期	金额	普通公式	
4		设备投资（万元）	2015/1/10	-350	-350	
5		产生的净现金流量（万元）	2015/1/28	30	29.90	
6			2015/12/18	50	46.85	
7			2016/2/19	75	69.43	
8			2016/10/20	90	79.53	
9			2017/3/19	80	68.71	
10			2017/12/31	65	52.85	
11			2018/3/10	50	40.13	
12			2019/12/9	50	35.53	
13		净现值		72.92		
14						

图 7-5　普通公式

EXCEL在财务会计中的应用

	A	B	C	D	E	F
1			不定期现金流量净现值			
2			年利率		7.2%	
3		说明	日期	金额	普通公式	
4		设备投资(万元)	2015/1/10	-350	-350	
5		产生的净现金流量(万元)	2015/1/28	30	29.90	
6			2015/12/18	50	46.85	
7			2016/2/19	75	69.43	
8			2016/10/20	90	79.53	
9			2017/3/19	80	68.71	
10			2017/12/31	65	52.85	
11			2018/3/10	50	40.13	
12			2019/12/9	50	35.53	
13			净现值	72.92	72.92	
14						

图 7-6 累加结果

四、IRR 函数(内含报酬率函数)

(1) 功能说明。

返回由数值代表的一组现金流的内含报酬率,内含报酬率即能够使未来现金流入量的现值等于未来现金流出量现值的折现率,或者是投资方案净现值等于零的折现率。

(2) 格式与参数。

IRR(values,guess)

① values 为数组或单元格的引用,包含用来计算返回的内部收益率的数字。

② guess 为对函数 IRR 计算结果的估计值。

(3) 注意事项。

① values 必须包含至少一个正值和一个负值,以计算返回的内部收益率。如果数组或引用包含文本、逻辑值或空白单元格,这些数值将被忽略。

② 在大多数情况下,并不需要为函数 IRR 的计算提供 guess 值。如果省略 guess,系统自动假设它为 0.1(10%)。

③ 如果函数 IRR 返回错误值 #NUM!,或结果没有靠近期望值,可用另一个 guess 值再试一次。

(4) 应用举例。

【例 7-5】 佳园公司某项目投资期为 4 年,各年净现金流量分别为 -10000、3000、4200、6800,该项目基准收益率为 10%,求该投资的内含报酬率并分析项目是否可行。

公式与公式的计算结果如图7-7所示。

```
C7    fx  =IRR(C3:C6)
         A           B              C           D
1                 内含报酬率的计算
2                年贴现率            10%
3                初期投资           -10000
4              第一年的收益          3000
5              第二年的收益          4200
6              第三年的收益          6800
7             该投资的净现值         16.34%
8
```

图7-7 内含报酬率的计算

五、XIRR函数(不定期内含报酬率函数)

(1) 功能说明。

返回一组不定期发生的现金流量的内含报酬率。

(2) 格式与参数。

XIRR(values, dates, [guess])

① values 必需,与 dates 中的支付时间相对应的一系列现金流。首期支付是可选的,并与投资开始时的成本或支付有关。如果第一个值是成本或支付,则它必须是负值。所有后续支付都基于 365 天/年贴现。值系列中必须至少包含一个正值和一个负值。

② dates 与现金流支付相对应的支付日期表。第一个支付日期代表支付表的开始。其他日期应迟于该日期,但可按任何顺序排列。应使用 DATE 函数输入日期,或者将日期作为其他公式或函数的结果输入。例如,使用函数 DATE(2015,5,23) 输入 2015 年 5 月 23 日。如果日期以文本形式输入,则会报错。

③ guess 可选。对函数 XIRR 计算结果的估计值。

(3) 注意事项。

① 如果任一参数为非数值型,函数 XIRR 返回错误值♯VALUE!。

② 如果 dates 中的任一数值不是合法日期,函数 XIRR 返回错误值♯VALUE。

③ 如果 dates 中的任一数值先于开始日期,函数 XIRR 返回错误值♯NUM!。

④ 如果 values 和 dates 所含数值的数目不同,函数 XIRR 返回错误值♯NUM!。

(4) 应用举例。

【例7-6】 佳园公司贷款 350 万元购买一台设备,年利率为 7.2%,投资期后不同时期产生的净现金流量不等,如图 7-8 所示。要求根据条件计算出该项投资的内含报酬率为多少?

图 7-8 不定期现金流量的内含报酬率

根据已知条件,利用 XIRR 函数计算的结果如图 7-8 所示。

六、COUNTIF 函数(单条件计数)

(1) 功能说明。

统计单元格区域中满足给定条件的单元格的个数。

(2) 格式与参数。

COUNTIF(rage,criteria)

① range 表示需要统计其中满足条件的单元格数目的单元格区域。

② criteria 表示指定的统计条件,其形式可以为数字、表达式、单元格引用或文本。

(3) 注意事项。

在运用 COUNTIF 函数时要注意,当参数 criteria 为表达式或文本时,必须用引号引起来,否则将会报错。

(4) 应用举例。

【例 7-7】 根据佳园公司某月工资表统计各部门的人数。

公式及公式计算结果如图 7-9 所示,其他部门利用填充柄完成。

	A	B	C	D	E	F	G	H	I	J	K	L	M
1													
2		工号	姓名	部门	基本工资	奖金	应发工资	扣款	实发工资				
3		1	李元锴	企划	8000	100	8100	80	8020				
4		2	孙春红	销售	6000	200	6200	60	6140				
5		3	王娜	销售	6000	300	6300	50	6250				
6		4	陈碧佳	销售	6000	250	6250	60	6190				
7		5	康建平	销售	6500	200	6700	30	6670		部门人数统计		
8		6	贾青青	企划	8000	300	8300	60	8240		企划	4	
9		7	张亦非	生产	7500	200	7700	60	7640		销售	5	
10		8	于晓萌	销售	6000	150	6150	60	6090		生产	3	
11		9	周琳琳	生产	7000	200	7200	80	7120		设计	2	
12		10	王明浩	生产	6000	200	6200	60	6140				
13		11	刘超	设计	6000	150	6150	60	6090				
14		12	沙靖松	企划	5500	200	5700	20	5680				
15		13	魏宏明	设计	6000	200	6200	60	6140				
16		14	李洋洋	企划	5000	180	5180	70	5110				
17													

图7-9 部门人数统计

第二节 投资效益分析

投资效益分析主要是对投资项目的经济效益分析,并在此基础上,对投资项目的技术可行性、经济盈利性以及进行此项投资的必要性做出相应的结论,作为投资决策的依据。

根据分析中是否考虑时间因素、是否把项目期内各项收支折合现值,可分为静态投资效益分析和动态投资效益分析。静态分析法不考虑投资项目各项支出与收入发生的时间,动态分析法要考虑投资项目各项支出与收入发生的时间,通过折算为现值进行分析。

一、投资回收期法

投资回收期法又称"投资返本年限法",是计算项目投产后在正常生产经营条件下的收益额和计提的折旧额、无形资产摊销额用来收回项目总投资所需的时间,与行业基准投资回收期对比来分析项目投资财务效益的一种静态分析法。

【例7-8】 佳园公司有一投资项目,投资期数为10年,年贴现率为8%,各期净现金流量如图7-10所示。请计算该项投资的投资回收期数。

(1) 首先,计算每年净现金流量的现值。

D3单元格的公式为:=PV($G$5,B3,0,-C3)

对于现值为负的结果,我们可以修改其格式,用红色字体并带"( )"显示,单元格格式设置,如图7-11所示,对于以后年度的现值利用填充柄完成,结果如图7-12所示。

	A	B	C	D	E	F	G	H
1		投资回收期法分析模型						
2		投资期数	净现金流量	现值	现值累计			
3		0	-100					
4		1	-80				年贴现率	
5		2	30				8%	
6		3	50				投资回收期数	
7		4	70					
8		5	100				投资回收期（年）	
9		6	110					
10		7	120					
11		8	130					
12		9	140					
13		10	150					
14								

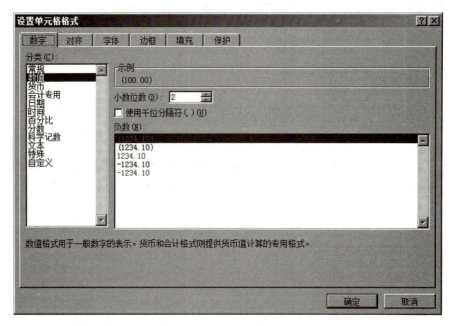

图 7－10　投资相关信息

图 7－11　设置单元格格式

(2) 然后，计算“现值累计”。

很明显，E3 单元格等于 D3 单元格。

E4 单元格的公式为：＝E3＋D4

依此类推，以后年度的“现值累计”利用填充柄完成，结果如图 7－13 所示。

(3) 计算投资回收期数与投资回收期(年)。

G7 单元格的公式为：＝COUNTIF(E3：E13,"<＝0")，其计算结果为 5。

G9 单元格的公式为：

＝G7－1＋ABS(VLOOKUP(G7－1，$B$3：$E$13,4))/VLOOKUP(G7，$B$3：$E$13,3)

D3	=PV($G$5,B3,0,-C3)						
	A	B	C	D	E	F	G	H

投资回收期法分析模型

投资期数	净现金流量	现值	现值累计		
0	-100	(100.00)			
1	-80	(74.07)		年贴现率	
2	30	25.72		8%	
3	50	39.69		投资回收期数	
4	70	51.45			
5	100	68.06		投资回收期（年）	
6	110	69.32			
7	120	70.02			
8	130	70.23			
9	140	70.03			
10	150	69.48			

图 7-12 各期现值的计算

E4	=E3+D4						

投资回收期法分析模型

投资期数	净现金流量	现值	现值累计		
0	-100	(100.00)	(100.00)		
1	-80	(74.07)	(174.07)	年贴现率	
2	30	25.72	(148.35)	8%	
3	50	39.69	(108.66)	投资回收期数	
4	70	51.45	(57.21)		
5	100	68.06	10.85	投资回收期（年）	
6	110	69.32	80.17		
7	120	70.02	150.19		
8	130	70.23	220.42		
9	140	70.03	290.46		
10	150	69.48	359.93		

图 7-13 现值累计结果

其原理是：首先找出导致现值累计为正时的两个临界值，然后将这两个临界值相除后取绝对值，与计算出来的投资回收期数相加再减 1。在本例中，导致现值累计为正时的两个临界值分别是 -57.21 和 68.06，两者相除后取绝对值为 0.84。

最终计算结果如图 7-14 所示。

二、净现值法

净现值是一项投资所产生的未来现金流的折现值与项目投资成本之间的差值。该方法是利用净现金效益量的总现值与净现金投资量算出净现值，然后根据净现值的大小来评价投资方案。净现值为正值，投资方案是可以接受的；净现值是负值，投资方案就是不可接受的。净现值越大，投资方案越好。净现值法是一种比较科学也比较简便的投资方案评价方法。

EXCEL在财务会计中的应用

图7-14 投资回收期计算

【例7-9】 佳园公司有甲乙两项投资方案,投资期数相同,但年贴现率和各期净现金流量不等,如图7-15所示。请用净现值法分析甲乙两项投资方案哪一种更好。

图7-15 两种方案相关信息

(1)首先,计算甲方案的净现值。这是典型的利用NPV函数计算净现值问题。

C8单元格的公式为:=NPV(C3,C4:C7),计算结果为129.52万元,如图7-16所示。

图7-16 甲方案的净现值计算

(2) 然后,计算乙方案的净现值。

F8 单元格的公式为:＝NPV(F3,F4:F7),计算结果为 106.89 万元,如图 7－17 所示。

	A	B	C	D	E	F	G
1		净现值法分析模型					
2		甲方案			乙方案		
3		年贴现率	8%		年贴现率	10%	
4		一年初期投资额（万）	-1000		一年初期投资额（万）	-1000	
5		第一年收益	300		第一年收益	250	
6		第二年收益	450		第二年收益	350	
7		第三年收益	600		第三年收益	800	
8		净现值	129.52		净现值	106.89	
9							

图 7－17　乙方案的净现值计算

因此,从净现值的大小来看,甲方案要优于乙方案。

三、内含报酬率法

内含报酬率是指能够使未来现金流入现值等于未来现金流出现值的贴现率,或者说是使投资方案净现值为零的贴现率。内含报酬率法是根据方案本身内含报酬率来评价方案优劣的一种方法。如果内含报酬率大于资金成本率,则方案可行,且内含报酬率越高,方案越优。

【例 7－10】　佳园公司正在做一项 1000 万元的投资决策,投资期为 3 年,公司资金成本率为 10％,各期净收益如图 7－18 所示。请用内含报酬率法分析该项投资是否可行。

	A	B	C	D	E	F
1		内含报酬率法分析模型				
2		方案信息				
3		资金成本率	10%			
4		一年初期投资额（万）	-1000		结论	
5		第一年收益	300			
6		第二年收益	450			
7		第三年收益	600			
8		内含报酬率				
9						

图 7－18　投资相关信息

(1) 首先,计算该项投资的内含报酬率。这是典型的利用 IRR 函数计算内含报酬率问题。

因此,C8 单元格的公式为:＝IRR(C4:C7),计算结果为 15％,如图 7－19 所示。

EXCEL在财务会计中的应用

图 7-19 内含报酬率的计算

（2）做出判断。结论填写在 E5 单元格，其公式为：
＝IF(C8＞C3,"方案可行!","方案不可行!")

运算结果如图 7-20 所示，因此，该项投资可行。

图 7-20 结论的得出

第三节 资产投资决策

投资是企业为适应今后生产经营过程中的长远需要而投入于固定资产增加、扩建、更新、资源的开发与利用等方面的资金。投资方式很多，将投资的类型、投资的预期收益、投资的时间等投资因素进行系统化和表格化的整理，从而可能形成一系列的备选投资方案。投资决策是对一个投资项目的各种方案的投资支出和投资后的收入进行对比分析，以选择投资效益最佳的方案。

一、资产自建决策

【例 7-11】 佳园公司拟利用自有资金建造一幢厂房，预计 5 年完成，每年投入的资金不同,而且每年的利率随着市场行情也在不断变化,如图 7-21 所示。而在 5 年后从市场上购买类似的厂房需要一次性支付 15 万元,请问佳园公司应该自建还是购买该资产?

	A	B	C	D	E
1		自建资产投资信息			
2		年份	投资金额	年利率	
3		1	10,000.00	7.2%	
4		2	16,000.00	7.5%	
5		3	23,000.00	7.8%	
6		4	30,500.00	7.0%	
7		5	46,000.00	8.0%	
8					

图 7-21 自建资产投资信息

对于自建资产未来价值的计算,是典型的变动利率下混合现金流量终值计算问题。因此,在图 7-22 中"变动利率下混合现金流量终值计算"表中,C8 单元格的公式为:

{=SUM(FV(D3:D7,5-ROW(1:5),,-C3:C7,0))}

	A	B	C	D	E
1		变动利率下的混合现金流终值计算			
2		年份	投资金额	年利率	
3		1	10,000.00	7.2%	
4		2	16,000.00	7.5%	
5		3	23,000.00	7.8%	
6		4	30,500.00	7.0%	
7		5	46,000.00	8.0%	
8		按复利计算的投资总额	138,430.67		
9					

图 7-22 变动利率下混合现金流量终值计算

该公式中 FV 函数的第 1 个参数利率引用了 D3:D7 单元格区域中的变动利率,第 2 个参数 5-ROW(1:5)得到数组{4;3;2;1;0},第 3 个参数省略,第 4 个参数引用 C3:C7 区域中的混合现金流量,最后用数组求和函数得到按复利计算的总投资额。其计算结果为 138430.67 元,小于 5 年后一次性支付的 15 万元,因此,佳园公司应该自建该资产。

二、资产更新决策

【例 7-12】 佳园公司考虑用一台新的、效率高的设备来代替旧设备,以减少成本从而增加收益,新旧设备相关资料如图 7-23 所示,银行年利率 10%。计算分析并做出相应决策。

	A	B	C	D	E	F	G	H	I	J	K
1						新旧固定资产信息					
2		项目	原值	预计使用年限	已使用年限	报废残值	变现金额	收入	年付现成本	折旧方法	所得税税率
3		旧设备	44000	10	5	4000	12000	50000	14000	直线法	25%
4		新设备	48000	5	0	6000	48000	65000	8000	年数总和法	25%
5											

图 7-23 新旧设备相关资料

(1) 对于旧设备来说,采用直线法计提折旧,每年的折旧额相同,这样计算得出的每年现金流量也是相同的,即税后利润加年折旧额。因此,可以用 PV 函数计算类似于年金现值的净现值,在此基础上还要减去"变现金额"。

因此,在图 7-24"旧设备现金流量分析"表中,C17 单元格的公式为:

=PV(C16,C7,-C15)-G3

公式的计算结果为 94142.03 元。

	A	B	C	D	E	F	G	H	I	J	K
1						固定资产更新决策					
2		项目	原值	预计使用年限	已使用年限	报废残值	变现金额	收入	年付现成本	折旧方法	所得税税率
3		旧设备	44000	10	5	4000	12000	50000	14000	直线法	25%
4		新设备	48000	5	0	6000	48000	65000	8000	年数总和法	25%
5											
6		旧设备现金流量分析				新设备现金流量分析					
7		剩余年限	5			年限	1	2	3	4	5
8		收入	50000			收入	65000	65000	65000	65000	65000
9		付现成本	14000			付现成本	8000	8000	8000	8000	8000
10		年折旧	4000			年折旧					
11		利润总额	32000			利润总额					
12		税率	25%			税率					
13		所得税	8000			所得税					
14		税后利润	24000			税后利润					
15		现金流量	28000			现金流量					
16		年利率	10%			年利率					
17		净现值	94142.03			净现值					
18											

图 7-24 旧设备净现值的计算

(2) 对于新设置来说,采用年数总和法计提折旧,每年的折旧额不同,因此,我们应利用 SYD 函数计算每年折旧。

第 1 年折旧额,即 F10 单元格的公式为:

=SYD($C$4,$F$4,$D$4,F7)

以后年度的折旧额利用填充柄完成,结果如图 7-25 所示。

(3) 新设备净现值的计算。同理,新设备产生的现金流量是每年税后利润加年折旧额。我们利用 NPV 函数计算 1—5 年的净现值,在此基础上再减去"变现金额"。

因此,在图 7-26"新设备现金流量分析"表中,F17 单元格的公式为:

=NPV(F16,F15:J15)-C4

公式计算结果为 122520.63 元。所以,从净现值来看,佳园公司应该更新设备。

=SYD($C$4,$F$4,$D$4,F7)

	A	B	C	D	E	F	G	H	I	J	K	L
1		固定资产更新决策										
2		项目	原值	预计使用年限	已使用年限	报废残值	变现金额	收入	年付现成本	折旧方法	所得税税率	
3		旧设备	44000	10	5	4000	12000	50000	14000	直线法	25%	
4		新设备	48000	5	0	6000	48000	65000	8000	年数总和法	25%	
5												
6		旧设备现金流量分析				新设备现金流量分析						
7		剩余年限	5			年限	1	2	3	4	5	
8		收入	50000			收入	65000	65000	65000	65000	65000	
9		付现成本	14000			付现成本	8000	8000	8000	8000	8000	
10		年折旧	4000			年折旧	14000	11200	8400	5600	2800	
11		利润总额	32000			利润总额						
12		税率	25%			税率						
13		所得税	8000			所得税						
14		税后利润	24000			税后利润						
15		现金流量	28000			现金流量						
16		年利率	10%			年利率						
17		净现值	94142.03			净现值						
18												

图 7-25 新设备每年折旧额的计算

=NPV(F16,F15:J15)-C4

	A	B	C	D	E	F	G	H	I	J	K	L
1		固定资产更新决策										
2		项目	原值	预计使用年限	已使用年限	报废残值	变现金额	收入	年付现成本	折旧方法	所得税税率	
3		旧设备	44000	10	5	4000	12000	50000	14000	直线法	25%	
4		新设备	48000	5	0	6000	48000	65000	8000	年数总和法	25%	
5												
6		旧设备现金流量分析				新设备现金流量分析						
7		剩余年限	5			年限	1	2	3	4	5	
8		收入	50000			收入	65000	65000	65000	65000	65000	
9		付现成本	14000			付现成本	8000	8000	8000	8000	8000	
10		年折旧	4000			年折旧	14000	11200	8400	5600	2800	
11		利润总额	32000			利润总额	43000	45800	48600	51400	54200	
12		税率	25%			税率	25%	25%	25%	25%	25%	
13		所得税	8000			所得税	10750	11450	12150	12850	13550	
14		税后利润	24000			税后利润	32250	34350	36450	38550	40650	
15		现金流量	28000			现金流量	46250	45550	44850	44150	43450	
16		年利率	10%			年利率	10%	10%	10%	10%	10%	
17		净现值	94142.03			净现值			122520.63			
18												

图 7-26 新设备净现值的计算

第四节 企业债券投资

企业购入其他企业发行的债券在会计处理上应确认为"持有至到期投资"核算。本节主要阐述 EXCEL 在持有至到期投资实际利率的确定与利息调整摊销中的运用。

一、实际利率的确定

实际利率是指将金融资产或金融负债在预期存续期间或适用的更短期间内的未来现金流量,折现为该金融资产或金融负债所使用的利率。实际利率就是让未来的现金流量的现值等于现在付出的成本,由此计算出来的实际利率就是能获得的收益率。企业购入债券作为持有至到期投资,实际利率就是将该债券未来收回的利息和本金折算为现值恰好等于该债券初始确认金额的折现率。

一般情况下,买入持有至到期投资时,由于票面(名义)利率和实际利率通常存在差异,那么购入价格与面值不等,因此会存在对利息的调整额,这部分差额填补了购买双方心理的不平衡并在以后按照实际利率法摊销,这就是利息调整的摊销。

二、利息收入与摊余成本的确定

企业持有的持有至到期投资是债权性投资。企业让渡资金使用权,进而就应该拥有让渡资金使用权的利息收入,即投资收益。让渡资金使用权的利息收入按以下公式计算:

实际利息收入(投资收益)=期初让渡的资金×实际利率×计息期限

如果溢价购买债券,持有至到期投资期末摊余成本就是用初始投资成本减去当期多收的利息收入后的金额,实质上就是期末让渡的资金总额,也就是下期期初让渡的资金总额。

如果折价购买债券,持有至到期投资期末摊余成本就是用初始投资成本加上当期应收未收的利息收入后的金额,实质上就是期末尚未收回的资金总额,即期末让渡的资金总额,进而也就是下期期初让渡的资金总额。

【例7-13】 佳园公司于2015年1月1日购入佳园公司当日发行的面值800000元、期限5年、票面利率5%、每年12月31日付息的企业债券,实际支付的价款为778500元。佳园公司在持有期间采用实际利率法确认利息收入并确定摊余成本。

(1)计算利息调整。"利息调整"反映持有至到期投资的初始确认金额与其面值的差额,以及按实际利率法分期摊销后该差额的摊余金额。投资企业持有至到期投资的利息调整类似于债券发行企业的溢价或折价,以及融资租赁中承租人的"未确认融资费用"。

在本例中,利息调整为债券面值与购入价格两者的差额,即21500元,如图7-27所示。

	A	B	C	D	E	F	G
1		持有至到期投资信息					
2		债券面值	800,000.00	票面年利率	5%	4年期	
3		购入价格	778,500.00	购入时间	2015年1月1日	每年末收息一次	
4							
5			插值法计算实际利率				
6			项目	计算值	对应利率		
7			已有利率	800,000.00	5.00%		
8			目标利率				
9			测试利率				
10							
11			实际利率法下利息费用与折价摊销				
12		日期	应收利息	利息收入	利息调整摊销	摊余成本	
13		2015年1月1日				778,500.00	
14		2016年12月31日					
15		2017年12月31日					
16		2018年12月31日					
17		2019年12月31日					
18		合计			21,500.00	—	
19							

图7-27 利息调整的计算

(2) 确定实际利率。实务中一般采用插值法计算实际利率。插值法按比例原理建立一个方程,然后解方程,计算得出所要求的数值。

实际利率是使 $PV(r,4,-800000*5\%)+PV(r,4,0,-800000)=778500$ 的分摊率。

首先,使用 6% 作为测试利率,按上述公式计算结果为 772279.16,如图 7-28 所示。

D9		f_x	=PV(E9,4,-C2*E2)+PV(E9,4,0,-C2)			
	A	B	C	D	E	F	G
1			持有至到期投资信息				
2		债券面值	800,000.00	票面年利率	5%	4年期	
3		购入价格	778,500.00	购入时间	2015年1月1日	每年末收息一次	
4							
5			插值法计算实际利率				
6			项目	计算值	对应利率		
7			已有利率	800,000.00	5.00%		
8			目标利率				
9			测试利率	772,279.16	6.00%		
10							
11			实际利率法下利息费用与折价摊销				
12		日期	应收利息	利息收入	利息调整摊销	摊余成本	
13		2015年1月1日				778,500.00	
14		2016年12月31日					
15		2017年12月31日					
16		2018年12月31日					
17		2019年12月31日					
18		合计			21,500.00	—	
19							

图 7-28 测试利率

然后,根据插值法,利用 EXCEL 可以很方便地算出实际利率 $r=5.78\%$,如图 7-29 所示。

(3) 利息调整摊销。在计算出实际率之后,采用实际利率法将"利息调整"在各期进行分摊。

在本例中,第一期利息收入等于实际利率 5.78% 与摊余成本之积,利息调整摊销为第一期利息收入与应收利息之差,而本期摊余成本为上期摊余成本加本期利息调整摊销,相关单元格计算公式如下:

C14==\$C\$2*\$E\$2

D14=F13*\$E\$8

E14=D14-C14

F14=F13+E14

注意上述公式中绝对引用与相对引用的运用,结果图 7-30 所示。

当第一期利息调整摊销完成后,除最后一期的数据外,其他单元格的结果利用拖拽功能完成,如图 7-31 所示。

对于最后一期的计算,应采用尾数调整,按以下顺序计算:

EXCEL在财务会计中的应用

图 7-29 目标利率

图 7-30 第一期利息调整摊销的计算

	A	B	C	D	E	F	G
1		持有至到期投资信息					
2		债券面值	800,000.00	票面年利率	5%	4年期	
3		购入价格	778,500.00	购入时间	2015年1月1日	每年末收息一次	
4							
5				插值法计算实际利率			
6			项目	计算值	对应利率		
7			已有利率	800,000.00	5.00%		
8			目标利率	778,500.00	5.78%		
9			测试利率	772,279.16	6.00%		
10							
11				实际利率法下利息费用与折价摊销			
12			日期	应收利息	利息收入	利息调整摊销	摊余成本
13			2015年1月1日				778,500.00
14			2016年12月31日	40,000.00	44,962.97	4,962.97	783,462.97
15			2017年12月31日	40,000.00	45,249.61	5,249.61	788,712.57
16			2018年12月31日	40,000.00	45,552.80	5,552.80	794,265.37
17			2019年12月31日	40,000.00			
18			合计			21,500.00	—
19							

图 7‑31 后期利息调整摊销的计算

E17＝ ＝E18－SUM(E14：E16)
F17＝F16＋E17
D17＝E17＋C17

接下来，利用 EXCEL 自动求和功能计算出合计数，最终结果如图 7‑32 所示。

	A	B	C	D	E	F	G
1		持有至到期投资信息					
2		债券面值	800,000.00	票面年利率	5%	4年期	
3		购入价格	778,500.00	购入时间	2015年1月1日	每年末收息一次	
4							
5				插值法计算实际利率			
6			项目	计算值	对应利率		
7			已有利率	800,000.00	5.00%		
8			目标利率	778,500.00	5.78%		
9			测试利率	772,279.16	6.00%		
10							
11				实际利率法下利息费用与折价摊销			
12			日期	应收利息	利息收入	利息调整摊销	摊余成本
13			2015年1月1日				778,500.00
14			2016年12月31日	40,000.00	44,962.97	4,962.97	783,462.97
15			2017年12月31日	40,000.00	45,249.61	5,249.61	788,712.57
16			2018年12月31日	40,000.00	45,552.80	5,552.80	794,265.37
17			2019年12月31日	40,000.00	45,734.63	5,734.63	800,000.00
18			合计	160,000.00	181,500.00	21,500.00	—
19							

图 7‑32 尾数调整及最终结果

复习思考题

1. 试解释 PV 函数与 NPV 函数之间的关系？在什么样的情况下两者的结果相等？

2. 如何利用 COUNTIF 函数和 VLOOKUP 函数计算投资回收期数、投资回收年度？

3. 如何理解实际利率？如何利用 PV 函数计算实际利率？具体参数有何不同？

第八章 EXCEL 在会计报表中的应用

[教学目的和要求]

通过本章的学习,要求学生理解 SUMIF 函数和 SUMIFS 函数,掌握根据日常的记账凭证利用函数公式生成科目汇总表;熟练掌握利用公式函数功能,根据科目汇总表生成总账试算平衡表;熟练掌握利用相关公式函数功能,根据总账试算平衡表生成资产负债表和利润表;理解资产负债表主要项目的构成及其与利润表中项目间的勾稽关系。

第一节 相 关 函 数

一、SUMIF 函数(单条件求和)

(1) 功能说明。
根据指定的某一条件对若干单元格、区域或引用求和。
(2) 格式与参数。
SUMIF(range,criteria,sum_range)
① range 为用于条件判断的单元格区域。
② criteria 为确定哪些单元格将被相加求和的条件,其形式可以为数字、表达式、文本或单元格内容。例如,条件可以表示为 32、"32"">32""apples"或 A1。条件还可以使用通配符:问号(?)和星号(*)。如需要求和的条件为第二个数字为 2 的,可表示为"? 2*",从而简化公式设置。
③ sum_range 是需要求和的实际单元格。
(3) 注意事项。
① 只有在区域中相应的单元格符合条件的情况下,sum_range 中的单元格才求和。
② 如果忽略了 sum_range,则对区域中的单元格求和。
③ 条件区域与求和区域的行范围须一致,否则会出错。
④ SUMIF 函数求和索引条件与索引范围之间的关系,必须为整数。例如,如果索引条件为 6,索引范围内符合 6.5 条件的也会被求和,即非精确匹配,对小数点后的数

值会做四舍五入处理。

(4) 应用举例。

【例 8-1】 佳园公司 10 月份房地产销售量如图 8-1 所示,设计根据产品名称查询销售量总和。

图 8-1 根据产品名称查询销售量总和

F6 单元格的公式=SUMIF(B2：B10,$F$5,C2：C10),其含义是在 B2：B10 区域中查找 F5 单元格内容的单元格,然后对 C2：C10 区域相对应的单元格进行求和。

二、SUMIFS 函数(多条件求和)

(1) 功能说明。

根据指定的多个条件对若干单元格、区域或引用求和。

(2) 格式与参数。

SUMIFS(sum_range, criteria_range1, criteria1, [criteria_range2, criteria2], …)

① sum_range 是需要求和的实际单元格。包括数字或包含数字的名称、区域或单元格引用,忽略空白值和文本值。

② criteria_range1 为计算关联条件的第一个区域。

③ criteria1 为第 1 个条件,条件的形式为数字、表达式、单元格引用或者文本,可用来定义将对 criteria_range1 参数中的哪些单元格求和。例如,条件可以表示为 86、">86"、B5、"苹果""86"等。

④ criteria_range2 为计算关联条件的第二个区域。

⑤ criteria2 为第 2 个条件。criteria_range 与 criteria 均成对出现。最多允许 127 个区域、条件对,即参数总数不超 255 个。

(3) 注意事项。

① 仅在 sum_range 参数中的单元格满足所有相应的指定条件时,才对该单元格求和。例如,假设一个公式中包含两个 criteria_range 参数,如果 criteria_range1 的第一

个单元格满足 criteria1,而 criteria_range2 的第一个单元格满足 critera2,则 sum_range 的第一个单元格计入总和中。

② 注意 SUMIF 函数与 SUMIFS 函数的参数次序不同。即 SUMIFS 函数的语法格式中第一个参数是求和区域,这与 SUMIF 函数刚好相反,SUMIF 函数的求和区域在最后。

③ 可以在条件中使用通配符,即问号(?)和星号(*)。问号匹配任一单个字符;星号匹配任一字符序列。如果要查找实际的问号或星号,在字符前键入波形符(~)。

(4) 应用举例。

【例 8-2】 计算不同项目下的销售额,如图 8-2 所示。

	A	B	C	D	E	F	G
1	客户	月份	销售额				
2	甲	1	100				
3	乙	2	200				
4	丙	2	150		项目	计算公式	金额
5	丁	2	400		客户甲的1月份销售额	=SUMIFS(C2:C10,A2:A10,"甲",B2:B10,1)	400
6	甲	1	300		客户甲的1月份和3月份销售额	=SUM(SUMIFS(C2:C10,A2:A10,"甲",B2:B10,{1,3}))	650
7	甲	3	250		客户乙和丁的2月份销售额	=SUM(SUMIFS(C2:C10,A2:A10,{"乙","丁"},B2:B10,2))	600
8	丁	3	200				
9	丙	1	150				
10	乙	1	300				
11							

图 8-2 SUMIFS 函数举例

第二节 科目汇总表

会计工作的基本流程是:根据审核无误的原始凭证填制记账凭证;根据经审核的记账凭证登记明细分类账;期间(10 天或半个月),根据明细分类账编制科目汇总表并登记总账;期末,根据总账和明细分类账编制会计报表,包括资产负债表、利润表、现金流量表和所有者权益变动表。因此,会计报表是对经济业务的高度概括反映,是综合反映企业某一特定日期财务状况和某一会计期间经营成果、现金流量的总结性书面文件。编制会计报表是会计工作的最终环节。

本节的主要内容是对记账凭证进行格式上的整理,据此生成科目汇总表,并为后续生成总账试算平衡表和编制会计报表提供原始数据。

一、整理记账凭证

记账凭证是会计人员根据审核无误的原始凭证按照经济业务事项的内容加以分类,并据以确定会计分录后所填制的会计凭证。记账凭证是登记相关会计账簿的直接依据,是编制会计报表的基础资料。

【例 8-3】 整理佳园房地产股份有限公司 2015 年 12 月份记账凭证,为生成科目汇总表做准备。

EXCEL在财务会计中的应用

(1) 设置"日期"的格式。佳园公司 2015 年 12 月份所有记账凭证保存在一个工作表中,如图 8-3 所示。将 B 列的格式设置为日期格式。

图 8-3 设置"日期"列的格式

(2) 设置会计科目。记账凭证中的会计分录包含二级明细科目或三级明细科目,各级科目之间用"/"隔开,但这种格式不便于按一级总账科目进行汇总,生成科目汇总表。因此,应从会计分录中分离出一级科目和二级、三级科目。

具体操作是:首先在"金额"所在的 H 列前插入两列,以便存放二级和三级科目;然后选中会计分录所在的 E 列,点击【数据】选项卡下的【分列】,如图 8-4 所示。

在文本分列向导中,第 1 步"选择最合适的文本类型"中默认选择"分隔符号",如图 8-5 所示;第 2 步"分隔符号"中,选择"其他""/",如图 8-6 所示;第 3 步默认选择,如图 8-7 所示;最后,"确认"替换目标单元格中的内容,如图 8-8 所示。

(3) 完成设置。最终设置完成后的记账凭证如图 8-9 所示,保存所做工作为"记账凭证"工作表。

二、生成科目汇总表

登记总分类账的依每个企业需要定期对全部记账凭证按各个会计科目进行汇总,列示其借方发生额和贷方发生额。科目汇总表是根据一定时期内的全部记账凭证,按科目作为归类标志进行编制的汇总表。

第八章 EXCEL 在会计报表中的应用

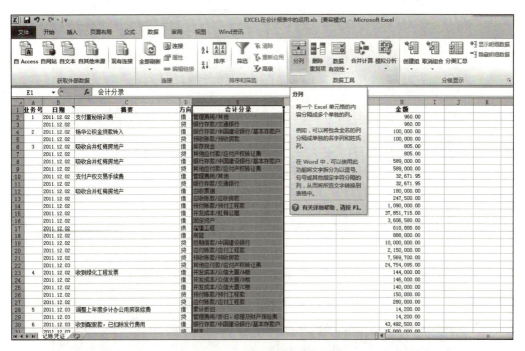

图 8-4　设置会计科目

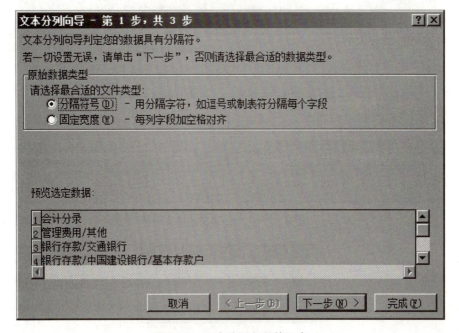

图 8-5　文本分列向导第 1 步

213

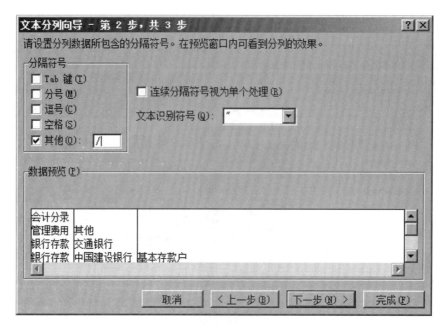

图 8-6 文本分列向导第 2 步

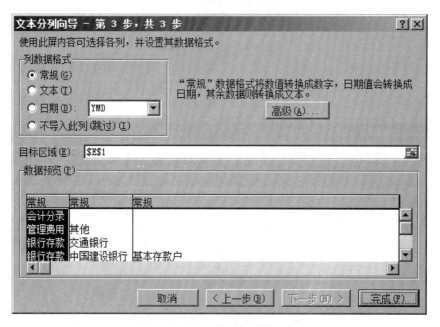

图 8-7 文本分列向导第 3 步

图 8-8 提示

	A	B	C	D	E	F	G	H
1	业务号	日期	摘要	方向	一级科目	二级科目	明细	金额
2	1	2011.12.02	支付董秘培训费	借	管理费用	其他		960.00
3		2011.12.02		贷	银行存款	交通银行		960.00
4	2	2011.12.02	杨华公积金贷款转入	借	银行存款	中国建设银行	基本存款户	100,000.00
5		2011.12.02		贷	预收账款	预收房款		100,000.00
6	3	2011.12.02	吸收合并虹梅房地产	借	库存现金			805.00
7		2011.12.02		贷	其他应付款	应付产权转让费		805.00
8		2011.12.02	吸收合并虹梅房地产	借	银行存款	中国建设银行	基本存款户	589,000.00
9		2011.12.02		贷	其他应付款	应付产权转让费		589,000.00
10		2011.12.02	支付产权交易手续费	借	管理费用	其他		32,671.95
11		2011.12.02		贷	银行存款	交通银行		32,671.95
12		2011.12.02	吸收合并虹梅房地产	借	应收票据			180,000.00
13		2011.12.02		借	应收账款	应收房款		247,500.00
14		2011.12.02		借	预付账款	预付工程款		1,090,000.00
15		2011.12.02		借	开发成本	虹梅公寓		37,851,715.00
16		2011.12.02		借	固定资产			3,606,580.00
17		2011.12.02		借	在建工程			610,000.00
18		2011.12.02		借	商誉			888.00
19		2011.12.02		贷	短期借款	中国建设银行		10,000,000.00
20		2011.12.02		贷	应付账款	应付工程款		2,150,000.00
21		2011.12.02		贷	预收账款	预收房款		7,569,700.00
22		2011.12.03		贷	其他应付款	应付产权转让费		24,754,095.00
23	4	2011.12.02	收到绿化工程发票	借	开发成本	众信大厦	A楼	144,000.00
24		2011.12.02		借	开发成本	众信大厦	B楼	146,000.00
25		2011.12.02		借	开发成本	众信大厦	C楼	140,000.00
26		2011.12.02		贷	预付账款	预付工程款		150,000.00
27		2011.12.02		贷	应付账款	应付工程款		280,000.00
28	5	2011.12.03	调整上年度多计办公用房装修费	借	累计折旧			14,200.00
29		2011.12.03		贷	管理费用	折旧、修理及财产保险费		14,200.00
30	6	2011.12.03	收到配股款,已扣除发行费用	借	银行存款	中国建设银行	基本存款户	43,492,500.00
31		2011.12.03		贷	股本			15,000,000.00

图 8-9 "记账凭证"表

实务中的编制方法是:首先,根据分录凭证编制 T 型账户,将本期各会计科目的发生额一一记入有关 T 型账户;然后,计算各个账户的本期借方发生额与贷方发生额合计数;最后,将此发生额合计数填入科目汇总表中与有关科目相对应的本期发生额栏,并将所有会计科目的本期借方发生额与贷方发生额进行合计,借贷相等后,一般说明无误,可用以登记总账。

依据借贷记账法的基本原理,科目汇总表中各个会计科目的借方发生额合计与贷方发生额合计应该相等,因此,科目汇总表具有试算平衡的作用,是编制总账试算平衡表的基础。由于科目汇总表是按科目作为归类标志,将"借方金额""贷方金额"进行汇总。因此,可以利用 EXCEL 中的函数功能和数据透视功能两种思路编制科目汇总表。

【例 8-4】 根据佳园公司 2015 年 12 月份"记账凭证"表,生成科目汇总表。

(1) 新增"科目汇总表"工作表,格式如图 8-10 所示。

(2) 填写借贷方相关金额。佳园公司 2015 年 12 月份"记账凭证"工作表中,1—15 日的记账凭证为第 2 行到第 133 行,16—31 日的记账凭证为第 134 行到第 357 行。

① 1—15 日借方。B2 单元格的计算公式为:

=SUMIFS(记账凭证!$H$2:$H$133,记账凭证!$E$2:$E$133,A2,记账凭证!$D$2:$D$133,"借"),如图 8-11 所示。

公式说明:多条件求和的区域为"记账凭证"工作表中固定的 H2 至 H133 单元格区域;第一个条件为"记账凭证"工作表中固定的 E2 至 E133 单元格区域等于 A2;第二

EXCEL 在财务会计中的应用

图 8-10 科目汇总表

图 8-11 "1—15 日借方"计算公式

条件是"记账凭证"工作表中固定的 D2 至 D133 单元格区域等于"借"。

② 1—15 日贷方。C2 单元格的计算公式为：

=SUMIFS(记账凭证！$H$2：$H$133,记账凭证！$E$2：$E$133,A2,记

账凭证！ \$D\$2：\$D\$133,"贷"),如图 8－12 所示。

C2 =SUMIFS(记账凭证!\$H\$2:\$H\$133,记账凭证!\$E\$2:\$E\$133,A2,记账凭证!\$D\$2:\$D\$133,"贷")

	A	B	C	D	E
1	科目汇总	1-15日借方	1-15日贷方	16-31日借方	16-31日贷方
2	库存现金	171142.00	160836.00		
3	银行存款				
4	应收票据				
5	应收账款				
6	坏账准备				
7	预付账款				
8	其他应收款				
9	应收股利				
10	原材料				
11	开发成本				
12	开发间接费用				
13	开发产品				
14	投资性房地产				
15	投资性房地产累计摊销				
16	长期股权投资				
17	固定资产				
18	累计折旧				
19	在建工程				
20	固定资产清理				
21	待处理财产损溢				
22	无形资产				
23	累计摊销				
24	商誉				
25	递延所得税资产				
26	短期借款				

记账凭证 科目汇总表

图 8－12 “1—15 日贷方”计算公式

③ 16—31 日借方。D2 单元格的计算公式为：

＝SUMIFS(记账凭证！ \$H\$134：\$H\$357,记账凭证！ \$E\$134：\$E\$357,A2,记账凭证！ \$D\$134：\$D\$357,"借"),如图 8－13 所示。

D2 =SUMIFS(记账凭证!\$H\$134:\$H\$357,记账凭证!\$E\$134:\$E\$357,A2,记账凭证!\$D\$134:\$D\$357,"借")

	A	B	C	D	E
1	科目汇总	1-15日借方	1-15日贷方	16-31日借方	16-31日贷方
2	库存现金	171142.00	160836.00	137487.00	
3	银行存款				
4	应收票据				
5	应收账款				
6	坏账准备				
7	预付账款				
8	其他应收款				
9	应收股利				
10	原材料				
11	开发成本				
12	开发间接费用				
13	开发产品				
14	投资性房地产				
15	投资性房地产累计摊销				
16	长期股权投资				
17	固定资产				
18	累计折旧				
19	在建工程				
20	固定资产清理				
21	待处理财产损溢				
22	无形资产				
23	累计摊销				
24	商誉				
25	递延所得税资产				
26	短期借款				

记账凭证 科目汇总表

图 8－13 “16—31 日借方”计算公式

④ 16—31 日贷方。E2 单元格的计算公式为：

=SUMIFS(记账凭证！$H$134：$H$357,记账凭证！$E$134：$E$357,A2,记账凭证！$D$134：$D$357,"贷"),如图 8-14 所示。

E2 =SUMIFS(记账凭证!$H$134:$H$357,记账凭证!$E$134:$E$357,A2,记账凭证!$D$134:$D$357,"贷")

	A	B	C	D	E
1	科目汇总	1-15日借方	1-15日贷方	16-31日借方	16-31日贷方
2	库存现金	171142.00	160836.00	137487.00	140564.50
3	银行存款				
4	应收票据				
5	应收账款				
6	坏账准备				
7	预付账款				
8	其他应收款				
9	应收股利				
10	原材料				
11	开发成本				
12	开发间接费用				
13	开发产品				
14	投资性房地产				
15	投资性房地产累计摊销				
16	长期股权投资				
17	固定资产				
18	累计折旧				
19	在建工程				
20	固定资产清理				
21	待处理财产损益				
22	无形资产				
23	累计摊销				
24	商誉				
25	递延所得税资产				
26	短期借款				

记账凭证 科目汇总表

图 8-14 "16—31 日贷方"计算公式

	A	B	C	D	E
27	应付账款	0.00	2,430,000.00	874,000.00	1,060,400.00
28	预收账款	7,436,000.00	8,080,458.40	4,096,100.00	948,100.00
29	应付职工薪酬	187,180.00	71,204.00	32,956.00	151,200.00
30	应付股利	0.00	0.00	0.00	0.00
31	应交税费	1,337,970.09	10,179.10	0.00	1,697,841.53
32	其他应付款	25,359,636.00	25,373,563.20	91,984.00	840,800.00
33	应付利息	0.00	0.00	1,082,900.00	224,400.00
34	长期应付款	92,000.00	460,000.00	0.00	0.00
35	未确认融资费用	49,210.00	0.00	0.00	0.00
36	股本	0.00	15,000,000.00	0.00	9,000,000.00
37	资本公积	0.00	28,492,500.00	15,000.00	0.00
38	盈余公积	0.00	0.00	0.00	2,526,280.00
39	本年利润	0.00	0.00	35,915,343.32	12,756,592.24
40	利润分配	0.00	0.00	23,052,560.00	36,789,080.00
41	主营业务收入	0.00	7,256,000.00	11,352,100.00	4,096,100.00
42	主营业务成本	16,792.64	0.00	6,896,405.45	6,913,198.09
43	销售费用	480,000.00	0.00	25,415.00	505,415.00
44	管理费用	91,139.75	14,200.00	459,215.13	536,154.88
45	财务费用	38.20	0.00	816,868.50	816,906.70
46	资产减值损失	0.00	0.00	11,200.00	11,200.00
47	营业税金及附加	0.00	0.00	1,187,824.30	1,187,824.30
48	其他业务收入	0.00	23,620.00	214,120.00	190,500.00
49	其他业务成本	0.00	0.00	184,124.00	184,124.00
50	投资收益	0.00	0.00	930,372.24	930,372.24
51	营业外收入	0.00	20,000.00	260,000.00	240,000.00
52	营业外支出	0.00	0.00	135,070.00	135,070.00
53	所得税费用	0.00	0.00	451,392.23	451,392.23
54	**合计**	**126,651,856.24**	**126,651,856.24**	**158,742,697.73**	**158,742,697.73**
55					

记账凭证 科目汇总表

图 8-15 科目汇总表结果

(5) 完成所有金额的填写,并得出合计数。选中 B2：E2 单元格区域,拖拽 E2 单元格右下角的黑色小方块至最后一个科目,完成所有科目期末数的填写。接下来,新增一列"合计",利用 SUM 求和函数统计结果,如图 8-15 所示。

第三节 总账试算平衡表

总账试算平衡表是定期地加计分类账各账户的借贷方发生及余额的合计数,用以检查借贷方是否平衡以及账户记录有无错误的一种表格。总账试算平衡表包含总分类账中所有账户及其余额,有助于检查记录的准确性和编制财务报表。

总账试算平衡表通常设有"账户名称"栏和"期初余额""本期发生额（含借方和贷方）""期末余额"三个金额栏。通过总分类账户本期发生额和余额对照表,除可验算全部总分类账户发生额及期末余额是否平衡外,还可一般地了解该期间经济活动和预算执行的概况;另外,该表提供的数据通过必要的计算和调整,也可作为编制会计报表的重要依据。

一、利用函数功能生成总账试算平衡表

【例 8-5】 根据佳园公司 2015 年 12 月份科目汇总表,生成总账试算平衡表。

(1) 设置"总账试算平衡表"的格式。"总账试算平衡表"工作表的格式如图 8-16 所示。

	A	B	C	D	E	F
1	科目性质	科目汇总	期初数	借方合计	贷方合计	期末数
2	1	库存现金	4,117.12			
3	1	银行存款	21,272,975.29			
4	1	应收票据	0.00			
5	1	应收账款	369,000.00			
6	2	坏账准备	16,900.00			
7	1	预付账款	33,723,032.34			
8	1	其他应收款	15,000.00			
9	1	应收股利				
10	1	原材料	440,884.00			
11	1	开发成本	117,933,376.00			
12	1	开发间接费用	0.00			
13	1	开发产品	12,867,622.60			
14	1	投资性房地产	27,765,600.00			
15	2	投资性房地产累计摊销	2,154,600.00			
16	1	长期股权投资	14,177,091.06			
17	1	固定资产	17,986,500.00			
18	2	累计折旧	4,193,414.70			
19	1	在建工程	0.00			
20	1	固定资产清理	0.00			
21	1	待处理财产损溢	0.00			
22	1	无形资产	6,302,400.00			
23	2	累计摊销	176,800.00			
24	1	商誉				
25	1	递延所得税资产	4,225.00			
26	2	短期借款	70,000,000.00			
27	2	应付账款	2,563,250.00			
28	2	预收账款	27,846,997.60			
29	2	应付职工薪酬	77,367.00			
30	2	应付利				
31		应交税费	1,281,676.29			

图 8-16 设置"总账试算平衡表"的格式

"科目性质"列用于反映科目借贷增减的方向,当科目性质为"1"时,代表资产类科目,"2"代表负债和所有者权益科目,"3"代表损益类科目。期初数为佳园公司2015年12月初给定的金额。

(2) 填写"借方合计"和"贷方合计"。

"借方合计"取数于科目汇总表中"1—15日借方"和"16—31日借方"。

"贷方合计"取数于科目汇总表中"1—15日贷方"和"16—31日贷方"。

因此,D2单元格的取数公式为:=科目汇总表!B2+科目汇总表!D2,如图8-17所示。

图 8-17 "借方合计"的取数公式

E2 单元格的取数公式为:=科目汇总表!C2+科目汇总表!E2,如图 8-18所示。

(3) 填写"期末数"。"期末数"应结合会计科目的性质填写。对于资产类科目,期末数为期初数加借方合计减贷方合计;对于负债与所有者权益类科目,期末数为期初数加贷方合计减借方合计。我们可以利用 IF 函数判断科目性质来填写。

因此,F2 单元格的计算公式为:=IF(A2=1,C2+D2-E2,C2+E2-D2),如图8-19所示。

拖拽 F2 单元格右下角的黑色小方块至最后,完成所有科目期末数的填写,结果如图 8-20所示。

E2 fx =科目汇总表!C2+科目汇总表!E2

	A	B	C	D	E	F
1	科目性质	科目汇总	期初数	借方合计	贷方合计	期末数
2	1	库存现金	4,117.12	308,629.00	301,400.50	
3	1	银行存款	21,272,975.29			
4	1	应收票据	0.00			
5	1	应收账款	369,000.00			
6	2	坏账准备	16,900.00			
7	1	预付账款	33,723,032.34			
8	1	其他应收款	15,000.00			
9	1	应收股利	0.00			
10	1	原材料	440,884.00			
11	1	开发成本	117,933,376.00			
12	1	开发间接费用	0.00			
13	1	开发产品	12,867,622.60			
14	1	投资性房地产	27,765,600.00			
15	2	投资性房地产累计摊销	2,154,600.00			
16	1	长期股权投资	14,177,091.06			
17	1	固定资产	17,986,500.00			
18	2	累计折旧	4,193,414.70			
19	1	在建工程	0.00			
20	1	固定资产清理	0.00			
21	1	待处理财产损溢	0.00			
22	1	无形资产	6,302,400.00			
23	2	累计摊销	176,800.00			
24	1	商誉	0.00			
25	1	递延所得税资产	4,225.00			
26	2	短期借款	70,000,000.00			
27	2	应付账款	2,563,250.00			
28	2	预收账款	27,846,997.60			
29	2	应付职工薪酬	77,367.00			
30	2	应付股利	0.00			
31	2	应交税费	1,281,676.29			

图 8-18 "贷方合计"的取数公式

F2 fx =IF(A2=1,C2+D2-E2,C2+E2-D2)

	A	B	C	D	E	F
1	科目性质	科目汇总	期初数	借方合计	贷方合计	期末数
2	1	库存现金	4,117.12	308,629.00	301,400.50	11,345.62
3	1	银行存款	21,272,975.29	47,790,341.88	49,843,108.40	
4	1	应收票据	0.00	402,885.00	0.00	
5	1	应收账款	369,000.00	247,500.00	0.00	
6	2	坏账准备	16,900.00	0.00	11,200.00	
7	1	预付账款	33,723,032.34	4,743,690.00	859,642.26	
8	1	其他应收款	15,000.00	4,836.00	9,836.00	
9	1	应收股利	0.00	430,000.00	0.00	
10	1	原材料	440,884.00	331,140.00	184,124.00	
11	1	开发成本	117,933,376.00	55,759,549.00	39,081,600.00	
12	1	开发间接费用	0.00	351,134.00	351,134.00	
13	1	开发产品	12,867,622.60	39,081,600.00	6,728,382.60	
14	1	投资性房地产	27,765,600.00	0.00	0.00	
15	2	投资性房地产累计摊销	2,154,600.00	0.00	85,450.00	
16	1	长期股权投资	14,177,091.06	6,906,212.24	0.00	
17	1	固定资产	17,986,500.00	4,178,860.00	18,000.00	
18	2	累计折旧	4,193,414.70	18,190.00	166,130.30	
19	1	在建工程	0.00	610,000.00	0.00	
20	1	固定资产清理	0.00	0.00	0.00	
21	1	待处理财产损溢	0.00	17,070.00	17,070.00	
22	1	无形资产	6,302,400.00	0.00	6,302,400.00	
23	2	累计摊销	176,800.00	187,200.00	10,400.00	
24	1	商誉	0.00	888,000.00	0.00	
25	1	递延所得税资产	4,225.00	2,800.00	0.00	
26	2	短期借款	70,000,000.00	0.00	12,000,000.00	
27	2	应付账款	2,563,250.00	874,000.00	3,490,400.00	
28	2	预收账款	27,846,997.60	11,532,100.00	9,028,558.40	
29	2	应付职工薪酬	77,367.00	220,136.00	222,404.00	
30	2	应付股利	0.00			
31	2	应交税费	1,281,676.29	1,337,970.09	1,708,020.63	

图 8-19 "期末数"的取数公式

EXCEL在财务会计中的应用

	A	B	C	D	E	F
25	1	递延所得税资产	4,225.00	2,800.00	0.00	7,025.00
26	2	短期借款	70,000,000.00	0.00	12,000,000.00	82,000,000.00
27	2	应付账款	2,563,250.00	874,000.00	3,490,400.00	5,179,650.00
28	2	预收账款	27,846,997.60	11,532,100.00	9,028,558.40	25,343,456.00
29	2	应付职工薪酬	77,367.00	220,136.00	222,404.00	79,635.00
30	2	应付股利	0.00	0.00	0.00	0.00
31	2	应交税费	1,281,676.29	1,337,970.09	1,708,020.63	1,651,726.83
32	2	其他应付款	12,083,084.00	25,451,620.00	26,214,363.20	12,845,827.20
33	2	应付利息	1,082,900.00	1,082,900.00	224,400.00	224,400.00
34	2	长期应付款	0.00	92,000.00	460,000.00	368,000.00
35	1	未确认融资费用	0.00	49,210.00	0.00	49,210.00
36	2	股本	60,000,000.00	0.00	24,000,000.00	84,000,000.00
37	2	资本公积	12,078,590.00	15,000.00	28,492,500.00	40,556,090.00
38	2	盈余公积	19,347,492.74	0.00	2,526,280.00	21,873,772.74
39	2	本年利润	23,158,751.08	35,915,343.32	12,756,592.24	0.00
40	2	利润分配	16,800,000.00	23,052,560.00	36,789,080.00	30,536,520.00
41	3	主营业务收入	0.00	11,352,100.00	11,352,100.00	0.00
42	3	主营业务成本	0.00	6,913,198.09	6,913,198.09	0.00
43	3	销售费用	0.00	505,415.00	505,415.00	0.00
44	3	管理费用	0.00	550,354.88	550,354.88	0.00
45	3	财务费用	0.00	816,906.70	816,906.70	0.00
46	3	资产减值损失	0.00	11,200.00	11,200.00	0.00
47	3	营业税金及附加	0.00	1,187,824.30	1,187,824.30	0.00
48	3	其他业务收入	0.00	214,120.00	214,120.00	0.00
49	3	其他业务成本	0.00	184,124.00	184,124.00	0.00
50	3	投资收益	0.00	930,372.24	930,372.24	0.00
51	3	营业外收入	0.00	260,000.00	260,000.00	0.00
52	3	营业外支出	0.00	135,070.00	135,070.00	0.00
53	3	所得税费用	0.00	451,392.23	451,392.23	0.00

图 8‑20 "总账试算平衡表"最终结果

二、利用数据透视表生成总账试算平衡表

【例 8‑6】 根据佳园公司 2015 年 12 月份科目汇总表,利用数据透视表生成总账

	A	B	C	D	E	F	G	H
1	业务号	日期	摘要	方向	一级科目	二级科目	明细	金额
2	1	2015.12.02	支付董秘培训费	借	管理费用	其他		960.00
3		2015.12.02		贷	银行存款	交通银行		960.00
4	2	2015.12.02	杨华公积金贷款转入	借	银行存款	中国建设银行	基本存款户	100,000.00
5		2015.12.02		贷	预收账款	预收房款		100,000.00
6	3	2015.12.02	吸收合并虹梅房地产	借	库存现金			805.00
7		2015.12.02	吸收合并虹梅房地产	贷	其他应付款	应付产权转让费		805.00
8		2015.12.02	吸收合并虹梅房地产	借	银行存款	中国建设银行	基本存款户	589,000.00
9		2015.12.02		贷	其他应付款	应付产权转让费		589,000.00
10		2015.12.02	支付产权交易手续费	借	管理费用	其他		32,671.95
11		2015.12.02		贷	银行存款	交通银行		32,671.95
12		2015.12.02	吸收合并虹梅房地产	借	应收票据			180,000.00
13		2015.12.02		借	应收账款	应收房款		247,500.00
14		2015.12.02		借	预付账款	预付工程款		1,090,000.00
15		2015.12.02		借	开发成本	虹梅公寓		37,851,715.00
16		2015.12.02		借	固定资产			3,606,580.00
17		2015.12.02		借	在建工程			610,000.00
18		2015.12.02		借	商誉			888,000.00
19		2015.12.02		贷	其他应付款	应付产权转让费		24,754,095.00
20		2015.12.02		贷	短期借款	中国建设银行		10,000,000.00
21		2015.12.02		贷	应付账款	应付工程款		2,150,000.00
22		2015.12.02		贷	预收账款	预收房款		7,569,700.00
23	4	2015.12.02	收到绿化工程发票	借	开发成本	众信大厦	A栋	144,000.00
24		2015.12.02		借	开发成本	众信大厦	B栋	146,000.00
25		2015.12.02		借	开发成本	众信大厦	C栋	140,000.00
26		2015.12.02		贷	预付账款	预付工程款		150,000.00
27		2015.12.02		贷	应付账款	应付工程款		280,000.00
28	5	2015.12.03	调整上年度多计办公用房装修费	借	累计折旧			14,200.00
29		2015.12.03		贷	管理费用	折旧、修理及财产保险费		14,200.00
30	6	2015.12.03	收到配股款,已扣除发行费用	借	银行存款	中国建设银行	基本存款户	43,492,500.00
31				贷	股本			15,000,000.00

图 8‑21 选择数据区域

试算平衡表。

(1) 选择数据区域。选中"记账凭证"表中所有数据区域,如图8-21所示。

(2) 选取数据透视分析的数据源。单击【插入】选项卡下的【数据透视表】,并进一步选择"数据透视表",如图8-22所示。此时,"创建数据透视表"窗口中"表/区域(T)"自动填写为"记账凭证!＄A＄1：＄H＄357""选择放置数据透视表的位置"默认为"新工作表",如图8-23所示。

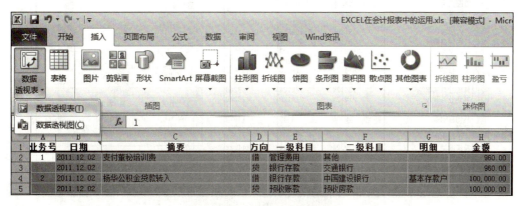

图8-22 插入数据透视表

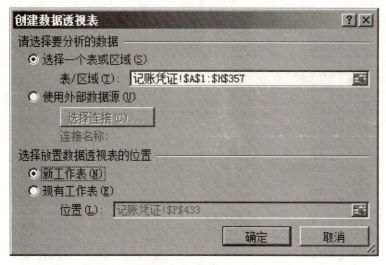

图8-23 "创建数据透视表"窗口

(3) 进行数据透视表布局。将"一级科目"拖拽至【行标签】,将"方向"拖拽至【列标签】,将"金额"拖拽至【Σ数值】显示为对金额求和,如图8-24所示。

(4) 美化数据透视表。复制数据透视表中的A4：C53单元格数据,选择性粘贴"数值"至新的工作表Sheet2。由于数据透视表按拼音字母的顺序排列数据,我们要将"贷"所在的列剪切至"借"列之后,修改格式后结果如图8-25所示。

EXCEL在财务会计中的应用

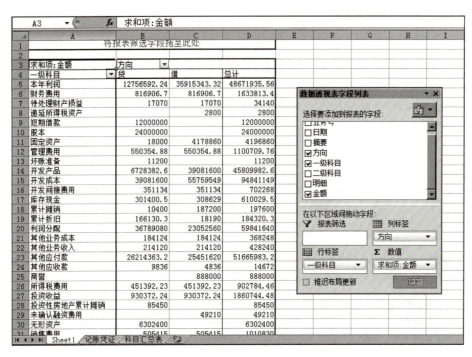

图 8-24 数据透视表布局

	A	B	C
1	一级科目	借方合计	贷方合计
2	本年利润	35,915,343.32	12,756,592.24
3	财务费用	816,906.70	816,906.70
4	待处理财产损溢	17,070.00	17,070.00
5	递延所得税资产	2,800.00	
6	短期借款		12,000,000.00
7	股本		24,000,000.00
8	固定资产	4,178,860.00	18,000.00
9	管理费用	550,354.88	550,354.88
10	坏账准备		11,200.00
11	开发产品	39,081,600.00	6,728,382.60
12	开发成本	55,759,549.00	39,081,600.00
13	开发间接费用	351,134.00	351,134.00
14	库存现金	308,629.00	301,400.50
15	累计摊销	187,200.00	10,400.00
16	累计折旧	18,190.00	166,130.30
17	利润分配	23,052,560.00	36,789,080.00
18	其他业务成本	184,124.00	184,124.00
19	其他业务收入	214,120.00	214,120.00
20	其他应付款	25,451,620.00	26,214,363.20
21	其他应收款	4,836.00	9,836.00
22	商誉	888,000.00	
23	所得税费用	451,392.23	451,392.23
24	投资收益	930,372.24	930,372.24
25	投资性房地产累计摊销		85,450.00
26	未确认融资费用	49,210.00	
27	无形资产		6,302,400.00
28	销售费用	505,415.00	505,415.00
29	银行存款	47,790,341.78	49,843,108.40
30	盈余公积		2,526,280.00
31	营业税金及附加	1,187,824.30	1,187,824.30

图 8-25 数据透视表结果

第四节　编制会计报表

财务报表是根据记账凭证信息汇总整理之后，对公司的经营成果和财务状况进行综合反映的一种书面文件。财务报表包括资产负债表、利润表、现金流量表三大财务主表，这三大财务主表的编制，可以通过 EXCEL 公式设置对其他工作表单元格数据的引用来完成的。

运用 EXCEL 编制会计报表的总体思路：记账凭证汇总表数据为依据，利用 EXCEL 的函数功能和数据透视功能分别生成了科目汇总表和总账试算平衡表，以总账试算平衡表的数据为依据，利用 EXCEL 的函数功能和数据链接方法实现可以会计报表的编制工作。

一、资产负债表的编制

【例 8-7】　根据佳园公司 2015 年 12 月份总账试算平衡表，编制资产负债表。

（1）在"总账试算平衡表"的最后新增一列，命名为"报表数"，存放与编制资产负债表和利润表相关的数据，如图 8-26 所示。

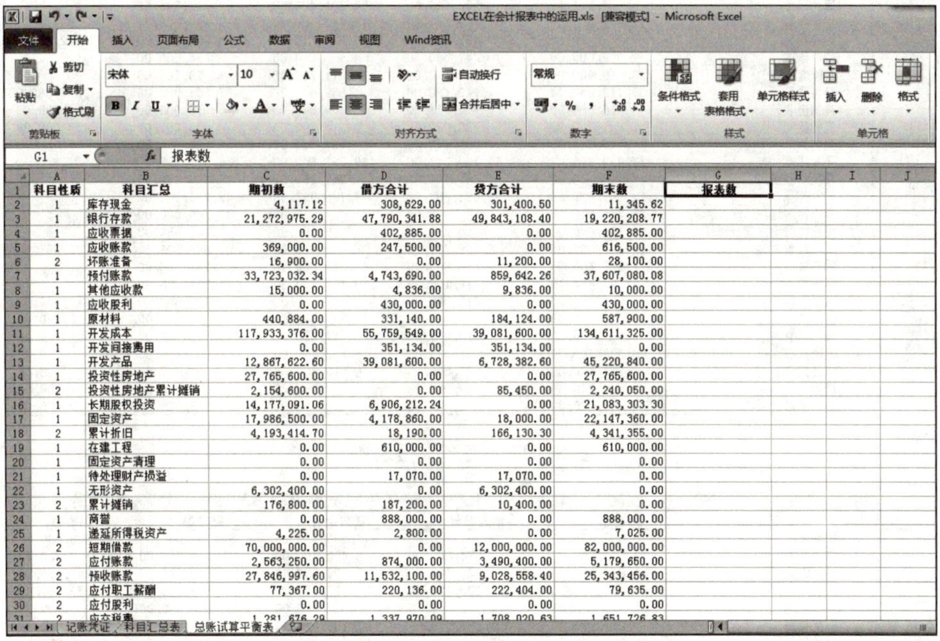

图 8-26　新增"报表数"列

（2）合并"报表数"列相关单元格，存放需要加总或抵减的项目数据。结合佳园公司会计科目设置的特点，资产负债表有关项目的填写说明如下：

$$货币资金 = 库存现金 + 银行存款 + 其他货币资金$$

$$应收账款 = \frac{应收账款}{借方余额} - \frac{应收账款计提的}{坏账准备余额} + \frac{预收账款}{借方余额}$$

$$其他应收款 = \frac{其他应收}{款借方余额} - \frac{其他应收账款计提的}{坏账准备余额}$$

存货＝原材料＋开发成本＋开发间接费用＋开发产品

固定资产＝固定资产余额－累计折旧余额

投资性房地产＝投资性房地产余额－投资性房地产累计摊销余额

长期应付款＝长期应付款余额－未确认融资费用余额

未分配利润＝本年利润

① 合并 G2 与 G3 单元格,用于存放"货币资金"项目的金额。
② 合并 G5 与 G6 单元格,用于存放"应收账款"的净额。
③ 合并 G10 至 G13 单元格,用于存放"存货"项目的金额。
④ 合并 G14 与 G15 单元格,用于存放"投资性房地产"的净额。
⑤ 合并 G17 与 G18 单元格,用于存放"固定资产"的净额。
⑥ 合并 G34 与 G35 单元格,用于存放"长期应付款"的净额。

资产类报表数如图 8‑27 所示,负债与所有者权益类报表数如图 8‑28 所示。

	A	B	C	D	E	F	G
1	科目性质	科目汇总	期初数	借方合计	贷方合计	期末数	报表数
2	1	库存现金	4,117.12	308,629.00	301,400.50	11,345.62	19,231,554.39
3	1	银行存款	21,272,975.29	47,790,341.88	49,843,108.40	19,220,208.77	
4	1	应收票据	0.00	402,885.00	0.00	402,885.00	402,885.00
5	1	应收账款	369,000.00	247,500.00	0.00	616,500.00	589,500.00
6	2	坏账准备	16,900.00	0.00	11,200.00	28,100.00	
7	1	预付账款	33,723,032.34	4,743,690.00	859,642.26	37,607,080.08	37,607,080.08
8	1	其他应收款	15,000.00	4,836.00	9,836.00	10,000.00	8,900.00
9	1	应收股利	0.00	430,000.00	0.00	430,000.00	430,000.00
10	1	原材料	440,884.00	331,140.00	184,124.00	587,900.00	180,420,065.00
11	1	开发成本	117,933,376.00	55,759,549.00	39,081,600.00	134,611,325.00	
12	1	开发间接费用	0.00	351,134.00	351,134.00	0.00	
13	1	开发产品	12,867,622.60	39,081,600.00	6,728,382.60	45,220,840.00	
14	1	投资性房地产	27,765,600.00	0.00	0.00	27,765,600.00	25,525,550.00
15	2	投资性房地产累计摊销	2,154,600.00	0.00	85,450.00	2,240,050.00	
16	1	长期股权投资	14,177,091.06	6,906,212.24	0.00	21,083,303.30	21,083,303.30
17	1	固定资产	17,986,500.00	4,178,860.00	18,000.00	22,147,360.00	17,806,005.00
18	2	累计折旧	4,193,414.70	18,190.00	166,130.30	4,341,355.00	
19	1	在建工程	0.00	610,000.00	0.00	610,000.00	610,000.00
20	1	固定资产清理	0.00	0.00	0.00	0.00	0.00
21	1	待处理财产损益	0.00	17,070.00	17,070.00	0.00	0.00
22	1	无形资产	6,302,400.00	0.00	6,302,400.00	0.00	0.00
23	2	累计摊销	176,800.00	187,200.00	10,400.00	0.00	
24	1	商誉	0.00	888,000.00	0.00	888,000.00	888,000.00
25	1	递延所得税资产	4,225.00	2,800.00	0.00	7,025.00	7,025.00

图 8‑27 资产类报表数

	A	B	C	D	E	F	G
1	科目性质	科目汇总	期初数	借方合计	贷方合计	期末数	报表数
26	2	短期借款	70,000,000.00	0.00	12,000,000.00	82,000,000.00	82,000,000.00
27	2	应付账款	2,563,250.00	874,000.00	3,490,400.00	5,179,650.00	5,179,650.00
28	2	预收账款	27,846,997.60	11,532,100.00	9,028,558.40	25,343,456.00	25,343,456.00
29	2	应付职工薪酬	77,367.00	220,136.00	222,404.00	79,635.00	79,635.00
30	2	应付股利	0.00	0.00	0.00	0.00	
31	2	应交税费	1,281,676.29	1,337,970.09	1,708,020.63	1,651,726.83	1,651,726.83
32	2	其他应付款	12,083,084.00	25,451,620.00	26,214,363.20	12,845,827.20	12,845,827.20
33	2	应付利息	1,082,900.00	1,082,900.00	224,400.00	224,400.00	224,400.00
34	2	长期应付款	0.00	92,000.00	460,000.00	368,000.00	318,790.00
35	1	未确认融资费用	0.00	49,210.00	0.00	49,210.00	
36	2	股本	60,000,000.00	0.00	24,000,000.00	84,000,000.00	84,000,000.00
37	2	资本公积	12,078,590.00	15,000.00	28,492,500.00	40,556,090.00	40,556,090.00
38	2	盈余公积	19,347,492.74	0.00	2,526,280.00	21,873,772.74	21,873,772.74
39	2	本年利润	23,158,751.08	35,915,343.32	12,756,592.24	0.00	
40	2	利润分配	16,800,000.00	23,052,560.00	36,789,080.00	30,536,520.00	30,536,520.00

图 8‑28 负债和所有者权益类报表数

(3) 完成直接填列的单元格。对于根据总账试算平衡表直接填列的科目余额,可以采用"复制"后"粘贴(数值)"形式得到。

例如,将 F4 单元格直接"复制"后"粘贴(数值)"到 G4 单元格等。

(4) 填列资产负债表项目。新建工作表命名为"资产负债表"并完善格式,如图 8-29 所示。

图 8-29 新建"资产负债表"工作表

D5 单元格的填写如下:

① 在"资产负债表"D5 单元格中先输入"="。
② 用鼠标点击选中"总账试算平衡表"中的 G2 单元格。
③ 按键盘中的"回车"键,自动返回"资产负债表"完成填写,如图 8-30 所示。

其他单元格的填写方法同上,相关合计项的填写可以利用 SUM 求和函数完成,最终结果如图 8-31 和 8-32 所示。

图 8-30 "货币资金"的填列

EXCEL在财务会计中的应用

	资产负债表						
单位：佳园房地产股份有限公司			2015年12月31日				单位:元
资产	行次	期末余额	年初余额	负债和股东权益	行次	期末余额	年初余额
流动资产：	1			流动负债：	1		
货币资金	2	19,231,554.39		短期借款	2	82,000,000.00	
交易性金融资产	3			交易性金融负债	3		
应收票据	4	402,885.00		应付票据	4		
应收账款	5	589,500.00		应付账款	5	5,179,650.00	
预付款项	6	37,607,080.08		预收款项	6	25,343,456.00	
应收利息	7			应付职工薪酬	7	79,635.00	
应收股利	8	430,000.00		应交税费	8	1,651,726.83	
其他应收款	9	8,900.00		应付利息	9	224,400.00	
存货	10	180,420,065.00		应付股利	10		
一年内非到期的流动资产	11			其他应付款	11	12,845,827.20	
其他流动资产	12			一年内到期的非流动负债	12		
流动资产合计	13	238,689,984.47		其他流动负债	13		
非流动资产：	14			流动负债合计	14	127,324,695.03	
可供出售金融资产	15			非流动负债：	15		

图8‑31 资产负债表(上)

持有至到期投资	16			长期借款	16		
长期应收款	17			应付债券	17		
长期股权投资	18	21,083,303.30		长期应付款	18	318,790.00	
投资性房地产	19	25,525,550.00		专项应付款	19		
固定资产	20	17,806,005.00		预计负债	20		
在建工程	21	610,000.00		递延所得税负债	21		
工程物资	22			其他非流动负债	22		
固定资产清理	23			非流动负债合计	23	318,790.00	
生产性生物资产	24			负债合计	24	127,643,485.03	
油气资产	25			股东权益：	25		
无形资产	26	-		股本	26	84,000,000.00	
开发支出	27			资本公积	27	40,556,090.00	
商誉	28	888,000.00		减：库存股	28		
长期待摊费用	29			盈余公积	29	21,873,772.74	
递延所得税资产	30	7,025.00		未分配利润	30	30,536,520.00	
其他非流动资产	31			股东权益合计	31	176,966,382.74	
非流动资产合计	32	65,919,883.30			32		
资产总计	33	304,609,867.77		负债和股东权益总计	33	304,609,867.77	

图8‑32 资产负债表(下)

二、利润表的编制

利润表是反映企业在一定会计期间的经营成果的会计报表。利润表的列报必须充分反映企业经营业绩的主要来源和构成，有助于使用者判断净利润的质量及其风险，有助于使用者预测净利润的持续性，从而做出正确的决策。

目前比较普遍的利润表的结构有单步式和多步式两种，我国一般采用多步式利润表。利润表主要反映以下几方面的内容：

营业收入：由主营业务收入和其他业务收入构成。

营业利润：营业利润的计算公式＝营业收入减去营业成本（主营业务成本、其他业务成本）、营业税金及附加、销售费用、管理费用、财务费用、资产减值损失，加上公允价值变动收益、投资收益。

利润总额:营业利润加上营业外收入,减去营业外支出,即为利润总额。

净利润:利润总额减去所得税费用,即为净利润。

【例 8-8】 根据佳园公司 2015 年 12 月份总账试算平衡表,编制利润表。

(1) 填写总账试算平衡表中损益类科目的报表数。利润表中损益项目的金额反映的是损益科目某一期间发生额的余额来填列。

例如,主营业务收入的报表数应填写该科目结转损益前的相关发生额(包括贷方和借方)的余额。具体来说,如果 2015 年 12 月结转损益前主营业务收入的贷方合计为 600 万元,主营业务收入的借方合计(销售退回)为 50 万元,则主营业务收入的报表数应填写余额 550 万元,即结转损益的金额,而不是总账试算平衡表中的贷方合计或借方合计 600 万元。

佳园公司 2015 年 12 月记账凭证中第 322 行之后为结转损益的会计分录,因此,根据以上说明,G41 单元格"主营业务收入"应填写结转损益前贷方合计数减去借方合计数,如图 8-33 所示,其计算公式如下:

=SUMIFS(记账凭证!$H$2:$H$322,记账凭证!$E$2:$E$322,B41,记账凭证!$D$2:$D$322,"贷")−SUMIFS(记账凭证!$H$2:$H$322,记账凭证!$E$2:$E$322,B41,记账凭证!$D$2:$D$322,"借")

	A	B	C	D	E	F	G
1	科目性质	科目汇总	期初数	借方合计	贷方合计	期末数	报表数
41	3	主营业务收入	0.00	11,352,100.00	11,352,100.00	0.00	11,352,100.00
42	3	主营业务成本	0.00	6,913,198.09	6,913,198.09	0.00	
43	3	销售费用	0.00	505,415.00	505,415.00	0.00	
44	3	管理费用	0.00	550,354.88	550,354.88	0.00	
45	3	财务费用	0.00	816,906.70	816,906.70	0.00	
46	3	资产减值损失	0.00	11,200.00	11,200.00	0.00	
47	3	营业税金及附加	0.00	1,187,824.30	1,187,824.30	0.00	
48	3	其他业务收入	0.00	214,120.00	214,120.00	0.00	
49	3	其他业务成本	0.00	184,124.00	184,124.00	0.00	
50	3	投资收益	0.00	930,372.24	930,372.24	0.00	
51	3	营业外收入	0.00	260,000.00	260,000.00	0.00	
52	3	营业外支出	0.00	135,070.00	135,070.00	0.00	
53	3	所得税费用	0.00	451,392.23	451,392.23	0.00	

图 8-33 损益类报表数

G42 单元格"主营业务成本"应填写结转损益前借方合计数减去贷方合计数,如图 8-34 所示,其计算公式如下:

=SUMIFS(记账凭证!$H$2:$H$322,记账凭证!$E$2:$E$322,B42,记账凭证!$D$2:$D$322,"借")−SUMIFS(记账凭证!$H$2:$H$322,记账凭证!$E$2:$E$322,B42,记账凭证!$D$2:$D$322,"贷")

再如,2015 年 12 月结转损益前财务费用的借方合计为 100 万元,财务费用的贷方合计(收到银行的利息)为 20 万元,则财务费用的报表数应填写余额 80 万元,即结转损益的金额,而不是总账试算平衡表借方合计或贷合计 100 万元。因此,G45 单元格"财

EXCEL在财务会计中的应用

图8-34 损益类报表数

务费用"应填写结转损益前借方合计数减去贷方合计数,其计算公式如下:

=SUMIFS(记账凭证!$H$2:$H$322,记账凭证!$E$2:$E$322,B45,记账凭证!$D$2:$D$322,"借")-SUMIFS(记账凭证!$H$2:$H$322,记账凭证!$E$2:$E$322,B45,记账凭证!$D$2:$D$322,"贷")

其他损益类科目的填写应分析其借贷增减的特点,参照主营业务收入或财务费用填列,不再赘述。损益类报表数的最终结果如图8-35所示。

图8-35 损益类报表数

(2)填列利润表相关项目数据。新建工作表命名为"利润表",并完善其格式,如图8-36所示。

E4单元格的填写如下:

① 在"利润表"E4单元格中先输入"="。
② 用鼠标点击选中"总账试算平衡表"中的G41单元格。
③ 按键盘中的"回车"键,自动返回"利润表"。
④ 输入"+",用鼠标点击选中"总账试算平衡表"中的G48单元格。
⑤ 按键盘中的"回车"键,自动返回"利润表"完成填写,如图8-37所示。

其他单元格的填写方法同上,相关合计项的填写可以利用SUM求和函数完成,最终结果如图8-38所示。

		利润表			
	单位：佳园房地产股份有限公司		2015年12月		单位：元
		项目	行次	本月金额	本年金额
	一、	营业收入	1		
	减：	营业成本	2		
		营业税金及附加	3		
		销售费用	4		
		管理费用	5		
		财务费用	6		
		资产减值损失	7		
	加：	公允价值变动净收益（损失以"-"填列）	8		
		投资收益（损失以"-"填列）	9		
	二、	营业利润（亏损以"-"填列）	10		
	加：	营业外收入	11		
	减：	营业外支出	12		
	其中：	非流动资产处置净损失	13		
	三、	利润总额（亏损总额以"-"填列）	14		
	减：	所得税费用	15		
	四、	净利润（亏损以"-"填列）	16		

图 8‐36 新建"利润表"工作表

E4 fx =总账试算平衡表!G41+总账试算平衡表!G48

		利润表			
	单位：佳园房地产股份有限公司		2015年12月		单位：元
		项目	行次	本月金额	本年金额
	一、	营业收入	1	11,566,220.00	
	减：	营业成本	2		
		营业税金及附加	3		
		销售费用	4		
		管理费用	5		
		财务费用	6		
		资产减值损失	7		
	加：	公允价值变动净收益（损失以"-"填列）	8		
		投资收益（损失以"-"填列）	9		
	二、	营业利润（亏损以"-"填列）	10		
	加：	营业外收入	11		
	减：	营业外支出	12		
	其中：	非流动资产处置净损失	13		
	三、	利润总额（亏损总额以"-"填列）	14		
	减：	所得税费用	15		
	四、	净利润（亏损以"-"填列）	16		

图 8‐37 "营业收入"的填列

EXCEL在财务会计中的应用

	利润表			
单位：佳园房地产股份有限公司		2015年12月		单位：元
项目		行次	本月金额	本年金额
一、	营业收入	1	11,566,220.00	
减：	营业成本	2	7,097,322.09	
	营业税金及附加	3	1,187,824.30	
	销售费用	4	505,415.00	
	管理费用	5	536,154.88	
	财务费用	6	728,164.82	
	资产减值损失	7	11,200.00	
加：	公允价值变动净收益（损失以"-"填列）	8	-	
	投资收益（损失以"-"填列）	9	930,372.24	
二、	营业利润（亏损以"-"填列）	10	2,430,511.15	
加：	营业外收入	11	260,000.00	
减：	营业外支出	12	135,070.00	
其中：	非流动资产处置净损失	13	-	
三、	利润总额（亏损总额以"-"填列）	14	2,555,441.15	
减：	所得税费用	15	451,392.23	
四、	净利润（亏损以"-"填列）	16	2,104,048.92	

图8-38 "利润表"最终结果

复习思考题

1. 生成科目汇总表有几种方法？你认为哪种方法更好？
2. 资产负债表中的项目与利润表中项目之间存在哪些勾稽关系？
3. 资产负债表中的应收账款、存货和未分配利润项目应如何填列？

第九章　EXCEL 在报表分析中的应用

[**教学目的和要求**]

通过本章的学习，要求学生理解财务分析的基本思路；了解常用分析模型的数据来源；熟练掌握财务比率分析模型、财务比较分析模型以及杜邦财务分析模型的设计和使用，能够制作较简单的财务报表结构分析图。

第一节　EXCEL 在比率分析中的应用

财务分析是在现行会计准则、会计制度、税收法规下，通过财务效益与费用的预测，编制财务报表，计算评价指标，进行财务盈利能力分析、偿债能力分析和财务生存能力分析，据以评价项目的财务可行性。财务分析方法主要包括趋势分析法、比率分析法、因素分析法。

一、财务比率指标体系

根据指标的大小揭示企业的财务状况等情况的分析方法，是财务报表分析的主要方法。比率分析法是指利用财务报表中两项相关数值的比率揭示企业财务状况和经营成果的一种分析方法。

利用 EXCEL 进行比率分析模型的设计，其关键问题一是比率指标体系的选择，二是确定各指标中的计算数据来源。

比率指标体系的选择，企业的经营范围不同，其经营管理所需的指标也各有差异。本企业根据管理决策者的需要选择常用财务比率指标作为计算分析对象。财务比率指标计算所用财务数据的来源，主要来源于企业的资产负债表和利润表。

企业财务分析常用财务比率指标体系如表 9-1 所示。

表 9-1　常用财务比率指标说明

指　标		计算公式	指　标　说　明
短期偿债能力	1. 流动比率	流动资产÷流动负债	该比率表明公司每一元流动负债有多少流动资产作为偿付保证，比率较大，说明公司对短期债务的偿付能力越较强，但同时表明企业闲置资金持有过多。国际上一般认为指标值为 2 时较为恰当。

(续表)

指　　标		计　算　公　式	指　标　说　明
短期偿债能力	2. 速动比率	速动资产÷流动负债	速动资产是指那些可以立即转换为现金来偿付流动负债的流动资产,该比率比流动比率更能够表明公司的短期负债偿付能力,国际上通常认为该比率值为1时较为合适。
长期偿债能力指标	1. 资产负债率	负债总额÷资产总额	该比率显示债权人的权益占总资产的比例,数值较大,说明公司扩展经营的能力较强,股东权益的运用越充分,但债务太多,会影响债务的偿还能力。该比率越小,企业长期偿债能力越强。
	2. 产权比率	负债总额÷所有者权益总额	该比率表明股东权益占总资产的比重,揭示自有资金对偿债风险的承受能力。一般产权比率必须达到25％以上,该公司的财务才算是健全的。
	3. 已获利息倍数	（利息支出＋利润总额）÷利息支出	该比率用于测试公司偿付利息的能力。利息保障倍数越高,说明债权人每期可收到的利息越有安全保障;反之则不然。该指标至少应大于1,一般达到3比较合适。
营运能力指标	1. 应收账款周转率	营业收入÷平均应收账款余额	该比率表明公司应收账款效率。数值大,说明资金运用和管理效率高。
	2. 存货周转率	营业成本÷平均存货	该比率越高,说明存货周转快,公司控制存货的能力强,存货成本低,经营效率高。
	3. 流动资产周转率	营业收入÷平均流动资产总额	该比率越高,说明企业流动资产利用效果越好,企业的营运能力越强。
	4. 固定资产周转率	营业收入÷固定资产平均净值	该比率越高,说明固定资产周转速度越快,固定资产利用率越高,闲置越少。
	5. 总资产周转率	营业收入÷平均资产总值	该比率越高,说明企业全部资产的利用效率越高。
获利能力指标	1. 营业利润率	营业利润÷营业收入	该比率越高,说明企业市场竞争力越强,获利能力越强。
	2. 成本利润率	利润总额÷成本费用	该指标越高,表明企业为取得利润而付出的代价越小,成本费用控制得越好,获利能力越强。
	3. 销售净利率	净利润÷销售收入	该指标越高,表明企业每一元的销售收入带来的净利润越多,获利能力越强。

(续表)

指　标		计　算　公　式	指　标　说　明
获利能力指标	4. 总资产报酬率	（利息支出净额＋利润总额）÷平均资产总值	该比率越高，说明企业资产总利用情况越好，企业经营管理水平越高，获利能力越强。
	5. 净资产收益率	净利润÷平均净资产	该比率越大，表明企业自有资金获利能力越强。
发展能力指标	1. 营业收入增长率	本年营业收入增长额÷上年营业收入总额	该指标若大于0，说明本年营业收入增长，若小于0，表示营业收入负增长，企业需要进一步查明原因，解决问题。
	2. 资本保值增值率	年末所有者权益÷年初所有者权益	该指标值越高，说明企业资本增长越快，企业发展前景越好。
	3. 资本积累率	本年所有者权益增长额÷年初所有者权益	该指标如果大于0且越高，说明企业资本积累越多，抵抗风险的能力越大。
	4. 总资产增长率	本年总资产增长额÷年初资产总额	该指标越高，说明企业资产经营规模扩张速度越快，发展后劲越足。
	5. 营业利润增长率	本年营业利润增长额÷上年营业利润总额	该指标越高，说明企业营业利润增长越快，企业发展速度越快，发展前景越好。

二、财务比率分析应用

【**例 9－1**】 对佳园公司 2015 年会计报表进行财务分析。

（1）新建工作簿，将其命名为"财务比率分析表"。该工作表位于资产负债表和利润表之后，数据均来源于这两张报表。

图 9－1　财务比率计算分析表

EXCEL在财务会计中的应用

(2) 建立财务比率分析表的格式,将所选定的指标类型及项目输入其中。

在"财务比率分析表"中,输入标题、表内比率指标项目,并设置其格式如图9-1所示。

(3) 填写公式,得到指标值。以F4单元格为例,首先输入"=",然后单击资产负债表中的D16单元格(如图9-2所示),即流动资产合计数,按回车键返回"财务比率分析表",输入"/"后,再单击资产负债表中的H17单元格,即流动负债合计数,这样就得到了G4单元格四舍五入后的结果为1.87。

最终结果如图9-3所示。

图9-2 资产负债表

图9-3 财务比率分析结果①

---

① "平均净资产"一般应取净资产的期初数和期末数的平均值,为了与后续章节杜邦财务分析模型的计算结果相一致,我们使用2015年所有者权益的期末数作为计算依据。

236

三、比较分析的类型

比较分析是通过报表中主要项目或指标数值变化的对比,计算差异额,分析和判断企业财务状况及经营成果的一种方法。

根据比较对象的不同,比较分析法可以分为绝对数增减变动比较分析、百分比增减变动分析及比率增减变动分析。

1. 绝对数增减变动比较分析法

绝对数增减变动比较分析法是将各有关会计报表项目的数额与比较对象进行比较并计算其差额,使会计报表使用者获得比较明确的增减变动数字。绝对数比较分析一般通过编制比较财务报表进行,包括比较资产负债表和比较利润表等。

2. 百分比增减变动分析法

百分比增减变动分析法通过计算各项目的增减变动百分比,并列示于比较会计报表中,可以反映其不同年度增减变动的相关性,便于使用者更明确地了解有关财务状况和经营情况的变化。

指标之间必须具有可比性。相互比较的指标,必须在指标内容、计价基础、计算口径、时间长度等方面保持高度的一致性。如果是企业之间进行同类指标比较,还要注意企业之间的可比性。此外,计算相关指标变动百分比虽然能在一定程度上反映企业相关财务指标的增长率,但也有局限性,这主要是因为变动百分比的计算受基数的影响,具体表现在以下几个方面:

(1) 如果基数的金额为负数,将出现变动百分比的符合与绝对增减金额的符合相反的结果。

(2) 如果基数的金额为零,不管实际金额是多少,变动百分比永远为无穷大。

(3) 如果基数的金额太小,则绝对金额较小的变动可能会引起较大的变动百分比,容易引起误解。

解决变动百分比上述问题的办法是:如果基数为负数,则取按公式计算出的变动百分比的相反数;若基数为零或太小,则放弃使用变动百分比分析法,仅分析其绝对金额变动情况。

四、比较分析的应用

【例 9-2】 对佳园公司 2015 年末与 2014 年末的资产负债表进行环比分析。

(1) 新建环比分析表。在报表分析工作簿中追加一个工作表,为其命名为"资产负债表环比分析",然后将"资产负债表"复制到该工作表,修改原"期末余额"为"增减额"、原"年初余额"为"增减百分比",并输入表头、表体的结构项目,结果如图 9-4 所示。

(2) 填写"增减额"与"增减百分比"两栏的数据。

"增减额"栏的填写,以 C5 单元格为例。其数据来源于资产负债表中"货币资金"项目的期末余额(D5 单元格)与年初余额(E5 单元格)之差,因此,C5 = 资产负债表!

EXCEL在财务会计中的应用

图 9-4 资产负债表环比分析取数

D5=资产负债表!E5,如图9-5所示。具体操作为:首先在"资产负债表环比分析"表的C5单元格输入"=",然后点击"资产负债表"中D5单元格,按回车后确认,在返回的单元格输入"-",再点击"资产负债表"中E5单元格,按回车后确认返回计算结果。

图 9-5 资产负债表

"增减百分比"栏的填写,以D5单元格为例。其数据来源于"资产负债表环比分析"表的C5单元格与资产负债表中"货币资金"项目的年初余额(E5单元格)之比,因

238

此，D5＝C5/资产负债表！E5。具体操作为：首先在"资产负债表环比分析"表的D5单元格输入"＝"，然后点击该表中C5单元格，再输入"/"，接下来，点击"资产负债表"中E5单元格，按回车后确认返回计算结果。修改其格式为百分比和两位小数。

由于"资产负债表环比分析"表为复制"资产负债表"而得到，其基本结构没有发生变化，因此，"资产负债表环比分析"表中其他单元格的填写可直接利用 EXCEL 的拖拽功能得到。最终结果如表 9-2 所示。

表 9-2 资产负债表环比分析结果

资产负债表环比分析					
单位：佳园房地产股份有限公司			2015年比2014年（基期）		
资产	增减额	增减百分比	负债和股东权益	增减额	增减百分比
流动资产：			流动负债：		
货币资金	7,454,493.39	63.30%	短期借款	-6,000,000.00	-6.82%
交易性金融资产	-	-	交易性金融负债	-	-
应收票据	-97,115.00	-19.42%	应付票据	-	-
应收账款	5,800.00	0.99%	应付账款	-978,350.00	-15.89%
预付款项	7,182,755.84	23.61%	预收款项	369,456.00	1.48%
应收利息	-	-	应付职工薪酬	39,316.00	97.51%
应收股利	-80,000.00	-15.69%	应交税费	219,562.28	15.33%
其他应收款	4,000.00	81.63%	应付利息	-45,400.00	-16.83%
存货	37,505,315.00	26.24%	应付股利	-12,000,000.00	-100.00%
一年内非到期的流动资产	-	-	其他应付款	4,676,678.99	57.25%
其他流动资产	-	-	一年内到期的非流动负债	-	-
流动资产合计	51,975,249.23	27.84%	其他流动负债	-	-
非流动资产：			流动负债合计	-13,718,736.73	-9.73%
可供出售金融资产	-	-	非流动负债：		
持有至到期投资	-	-	长期借款	-	-
长期应收款	-	-	应付债券	-	-
长期股权投资	6,906,212.24	48.71%	长期应付款	318,790.00	-
投资性房地产	-1,025,400.00	-3.86%	专项应付款	-	-
固定资产	2,223,491.80	14.27%	预计负债	-	-
在建工程	610,000.00	-	递延所得税负债	-	-
工程物资	-	-	其他非流动负债	-	-
固定资产清理	-	-	非流动负债合计	318,790.00	-
生产性生物资产	-	-	负债合计	-13,399,946.73	-9.50%
油气资产	-	-	股东权益：		
无形资产	-6,240,000.00	-100.00%	股本	24,000,000.00	40.00%
开发支出	-	-	资本公积	28,477,500.00	235.77%
商誉	888,000.00	-	减：库存股	-	-
长期待摊费用	-	-	盈余公积	2,526,280.00	13.06%
递延所得税资产	2,800.00	66.27%	未分配利润	13,736,520.00	81.77%
其他非流动资产	-	-	股东权益合计	68,740,300.00	63.52%
非流动资产合计	3,365,104.04	5.38%			
资产总计	55,340,353.27	22.20%	负债和股东权益总计	55,340,353.27	22.20%

【例 9-3】 对佳园公司 2015 年末与 2014 年末的资产负债表进行比重分析。

（1）新建比重分析表。

在报表分析工作簿中追加一个表页，为其命名为"资产负债表比重分析"，然后将"资产负债表"复制到该工作表，修改原"期末余额"为"2015 年末"、原"年初余额"为"2014 年末"，并输入表头、表体的结构项目，结果如图 9-6 所示。

EXCEL在财务会计中的应用

	资产	2015年末	2014年末	负债和股东权益	2015年末	2014年末
	资产负债表比重分析					
	单位：佳园房地产股份有限公司					单位：元
4	流动资产：			流动负债：		
5	货币资金			短期借款		
6	交易性金融资产			交易性金融负债		
7	应收票据			应付票据		
8	应收账款			应付账款		
9	预付款项			预收款项		
10	应收利息			应付职工薪酬		
11	应收股利			应交税费		
12	其他应收款			应付利息		
13	存货			应付股利		
14	一年内非到期的流动资产			其他应付款		
15	其他流动资产			一年内到期的非流动负债		
16	流动资产合计			其他流动负债		
17	非流动资产：			流动负债合计		
18	可供出售金融资产			非流动负债		
19	持有至到期投资			长期借款		
20	长期应收款			应付债券		

图9-6 新建"资产负债表比重分析"工作表

（2）填写"2015年末"与"2014年末"两栏的数据。

"2015年末"栏的填写。以C5单元格为例，其数据来源于资产负债表中"货币资金"项目的期末余额（D5单元格）与期末资产合计（D36单元格绝对引用）之比，因此，C5=资产负债表！D5/资产负债表！$D$36，如图9-7所示。具体操作为：首先在"资产负债表环比分析"表的C5单元格输入"="，然后点击"资产负债表"中D5单元格，按回车后确认，在返回的单元格输入"/"，再单击"资产负债表"中D36单元格，按键盘中的"F4"键将相对引用改为绝对引用，最后回车确认返回计算结果。

"2014年末"栏的填写。以D5单元格为例，其数据来源于资产负债表中"货币资金"项目的年初余额（E5单元格）与年初资产合计（E36单元格绝对引用）之比，因此，D5=资产负债表！E5/资产负债表！$E$36，如图9-8所示。具体操作为：首先在"资产负债表环比分析"表的D5单元格输入"="，然后点击"资产负债表"中E5单元格，按回车后确认，在返回的单元格输入"/"，再单击"资产负债表"中E36单元格，按键盘中的"F4"键将相对引用改为绝对引用，最后回车确认返回计算结果。

由于"资产负债表环比分析"表为复制"资产负债表"而得到，其基本结构没有发生变化，因此，"资产负债表环比分析"表中资产类单元格的填写可直接利用EXCEL的拖拽功能能得到。

但对于负债和股东权益类单元格来说，我们要修改公式的中分母为"负债和股东权益合计"对应单元格的绝对引用。最终结果如表9-3所示。

	C5		fx	=资产负债表!D5/资产负债表!$D$36			
	A	B	C	D	E	F	G

	A	B	C	D	E	F	G
1		资产负债表比重分析					
2		单位：佳园房地产股份有限公司				单位:元	
3		资　产	2015年末	2014年末	负债和股东权益	2015年末	2014年末
4		流动资产：			流动负债：		
5		货币资金	6.31%		短期借款		
6		交易性金融资产			交易性金融负债		
7		应收票据			应付票据		
8		应收账款			应付账款		
9		预付款项			预收款项		
10		应收利息			应付职工薪酬		
11		应收股利			应交税费		
12		其他应收款			应付利息		
13		存货			应付股利		
14		一年内非到期的流动资产			其他应付款		
15		其他流动资产			一年内到期的非流动负债		
16		流动资产合计			其他流动负债		
17		非流动资产：			流动负债合计		
18		可供出售金融资产			非流动负债：		
19		持有至到期投资			长期借款		
20		长期应收款			应付债券		

图 9-7 "2015年末"的取数

	D5		fx	=资产负债表!E5/资产负债表!$E$36			
	A	B	C	D	E	F	G

	A	B	C	D	E	F	G
1		资产负债表比重分析					
2		单位：佳园房地产股份有限公司				单位:元	
3		资　产	2015年末	2014年末	负债和股东权益	2015年末	2014年末
4		流动资产：			流动负债：		
5		货币资金	6.31%	4.72%	短期借款	26.92%	
6		交易性金融资产			交易性金融负债		
7		应收票据	0.13%		应付票据		
8		应收账款	0.19%		应付账款	1.70%	
9		预付款项	12.35%		预收款项	8.32%	
10		应收利息			应付职工薪酬	0.03%	
11		应收股利	0.14%		应交税费	0.54%	
12		其他应收款			应付利息	0.07%	
13		存货	59.23%		应付股利		
14		一年内非到期的流动资产			其他应付款	4.22%	
15		其他流动资产			一年内到期的非流动负债		
16		流动资产合计	78.36%		其他流动负债		
17		非流动资产：			流动负债合计	41.80%	
18		可供出售金融资产			非流动负债：		
19		持有至到期投资			长期借款		
20		长期应收款			应付债券	0.10%	

图 9-8 "2014年末"的取数

表 9-3 资产负债表比重分析结果

资产负债表比重分析

单位：佳园房地产股份有限公司

资产	2015年末	2014年末	负债和股东权益	2015年末	2014年末
流动资产：			流动负债：		
货币资金	6.31%	4.72%	短期借款	26.92%	35.30%
交易性金融资产			交易性金融负债		
应收票据	0.13%	0.20%	应付票据		
应收账款	0.19%	0.23%	应付账款	1.70%	2.47%
预付款项	12.35%	12.21%	预收款项	8.32%	10.02%
应收利息			应付职工薪酬	0.03%	0.02%
应收股利	0.14%	0.20%	应交税费	0.54%	0.57%
其他应收款			应付利息	0.07%	0.11%
存货	59.23%	57.33%	应付股利		4.81%
一年内非到期的流动资产			其他应付款	4.22%	3.28%
其他流动资产			一年内到期的非流动负债		
流动资产合计	78.36%	74.90%	其他流动负债		
非流动资产：			**流动负债合计**	41.80%	56.58%
可供出售金融资产			非流动负债：		
持有至到期投资			长期借款		
长期应收款			应付债券		
长期股权投资	6.92%	5.69%	长期应付款	0.10%	
投资性房地产	8.38%	10.65%	专项应付款		
固定资产	5.85%	6.25%	预计负债		
在建工程	0.20%		递延所得税负债		
工程物资			其他非流动负债		
固定资产清理			**非流动负债合计**	0.10%	
生产性生物资产			**负债合计**	41.90%	56.58%
油气资产			股东权益：		
无形资产		2.50%	股本	27.58%	24.07%
开发支出			资本公积	13.31%	4.85%
商誉	0.29%		减：库存股		
长期待摊费用			盈余公积	7.18%	7.76%
递延所得税资产			未分配利润	10.02%	6.74%
其他非流动资产			**股东权益合计**	58.10%	43.42%
非流动资产合计	21.64%	25.10%			
资产总计	100.00%	100.00%	**负债和股东权益总计**	100.00%	100.00%

第二节　EXCEL在图形分析中的应用

一、资产结构图形分析

资产结构是各类资产占总资产的比重。资产结构分析是对资产的各组成部分的关系及其比例所作的分析,以判断资产的流动性、安全性与可变现能力。资产结构图形分析可以借助饼图直观地反映各类资产占总资产的比重。

【例9-4】 对佳园公司2015年末的资产进行结构图形分析。该公司流动资产占总资产的78.36%,非流动资产占总资产的21.64%,要求进一步细分非流动资产的构成。

【原理与思路】尽量在原有的资产负债表中取数,而不新建表格。可首先利用饼图将资产分类流动资产与非流动资产两大类,再利用复合饼图将其中比重较小的非流动资产用饼图表示出来。值得注意的是,在具体操作时,只要将流动资产与非流动资产的各组成部分同时选中,而不需要选中非流动资产合计数,在后续的"第二绘图区包含最后一个值"进行设置包含的项目个数,即可将各组成部分包含在非流动资产中。因为我们想显示非流动资产中的6项内容。复合饼图是为了处理较多数据中有一些数据占比例很小,放在饼图中只有极细的扇形,可读性不强,于是将主饼图中某一些小比例的数据合并到一个堆积条形图中单独列出比较,可读性较强,视觉效果较好。

(1) 新建工作表,命名为"资产结构图",点击【插入】选项卡中【饼图】图标下的"二维饼图",并选择"复合饼图",如图9-9所示。

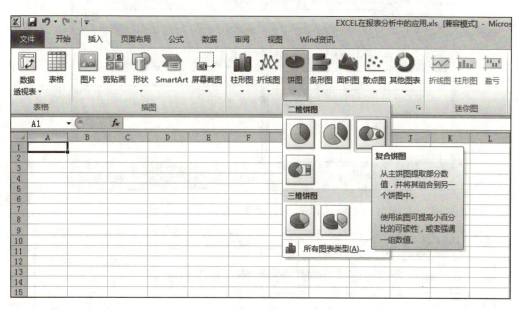

图9-9 插入饼图

(2) 此时,EXCEL选项卡中出现【设计】图表工具,在其中选择"样式26",如图9-10所示。

(3) 点击【设计】图表工具中的【选择数据】,弹出"选择数据源"窗口,如图9-11所示。

(4) 点击"图表数据区域"末端的"选择区域"按钮,然后选择"资产负债表"中的"流动资产合计""长期股权投资""投资性房地产""固定资产""在建工程""商誉"和"递延所得税资产"项目的期末余额,在选择数据源中会显示"=资产负债表! $D$16,资产负债表! $D$21:$D$24,资产负债表! $D$31,资产负债表! $D$33",如图9-12所示。

EXCEL在财务会计中的应用

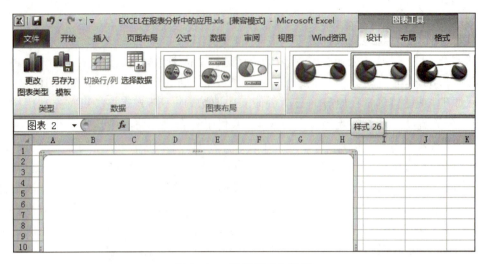

图 9-10　选择样式与数据

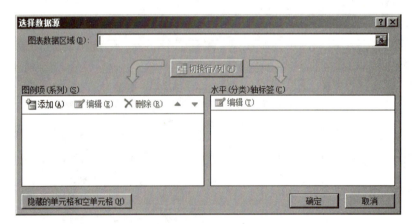

图 9-11　选择数据源

图 9-12　资产负债表取数

(5) 完成图表数据区域取数后的结果如图 9-13 所示,在其中"图例项(系列)"栏下点击"编辑",如图 9-14 所示,将系列名修改为"2015 年末资产结构图"。

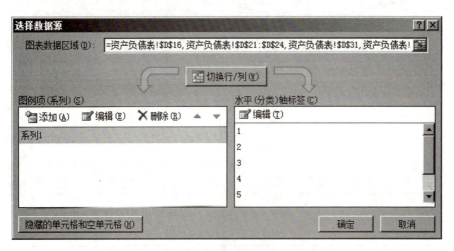

图 9-13　完成取数后的结果

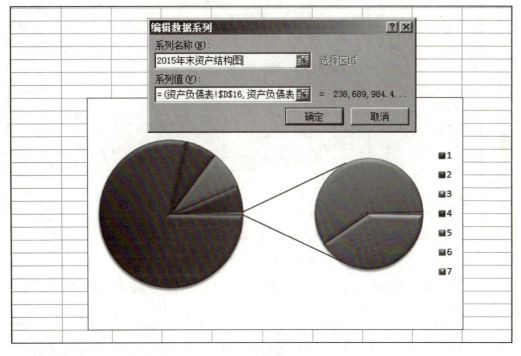

图 9-14　修改系列名

(6) 在图 9-15 中的"水平(分类)轴标签"栏下点击"编辑",在后续窗口选择"资产负债表",借助键盘中的 Ctrl 键依次选择"流动资产合计""长期股权投资""投资性房地产""固定资产""在建工程""商誉"和"递延所得税资产"项目,如图 9-16 所示。

EXCEL在财务会计中的应用

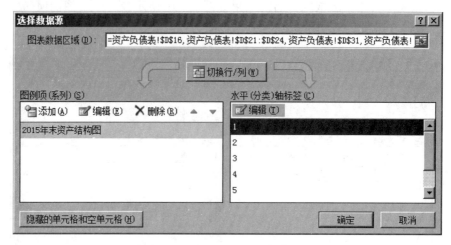

图 9-15 编辑水平轴标签

图 9-16 利润表取数

（7）在得到的初步图中选择需要细分的部分，点击鼠标右键选择"设置数据系列格式"选项，如图 9-17 所示。

（8）在图 9-18"设置数据系列格式"窗口中修改"第二绘图区包含最后一个值"为"6"。因为我们想让非流动资产中的 6 项内容（"长期股权投资""投资性房地产""固定资产""在建工程""商誉"和"递延所得税资产"项目）作为第二绘图区作进一步细分。

（9）在返回的图中点击鼠标右键选择"添加数据标签"选项，给所有的区域增加数据标签，如图 9-19 所示。然后，再点击鼠标右键选择"设置数据标签格式"选项，如图 9-20 所示。

246

图 9-17 初步结果图

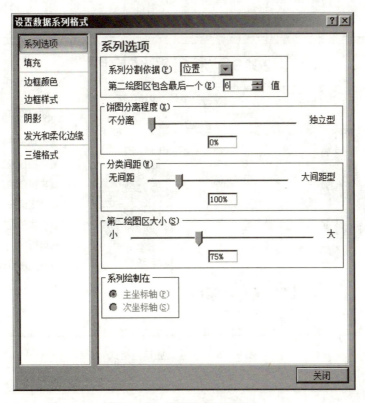

图 9-18 设置数据系列格式

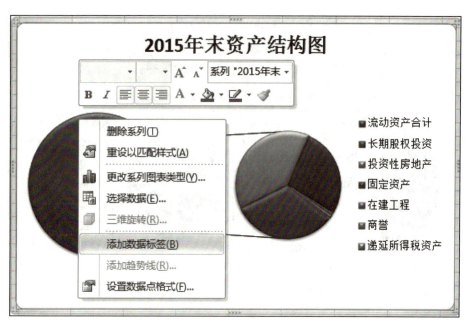

图 9-19 添加数据标签

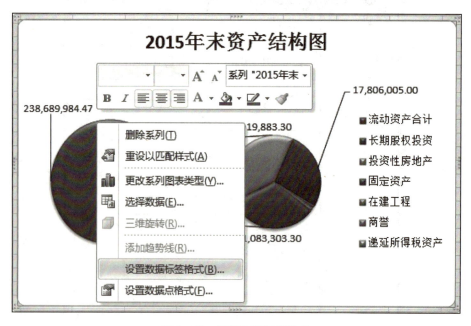

图 9-20 设置数据标签格式

(10) 在"设置数据标签格式"窗口中,"标签选项"的设置如图 9-21 所示,"数字"的设置如图 9-22 所示。

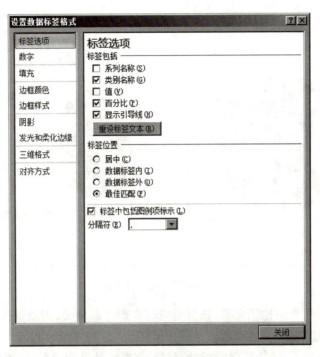

图 9-21 标签选项

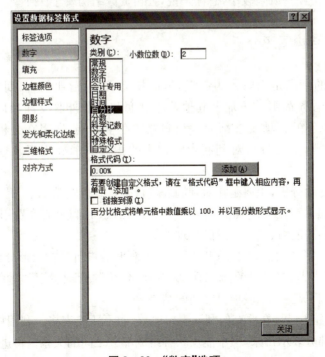

图 9-22 "数字"选项

(11) 修改图形中数据及标签的位置,最终结果如图 9-23 所示。

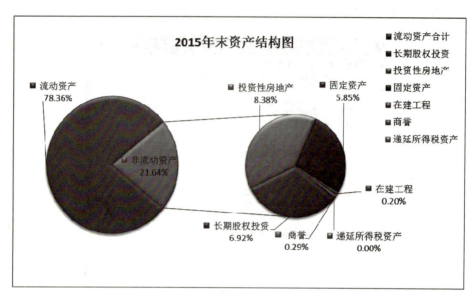

图 9-23 资产结构图

从图 9-23 资产结构图来看,该公司流动资产比重较大,占总资产近 80%,资产的流动性强、偿债能力较强,也预示流动资产有闲置,影响公司盈利能力。非流动资产比重较小,仅占资产的 20%,长期股权投资与投资性房地产比重较小,意味着公司对外投资能力不足,公司经营风险较小,总体来说,公司资产结构属于保守型。

二、利润结构图形分析

利润表中的利润是由收入为起点,依次扣除成本、营业税金、期间费用(销售费用、管理费用、财务费用),再加上其他业务利润和营业外收支净额后计算得出。因此,构成利润总额的各项要素都会对利润总额产生影响,所以在分析时要进行不同内容的结构分析,以便分析对利润影响较大的积极或消极因素及这些因素的影响程度。

利润结构变动分析,主要是在对利润表进行垂直分析的基础上,揭示各项利润及成本费用与收入的关系,反映企业的各环节的利润构成、利润及成本费用水平,以评价企业持续产生盈利的能力、利润形成的合理性等。

【例 9-5】 对佳园公司 2015 年 12 月份的利润表进行结构图形分析。假设仅考虑"营业收入""营业成本""营业税金及附加""销售费用""管理费用""财务费用""所得税费用"和"净利润"等主要报表项目之间的结构。

【原理与思路】尽量在原有的利润表中取数,而不新建表格。利用柱形图可将形成利润的各组成部分表示出来,但不能反映各组成部分之间的关系。再进一步利用"堆积柱形图",并结合"行与列的切换"就可以达到要求。柱形图用于显示一段时间内的数据变化或显示各项之间的比较情况,而堆积柱形图则可用于比较每个值对所有类别总计的贡献。

(1) 新建工作表,命名为"利润构成分析 1",点击【插入】选项卡中【柱形图】图标下的"三维柱形图",并选择"三维堆积柱形图",如图 9-24 所示。

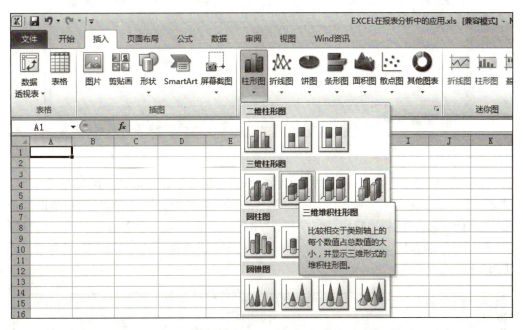

图 9-24 插入三维柱形图

(2) 此时,EXCEL 选项卡中出现【设计】图表工具,在其中选择"样式 10",如图 9-25 所示。

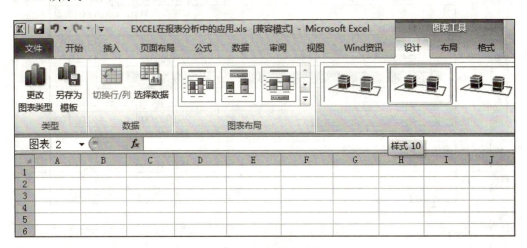

图 9-25 选择样式与数据

(3) 点击【设计】图表工具中的【选择数据】,弹出"选择数据源"窗口,如图 9-26 所示。

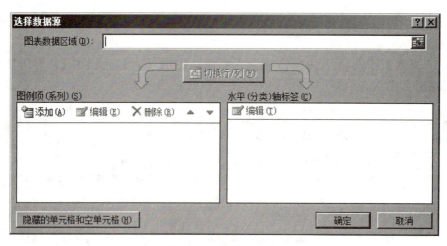

图 9‑26　选择数据源

（4）点击"图表数据区域"末端的"选择区域"按钮，然后依次选中"利润表"中的"营业收入""营业成本""营业税金及附加""销售费用""管理费用""财务费用"，再借助键盘中的 Ctrl 键选中"所得税费用"和"净利润"项目的本月金额。此时，在选择数据源窗口中显示"＝利润表！$E$4：$E$9,利润表！$E$18,利润表！$E$19"，如图 9‑27 所示。

图 9‑27　利润表取数

（5）由于最初的柱形图是分列显示各项目的大小，但我们的要求是用一个柱形反映所有项目的大小，因此，接下来要进行行列的切换。具体操作为：首先点击图 9‑28

中的"切换行/列(W)",这样在"图例项(系列)"栏下就得到8个系列,然后点击"编辑",将系列1对应的内容选中为"利润表"中的"营业收入"(即E4单元格),如图9-29所示。

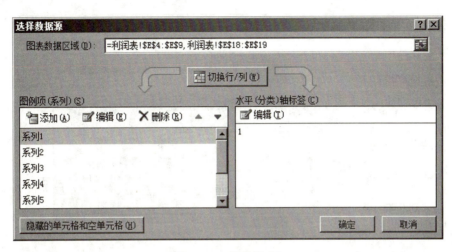

图9-28 切换行/列

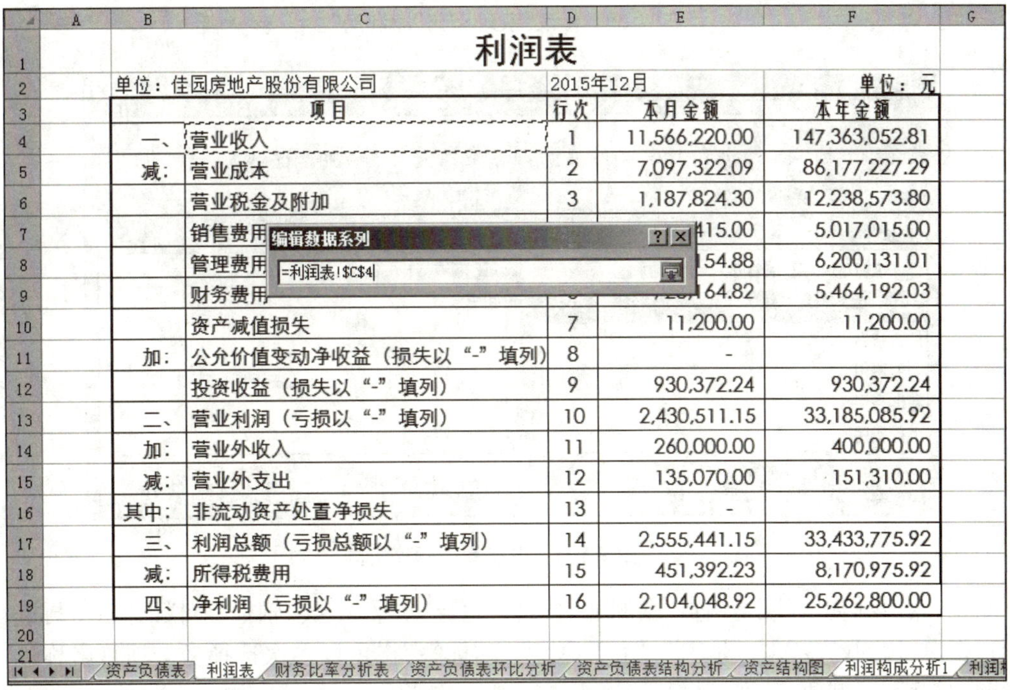

图9-29 利润表取数

同理,系列2至系列7分别选中为"利润表"中的"营业成本""营业税金及附加""销售费用""管理费用""财务费用"和"所得税费用"。系列8可直接在窗口中填写"净利润",如图9-30所示。接下来,通过上下按钮调整各系列的顺序,"净利润"在最前,"营业收入"在最后,这样图形中的顺序则是相反,"营业收入"在最上面,净利润"在最下面,如图9-31所示。最后,再将"水平(分类)轴标签"栏下的"1"标签修改为"利润分析1"。

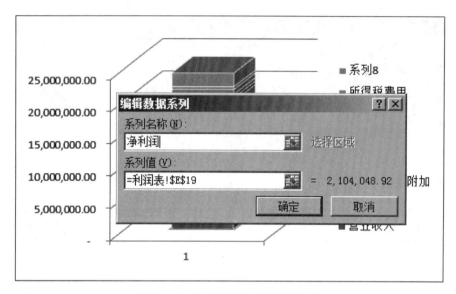

图9-30 修改"系列8"为"净利润"

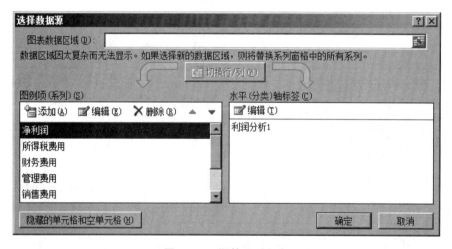

图9-31 调整系列顺序

当然,我们也可以先编辑"图例项(系列)"栏与"水平(分类)轴标签"栏的内容,再进行"切换行/列(W)"。这是因为"水平(分类)轴标签"栏可以一次选择多个项目名称进行修改,而"图例项(系列)"栏只能逐个进行选择,这样可以提高工作效率。

(6)添加数据标签。在得到的初步结果图(图9-32)中对每一系列("营业收入"等)点击右键,增加数据标签,如图9-33所示。

(7)修改"营业收入"数据系列的格式。选中"营业收入"系列,点击鼠标右键选择"设置数据系列格式"选项,如图9-34所示。

第九章　EXCEL 在报表分析中的应用

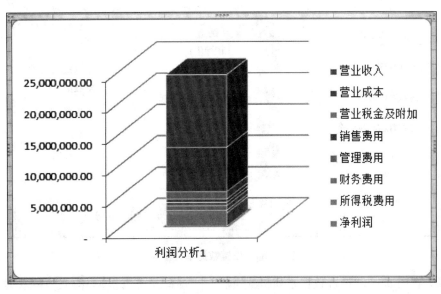

图 9－32　初步结果图

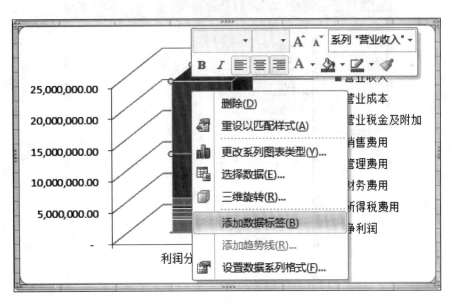

图 9－33　添加数据标签

255

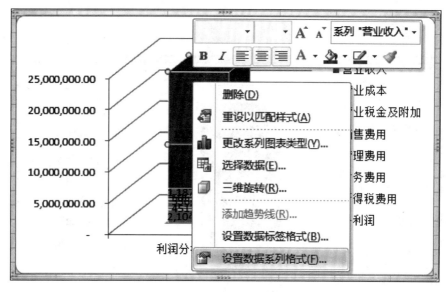

图 9-34 设置数据系列格式

(8) 在图 9-35"设置数据系列格式"窗口中选择"填充"选项,然后选中"无填充"。因为我们想直观地看到将"营业成本"等项目从"营业收入"中抵减后的结果,实际上,"营业收入"项目仍然存在,只是我们用"无填充"将其隐藏起来了。

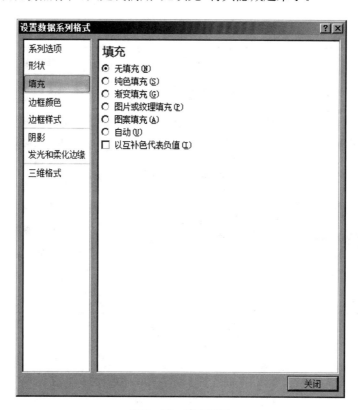

图 9-35 填充项目

(9) 修改坐标轴大小。在初步结果图中,对坐标轴点击右键,并选择"设置坐标轴格式"选项,如图 9‑36 所示。在弹出的"设置坐标轴格式"窗口中选择"坐标轴选项",将其最小值固定为"0",最大值固定为"12,000,000",如图 9‑37 所示。

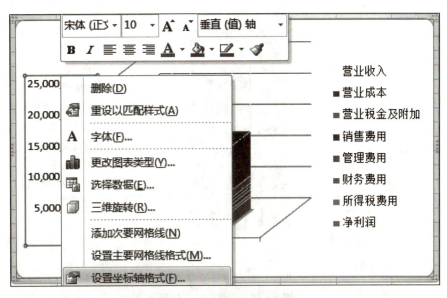

图 9‑36 设置坐标轴格式

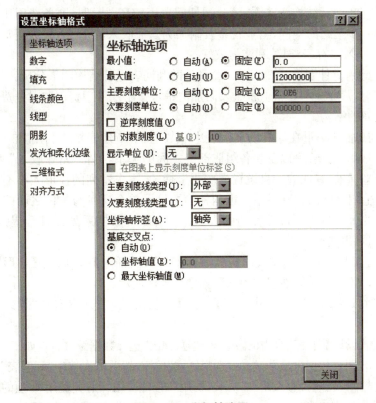

图 9‑37 坐标轴选项

（10）返回初步结果图后，修改"数据标签"的位置以及拉伸图形的大小，得到的最终结果如图9-38所示。

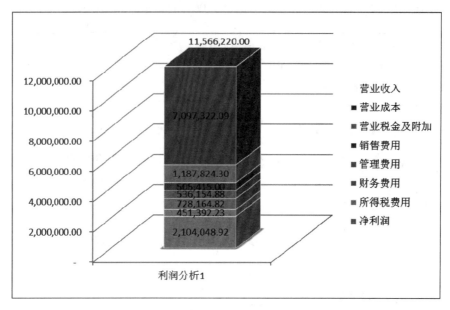

图9-38 利润分析1结果

从图9-38利润结构图来看，该公司期间费用较高，特别是财务费用比重较大，营业成本有进一步压缩的空间，营业税金及附加为营业收入的10%，较为正常，净利润占营业收入的20%左右，公司盈利能力较好。

【例9-6】 对佳园公司2015年12月份的利润表进行结构图形分析。假设仅考虑"营业收入"与"营业成本""营业税金及附加""销售费用""管理费用""财务费用"等主要报表项目之间的结构。

【原理与思路】尽量在原有的利润表中取数，而不新建表格。利用"堆积柱形图"，并结合"行与列的切换"可以反映各组成部分之间的关系，再将"营业收入"所在的系列设置为主要坐标轴，其他的项目设置为次要坐标轴，主次系列的柱形大小不同，则可以进一步反映他们之间的相互关系。堆积柱形图显示单个项目与整体之间的关系，它比较各个类别的每个数值所占总数值的大小。当有多个数据系列并且希望强调总数值时，可以使用堆积柱形图。

（1）新建工作表，命名为"利润构成分析2"，点击【插入】选项卡中【柱形图】图标下的"二维柱形图"，并选择"堆积柱形图"，如图9-39所示。

（2）此时，EXCEL选项卡中出现【设计】图表工具，在其中选择"样式26"，如图9-40所示。

（3）点击【设计】图表工具中的【选择数据】，弹出"选择数据源"窗口，如图9-41所示。

（4）点击"图表数据区域"末端的"选择区域"按钮，然后依次选中"利润表"中的"营业收入""营业成本""营业税金及附加""销售费用""管理费用""财务费用"6项的本月金额。此时，选择数据源窗口中显示"=利润表！$E$4：$E$9"，如图9-42所示。

第九章 EXCEL 在报表分析中的应用

图 9-39 插入柱形图

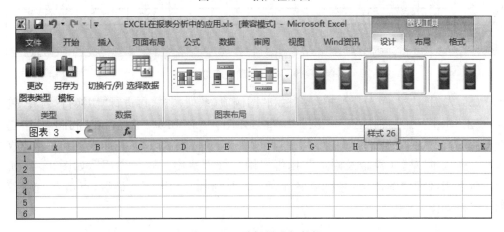

图 9-40 选择样式与数据

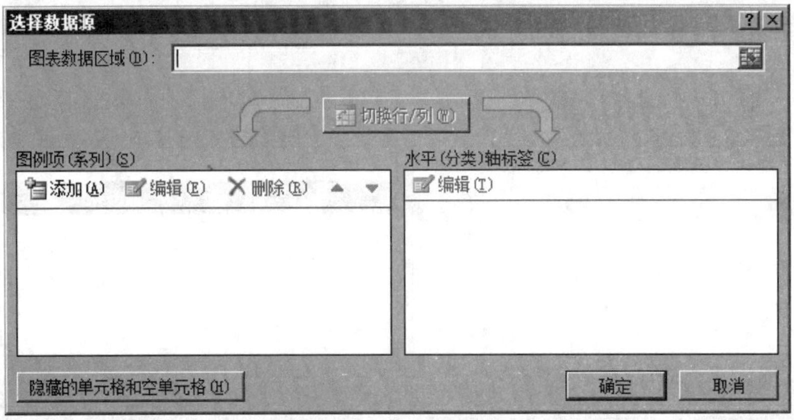

图 9-41 选择数据源

259

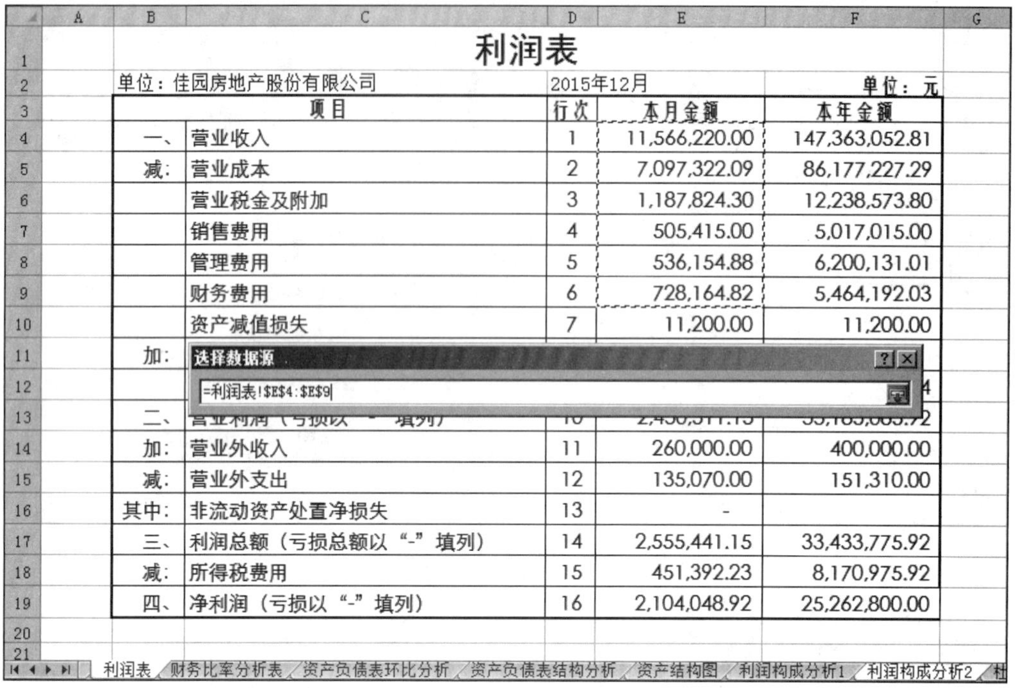

	利润表			
单位：佳园房地产股份有限公司		2015年12月		单位：元
	项目	行次	本月金额	本年金额
一、	营业收入	1	11,566,220.00	147,363,052.81
减：	营业成本	2	7,097,322.09	86,177,227.29
	营业税金及附加	3	1,187,824.30	12,238,573.80
	销售费用	4	505,415.00	5,017,015.00
	管理费用	5	536,154.88	6,200,131.01
	财务费用	6	728,164.82	5,464,192.03
	资产减值损失	7	11,200.00	11,200.00
加：	[illegible]			
	[illegible]			[illegible]
二、	[illegible]	[illegible]	[illegible]	[illegible]
加：	营业外收入	11	260,000.00	400,000.00
减：	营业外支出	12	135,070.00	151,310.00
其中：	非流动资产处置净损失	13	-	
三、	利润总额（亏损总额以“-”填列）	14	2,555,441.15	33,433,775.92
减：	所得税费用	15	451,392.23	8,170,975.92
四、	净利润（亏损以“-”填列）	16	2,104,048.92	25,262,800.00

图 9-42　利润表取数

（5）先编辑“水平（分类）轴标签”栏和“图例项（系列）”栏，再进行“切换行/列”。首先，点击“水平（分类）轴标签”栏下的“编辑”，如图 9-43 所示。然后，在“利润表”中选择 C4：C9 单元格，如图 9-44 所示。这样就将 1—6 标签修改为“利润表”中的“营业收入”“营业成本”“营业税金及附加”“销售费用”“管理费用”“财务费用”，如图 9-45 所示。接下来，修改“图例项（系列）”栏下的“1”为“利润分析 2”。最后，点击“切换行/列”，结果如图 9-46 所示。

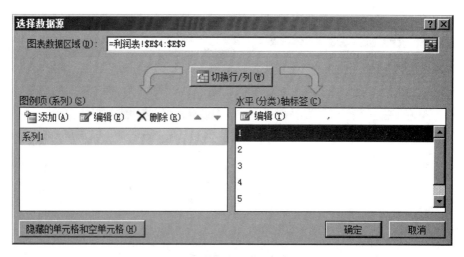

图 9-43　编辑水平轴标签

图 9‑44 利润表取数

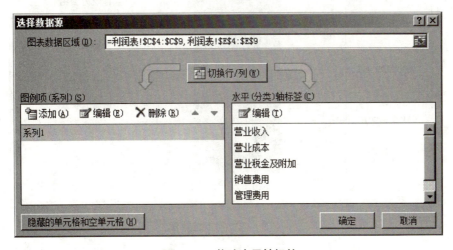

图 9‑45 修改水平轴标签

EXCEL在财务会计中的应用

图9-46 切换行/列

(6) 设置数据系列格式。在得到的初步结果图(图9-47)中,选择"营业成本"系列,点击鼠标右键,选择"设置数据系列格式"选项,如图9-48所示。在图9-48"设置数据系列格式"窗口中选择"系列选项",将分类间距定为"150%",系列绘制在"次坐标轴",如图9-49所示。

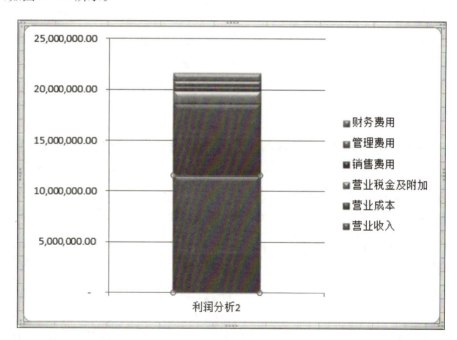

图9-47 初步结果图

(7) 修改主要和次要坐标轴。由于暂时没有修改主要和次要坐标轴的大小,我们看到的结果是"营业成本"系列覆盖了其他系列,如图9-50所示。接下来,先修改主要坐标轴大小,选择左边的主要坐标轴,点击右键选择"设置坐标轴格式",如图9-51所示。在弹出的"设置坐标轴格式"窗口中将最小值"固定"为"0"、最大值"固定"为

第九章　EXCEL 在报表分析中的应用

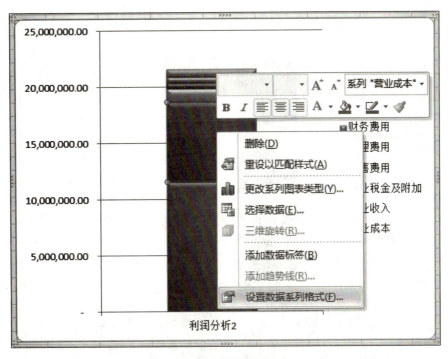

图 9－48　设置数据系列格式

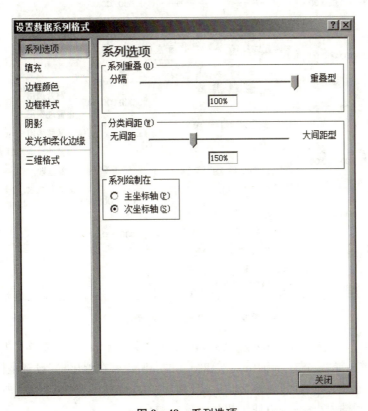

图 9－49　系列选项

263

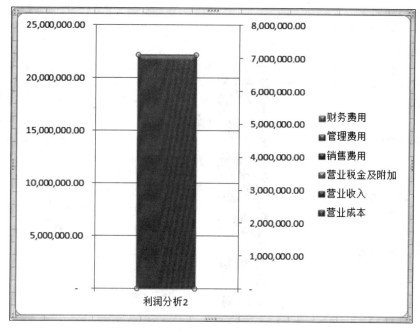

图 9-50 "营业成本"系列

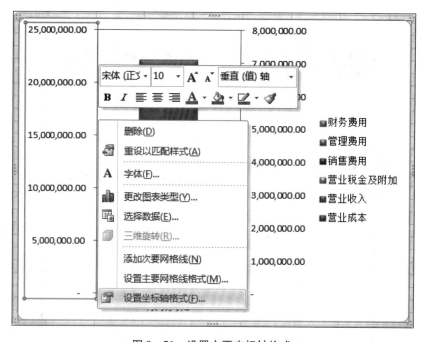

图 9-51 设置主要坐标轴格式

"12,000,000",如图 9-52 所示。然后,再修改次要坐标轴大小,选择右边的次要坐标轴,点击右键选择"设置坐标轴格式",如图 9-53 所示。在弹出的"设置坐标轴格式"窗口中将最小值"固定"为"0"、最大值"固定"为"12,000,000",如图 9-54 所示。这样主要与次要坐标轴大小统一,以便于相互比较。

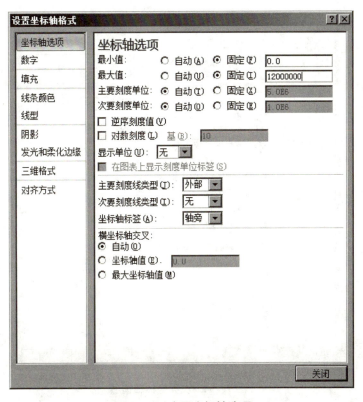

图 9-52 主要坐标轴选项

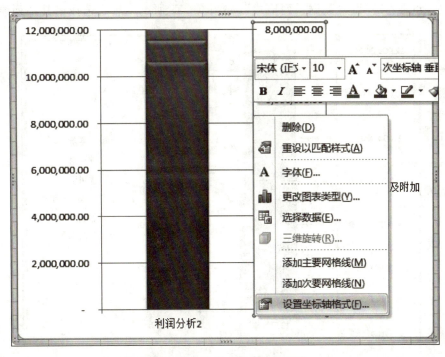

图 9-53 设置次要坐标轴格式

图 9-54 次要坐标轴选项

(8) 修改"营业税金及附加"等系列格式。同"营业成本"类似,首先选择"营业税金及附加"点击右键"设置数据系列格式",如图 9-55 所示。然后选择将其系列绘制在

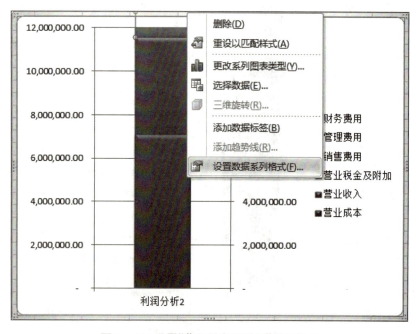

图 9-55 设置"营业税金及附加"系列格式

"次坐标轴",如图 9-56 所示。"销售费用""管理费用"与"财务费用"系列的设置同理,不再赘述。

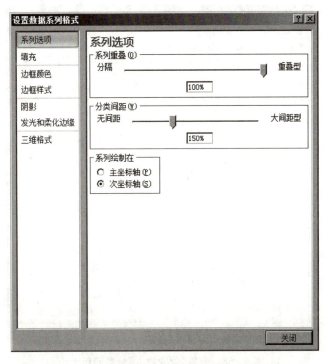

图 9-56 设置"营业税金及附加"为次坐标轴

(9)修改"营业收入"系列格式。在图 9-57 中,选中"营业收入"系列,点击右键选择"设

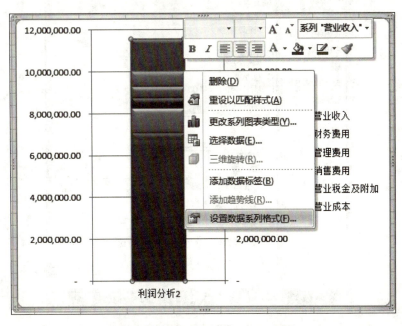

图 9-57 设置"营业收入"系列格式

置数据系列格式"选项。在弹出的"设置数据点格式"窗口中选择"系列选项",将分类间距定为"90％",如图 9－58 所示。接下来,在"填充"中选择"渐变填充",如图 9－59 所示。

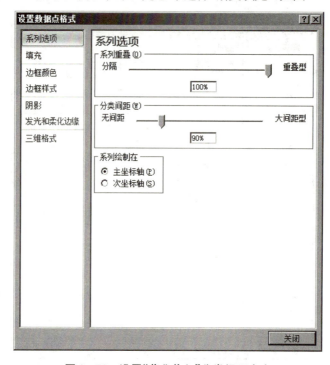

图 9－58　设置"营业收入"分类间距大小

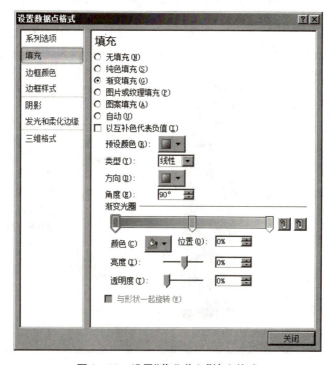

图 9－59　设置"营业收入"填充格式

（10）返回初步结果图后，拉伸图形的大小，得到的最终结果如图 9-60 所示。

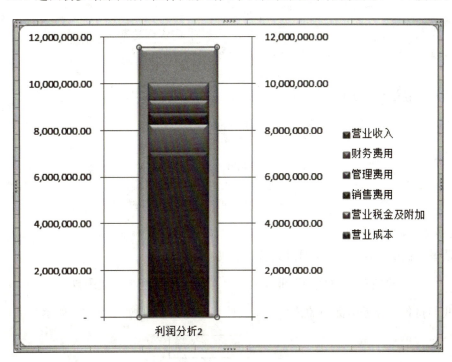

图 9-60　利润分析 2 结果

第三节　EXCEL 在杜邦分析中的应用

一、杜邦分析体系

1. 杜邦分析法

杜邦分析法是利用各个主要财务比率之间的内在联系，建立财务比率分析的综合模型，来综合地分析和评价企业财务状况和经营业绩的方法。杜邦分析体系的基本思想是按照财务指标之间的内在联系，将核心指标——净资产收益率逐级分解为多项财务比率的乘积，以便更深入的分析比较企业的经营业绩并找出原因。

杜邦分析体系的分析数据来源于资产负债表及利润表，在 EXCEL 中利用杜邦分析法进行财务分析主要是分析指标体系的建立和从报表中提取数据计算各指标的值，采用杜邦分析图将有关分析指标按内在联系加以排列，从而直观地反映出企业的财务状况和经营成果的总体面貌。

2. 杜邦分析体系的解构

（1）分解净资产收益率。

$$净资产收益率 = \frac{净利润}{平均净资产} \times 100\%$$

$$= \frac{净利润}{平均资产总额} \times \frac{平均资产总额}{平均净资产} \times 100\%$$

$$= 总资产净利率 \times 权益乘数$$

(2) 分解总资产净利率。

$$总资产净利率 = \frac{净利润}{平均资产总额} \times 100\%$$

$$= \frac{净利润}{营业收入} \times \frac{营业收入}{平均资产总额} \times 100\%$$

$$= 营业净利率 \times 总资产周转率$$

(3) 杜邦分析图。

通过上面的层层分解,我们得到以下公式:

$$净资产收益率 = 营业净利率 \times 总资产周转率 \times 权益乘数。$$

我们将各项财务指标间的关系绘制成杜邦分析基本图,如图 9-61 所示。

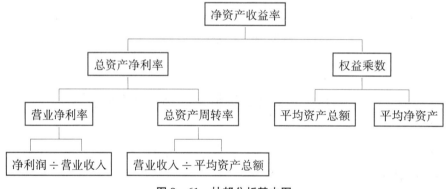

图 9-61 杜邦分析基本图

通过自上而下的分析,不仅可以了解公司财务状况的全貌以及各项财务指标间的结构关系,还可以查明各项主要财务指标增减变动对净资产收益率的影响及其原因。在杜邦体系中,包括以下几种主要的指标关系:

(1) 净资产收益率是整个分析系统的起点和核心。该指标的高低反映了投资者的净资产获利能力的大小。净资产收益率是由营业净利率、总资产周转率和权益乘数决定的。

(2) 权益系数表明了企业的负债程度。该指标越大,企业的负债程度越高,它是资产权益率的倒数。一般来说,权益乘数介于 2~5 之间,也即负债率在 50%~80% 之间。

(3) 总资产净利率是营业净利率和总资产周转率的乘积,是企业营业成果和资产运营的综合反映,要提高总资产收益率,必须增加营业收入,降低资金占用额。

（4）总资产周转率反映企业资产实现营业收入的综合能力。分析时，必须综合营业收入分析企业资产结构是否合理，即流动资产和长期资产的结构比率关系。同时，还要分析流动资产周转率、存货周转率、应收账款周转率等有关资产使用效率指标，找出总资产周转率高低变化的确切原因。

二、杜邦分析的应用

1. 新建杜邦分析模型表

在报表分析工作簿中追加一个表页，为其命名为"杜邦财务分析模型"，然后建立杜邦分析体系的结构框架，如图 9-62 所示。

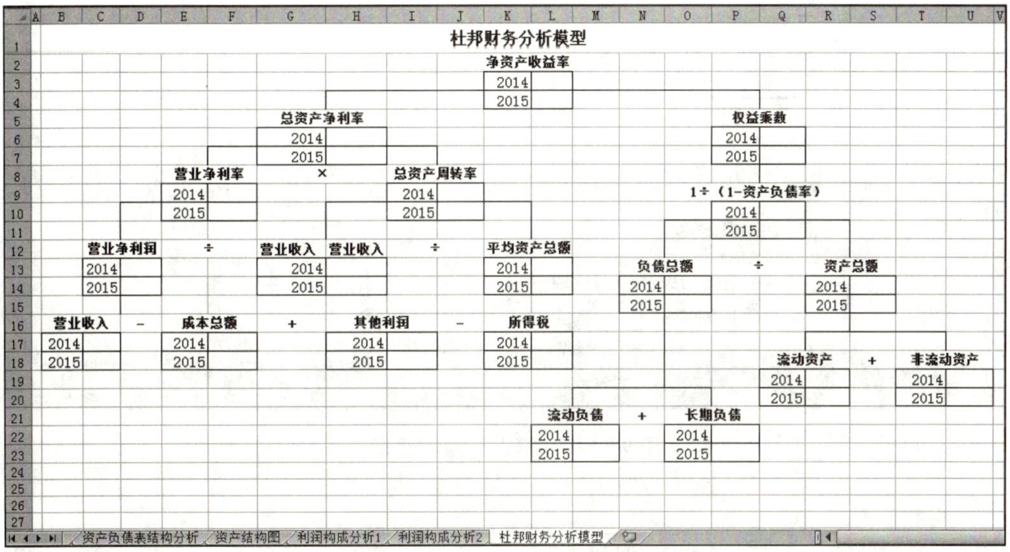

图 9-62 杜邦财务分析模型

2. 依次输入相关指标值对应单元的计算公式

杜邦财务分析模型中的数据均来源于资产负债表及利润表，因此，只要依次输入相关指标值对应单元的计算公式，就可以完成得到杜邦财务分析体系。

3. 设计视觉效果

如果要突出指标体系之间联系的视觉效果，可以取消表中的网格线。具体操作是，选择【文件】选项卡下面的【选项】，在"EXCEL 选项"中选择"高级"选项，将"显示网格线(D)"前的"√"取消，如图 9-63 所示，单击【确定】，最终的视觉效果如图 9-64 所示。

【例 9-7】 利用佳园公司 2015 年 12 月 31 日的资产负债表及 2015 年 12 月份的利润表，构建杜邦财务分析体系，深入分析影响净资产收益率的主要因素。

【原理与思路】杜邦分析体系的数据来源于资产负债表及利润表，不需要新建表格。我们从杜邦分析体系的底部开始取数，依次向上填写，然后就可以计算出净资产收益率，最后根据计算结果进行深入分析。

EXCEL在财务会计中的应用

图 9-63　EXCEL 选项"高级"

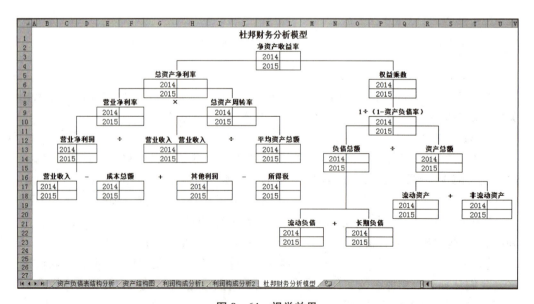

图 9-64　视觉效果

（1）新建工作表，命名为"杜邦财务分析体系"，如图 9-65 所示。

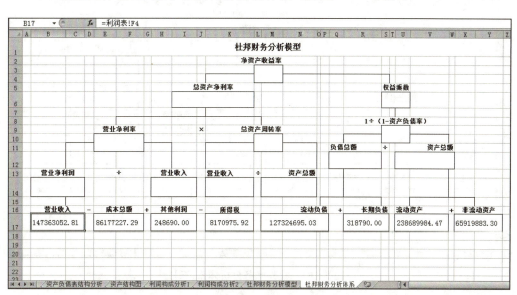

图 9-65　杜邦账务分析体系（一）

（2）从杜邦分析体系的底部开始取数，依次向上填写，如图 9-66 所示。

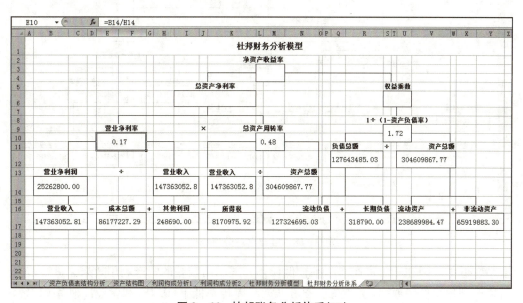

图 9-66　杜邦账务分析体系（二）

（3）完成杜邦财务分析模型，如图 9-67 所示。
（4）设计视觉效果，取消网格线后的最终结果如图 9-68 所示。

从图 9-68 杜邦分析体系来看，该公司权益净利率的变动在于资本结构（权益乘数）变动和资产利用效果（总资产净利率）变动两方面共同作用的结果。该公司的权益乘数为 1.72，对于房地产公司来说，实属正常，公司资本结构较为合理。该公司净资收

EXCEL在财务会计中的应用

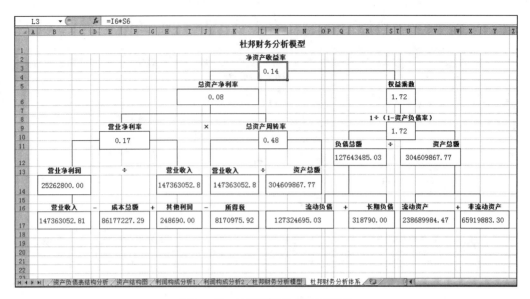

图9-67 杜邦账务分析体系(三)

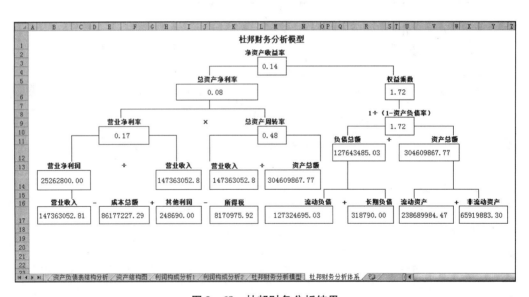

图9-68 杜邦财务分析结果

益率较低的原因在于总资产净利率较低(8%),显示出较差的资产利用效果。进一步分析资产利用率低的原因,主要在于公司总资产周转率低下(0.48)和营业净利率(17%)较低。因此,对于该公司来说,当前最为重要的就是要努力减少各项成本,在成本控制上下功夫。同时,要保持较高的总资产周转率。这样,可以使营业利润率得到提高,进而使资产净利率有大的提升。

复习思考题

1. 在利用EXCEL进行比率分析模型设计的关键问题是什么?

2. 简述杜邦分析体系的基本原理和实践意义。

3. 在进行比较分析时,如何解决基数的金额为负数,出现变动百分比的符号与绝对增减金额的符号相反的结果?

第十章　EXCEL 宏在财务会计中的运用

[**教学目的和要求**]

通过本章的学习,要求学生了解 EXCEL 宏的基本概念与作用;了解 EXCEL 宏的安全性及其设置;掌握录制宏的步骤、执行宏的方法;理解运用 EXCEL 宏调整工资项目和制作工资条的原理与步骤。

第一节　EXCEL 宏的基本概念

宏是由一个或多个操作组成的集合,可以实现操作或任务的自动化。当我们需要重复操作一个或多个动作时,只要将这些操作步骤录制成宏,以后只需执行这个宏,EXCEL 就会自动执行这些操作,从而达到简化操作的目的。宏能够把重复要做的事用一个命令来代替,从而能够大大提高工作效率。

此外,宏还是我们学习简单编程语言 VBA(Visual Basic for Applications)的基础。VBA 是 Visual Basic 的一种宏语言,是微软开发出来在其桌面应用程序中执行通用的自动化(OLE)任务的编程语言,主要用于扩展 Windows 的应用程式功能,特别是 Microsoft Office 软件。初学者通过宏,可以学习 VBA 编程的基本方法,同时它又是中、高级用户深入学习 VBA 编程的参考工具。如果在编程时忘了某个方法的参数或使用方法,可以通过录制一段宏来借鉴。因此,可以说宏既是初学者进入 VBA 世界的大门的一把钥匙,又是中、高级用户掌握 VBA 的向导和助手。

一、宏的安全性及设置

EXCEL 宏在给人们带来自动化好处时同时也会引起潜在的安全性风险。我们可以通过某个文档引入恶意宏,一旦打开这个文档,这个恶意宏就会运行,并且可能在计算机中传播病毒。宏病毒曾经成为非常流行的、对计算机安全威胁最大的病毒之一。为此,保证宏的安全,就成为一个非常重要的问题。在 EXCEL 2010 中增加了宏的安全性的设置。

根据工作中使用宏的频繁程度和宏使用的范围,可以采用多种方式设置宏的安全性。按照如下步骤,就可以进行宏的安全性基本设置。

(1) 打开 EXCEL 2010,单击窗口左上角【文件】选项卡,在打开的下拉选项卡中,选择【选项】。

(2) 在打开"EXCEL 选项"窗口中,单击左侧窗格中的"信任中心",在打开的右侧窗中,单击"信任中心设置"按钮,如图 10 - 1 所示,打开"信任中心"窗口。

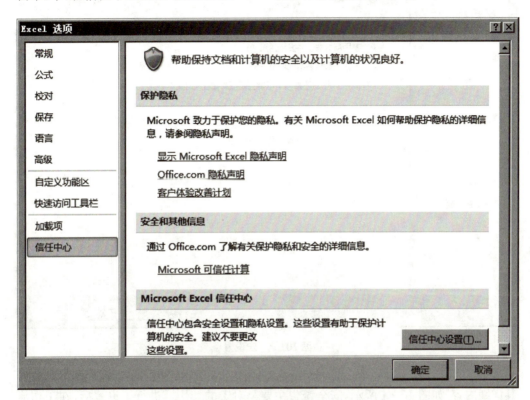

图 10 - 1 "信任中心"窗口

在打开的"信任中心"窗口中,单击左侧窗格中的"宏设置",在右侧窗格的"宏设置"选项区域中选择"禁用所有宏,并发出通知"单选按钮,如图 10 - 2 所示,然后单击"确定"按钮。

"宏设置"的相关说明:

① "禁用所有宏,并发出通知"选项是默认选项,EXCEL 发现在工作簿中包含宏时,发出安全警报,用户根据具体情况选择是否启用宏。

② 如果选中"禁用所有宏,并且不通知",则工作簿中的所有宏以及有关宏的安全警报都被禁用。

③ 如果选中"禁用无数字签署的所有宏",当宏已由受信任的发行者进行了数字签名时,如果信任发行者,则可以运行宏;如果不信任发行者,将收到通知。

④ 如果选中"启用所有宏(不推荐,可能会运行有潜在的危险代码)",则可以不受限制地运行所有宏,当然,也会给计算机带来极大的危害。

⑤ 如果选中"信任对 VBA 工程对象模型的访问",可以控制是否运行宏代码中对 VBA 工程对象模型的语句。建议选中该选项。

(3) 现在打开包含宏的 EXCEL 工作簿后,可以看到"安全警告:部分活动内容已

EXCEL在财务会计中的应用

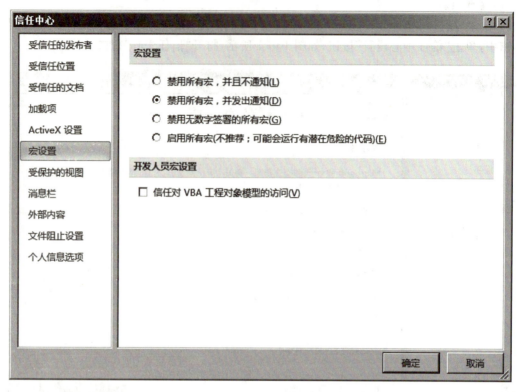

图10-2 宏设置

被禁用。单击此处了解详细信息"的提示,如图10-3所示。我们单击该提示信息打开其详细内容,如图10-4所示,安全警告主要是对宏的禁用。进行了设置后,在工作簿中就可以运行宏。此选项为使用者提供了选择机会,所以系统推荐使用此选项。

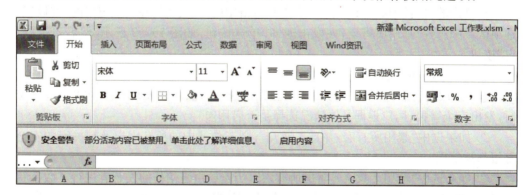

图10-3 启用内容

二、录制宏

在实际工作中,有时需要对所选定的工作表单元格区域进行某些格式设置,例如字

图 10-4　安全警告内容

体大小、加粗、填充颜色、单元格格式设置等,我们可以用录制宏的方法设置所有这些格式并保存,以后只要执行该宏,就可以得到我们想要的结果,而不需要每次都做相同的设置和操作,从而提高工作效率。

【例 10-1】　录制佳园公司常用表格的通用标题行。

(1) 启动 EXCEL 2010,在 Sheet1 中,选择单元格区域。

(2) 启动宏录制器。在 EXCEL 2010 功能区上,单击【视图】选项卡【宏】组中的"宏"按钮,如图 10-5 所示,在下拉表中单击"录制宏"命令。

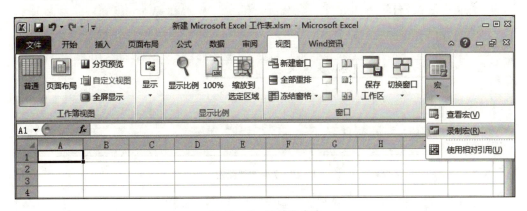

图 10-5　录制宏命令

(3) 定义新宏。打开"录制新宏"窗口,默认的宏名是"宏 1",为了以后使用宏方便,最好给宏起一个名字,例如,将新建的宏命名为"通用标题行"。在"快捷键(K)"下面设置快捷键,在本例我们设置为"Ctrl+J",保存宏的位置,通常使用默认位置"当前工作簿",并在"说明"中增加对该宏的适当说明,如图 10-6 所示,单击确认按钮。当"录制新宏"窗口关闭后,便进入了录制宏的状态,正式开始了录制宏的工作。

(4) 返回 Sheet1 单元格区域,进行标题行设置。具体操作如下:选定 B1:F1 单元

EXCEL在财务会计中的应用

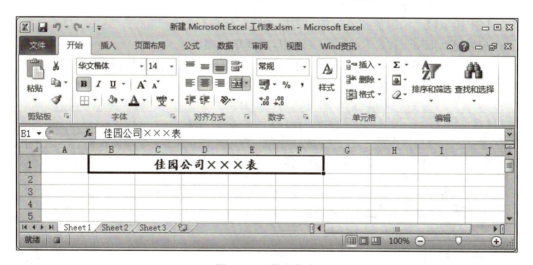

图10-6 "录制新宏"窗口

格"合并后居中",输入"佳园公司×××表"。在功能区上单击【开始】选项卡下"字体"组,选择"华文楷体"、大小选择"14",并"加粗",如图10-7所示。

图10-7 录制新宏

(5)在功能区中,单击单击【视图】选项卡下选项卡【宏】组中的"宏"按钮,在下拉表中单击"停止录制"命令,如图10-8所示,此时完成该宏的录制工作。或者点击EXCEL工作簿左下角状态栏"就绪"后的蓝色小方块,也可以停止录制宏。

接下来,我们初步认识一下宏代码,这有助于后续章节内容的理解。

按Alt+F11键(或者单击"查看宏"中的"编辑"按钮),进入VBA窗口,在工程资源管理器中,双击模块文件下的"模块1",在右边代码窗口下即可看到录制的宏代码,如图10-9所示。

Sub 通用标题行(),是通过宏过程的起始行,它指明这个宏过程的名称是"通用标

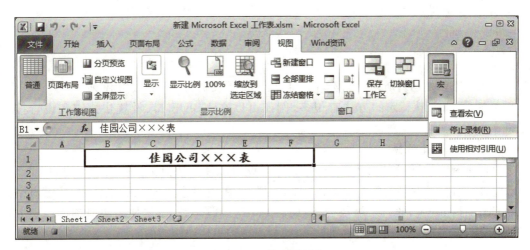

图 10‑8　停止录制宏

图 10‑9　录制的宏代码

题行"。宏过程以单撇号（'）开头的行说明这一行是注释行，不参与代码的执行，并且注释行在程序中以绿色显示。在本例中，我们可以看到前面设置的一些信息。

With…End With 是一种简化设置对象属性或方法的 VBA()语法结构。With 到 End With 之间的代码是程序的基本代码行。这些代码主要涉及前面每一具体操作，如单元格的内容、字体、字号等。

三、执行宏

执行宏就是运行所录制的宏,让它自动执行所录制的一系列设置和操作。

在 EXCEL 执行宏的方法有很多,例如可以在 VBE 窗口、设置快捷键和设置按钮等。

1. 通过快捷键执行宏

在录制宏的过程中,如果设置了快捷键,就可以使用快捷键执行宏了。例如,前面已设置"通用标题行"宏的快捷键为"Ctrl+J",现在我们选择 Sheet2 工作表,按键盘中的 Ctrl+J 组合键,此时宏被执行,结果如图 10-10 所示。虽然使用快捷键执行宏方便、快捷,但是如果创建宏的时间长了,就会出现记不住快捷键的问题。

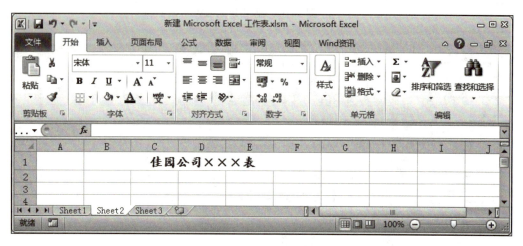

图 10-10　通过快捷键执行宏

2. 通过"宏"窗口执行宏

通过宏窗口执行宏的方法是:单击功能区"视图"选项卡"宏"组中的"宏"按钮(或者在"开发工具"选项卡中,单击"代码"组中"宏"命令)打开"宏"窗口,在列表中选中一个宏,例如"通用标题行",如图 10-11 所示,然后单击"执行"按钮,则可以执行选定的宏。

3. 通过按钮执行宏

按钮是使用"控件"组中的"控件"命令所创建的一种控件,"控件"组作为一种高级用户所使用的命令,在默认状态下是不出现在快捷工具栏中的,需要用户设置。

(1)首先,增加【开发工具】选项卡。点击【文件】选项卡,选择【选项】,在打开"EXCEL 选项"窗口中,单击左侧窗格中的"自定义功能区",在打开的中间窗中选择"主选项卡",选中"开发工具",点击"添加(A)>>"按钮,如图 10-12 所示,点击"确定"完成。

(2)然后,工作簿就新增了【开发工具】选项卡,在其中单击"控件"组中的"插入"按钮。在打开的"控件"面板中,单击"表单控件"组中的"命令"按钮,如图 10-13 所示。

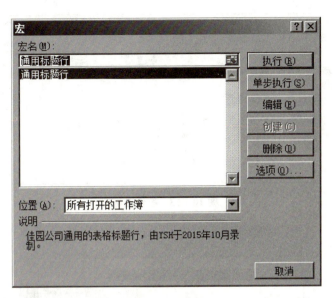

图 10‑11 "宏"窗口

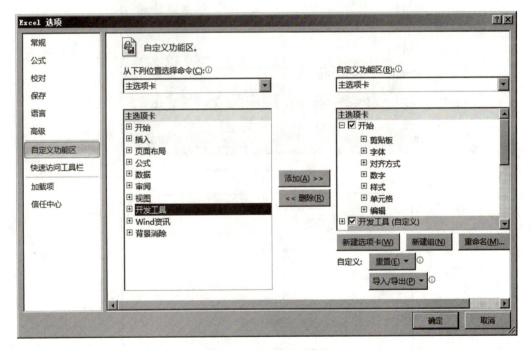

图 10‑12 EXCEL 选项

（3）在工作表中的适当位置绘制大小适当的矩形，随即打开"指定宏"窗口，如图 10‑14 所示。在"宏名"文本框中选择已有宏的名称"通用标题行"。然后单击"确定"按钮。接下来，在该按钮上单击右键，在打开的快捷选项卡中单击"编辑文字"命令，如图 10‑15 所示。此时进入文字编辑状态，将原来的三个字删除，并输入"添加标题行"。此时，只要单击该命令按钮就可以执行"通用标题行"宏，最终结果如图 10‑16 所示。

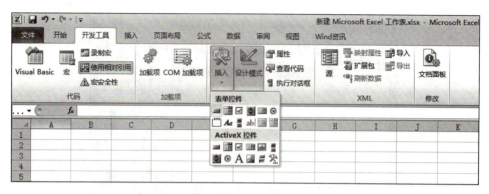

图 10-13 控件面板

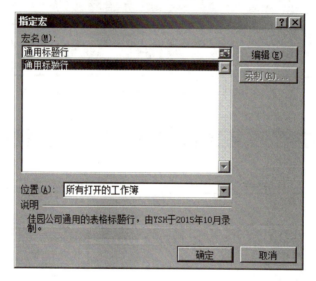

图 10-14 "指定宏"窗口

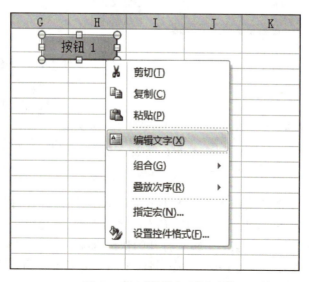

图 10-15 "编辑文字"命令

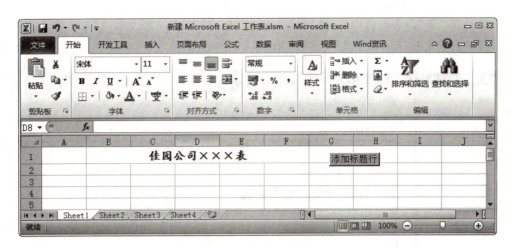

图 10‑16　通过按钮执行宏

4. 使用"快速访问工具栏"执行宏

在创建宏后,可以在"快速访问工具栏"上添加一个按钮来执行宏,这是一个执行宏的简单方法。添加宏按钮的操作步骤如下。

(1) 单击【文件】选项卡,选择【选项】,在打开"EXCEL 选项"窗口中,单击左侧窗格中的【快速访问工具栏】,在打开的中间窗中"从下列位置选择命令"的下拉列表框中选择"宏",如图 10‑17 所示。

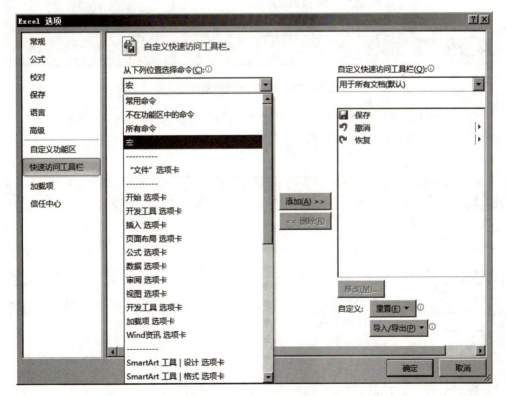

图 10‑17　下拉列表框

(2) 在"宏"命令列表中,选择"通用标题行"宏,然后单击"添加(A)>>"按钮,把宏添加到"自定义快速访问工具栏"中,如图 10-18 所示。

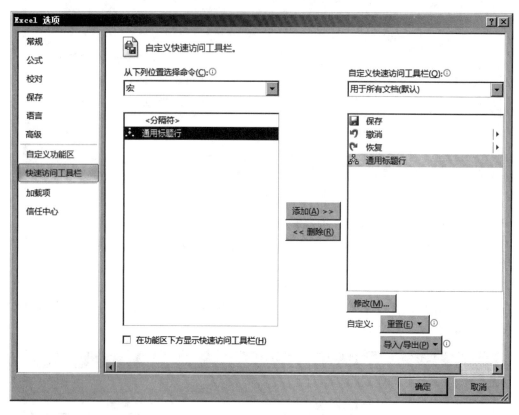

图 10-18　添加"通用标题行"宏

(3) 返回 EXCEL 2010 工作簿,在工作界面的左上角的"快速访问工具栏选项"中,新增了一个宏图标,如图 10-19 所示,单击该图标,即可执行"通用标题行"宏。

图 10-19　快速访问工具栏选项

第二节　EXCEL 宏的运用举例

财务会计人员在工作中经常需要使用 EXCEL 设置相关格式、构造复杂嵌套公式，而当下次遇到类似问题时，又需要重新设置相关格式、构造复杂嵌套函数，这个过程不仅烦琐，而且容易出错。如果我们利用 EXCEL 将这些具体的操作录制为宏，以后只要执行相关的宏就可以实现。EXCEL 宏的运用极大地提高了财务会计人员工作的准确性和效率性，具有很强的实用性。

一、利用宏调整工资项目

随着经济的发展，企业工资的基数可能每年增加一定金额。在每一个新的财务年度，使用手工方法调整所有员工的工资基数，这个看似简单但是确实十分烦琐的事情。如果使用 EXCEL 中的宏，就可以非常轻松地完成这些工作。

【例 10 - 2】　在如图 10 - 20 所示的佳园公司工资明细表中，录制一个宏，利用快捷键实现基本工资调增 500 元。同时，为了追溯前一年的工龄工资，再录制一个恢复宏，利用快捷实现基本工资调减 500 元。

	A	B	C	D	E	F	G	H	I	J	K	L
1	员工编号	姓名	基本工资	岗位工资	工龄工资	应发工资	住房公积金	社保费	应纳税所得	个人所得税	实发工资	
2	000001	胡慧清	5000	900	2000	7900	708	767	2925	187.5	6237.5	
3	000002	杨希铭	4000	2400	1500	7900	768	832	2800	175	6125	
4	000003	徐颖	4500	2400	2000	8900	828	897	3675	262.5	6912.5	
5	000004	王云康	3000	2400	2000	7400	648	702	2550	150	5900	
6	000005	邱远山	4000	900	2000	6900	588	637	2175	112.5	5562.5	
7	000006	肖传毅	4000	900	1500	6400	588	637	1675	62.5	5112.5	
8	000007	陈苗	4500	1400	1500	7400	708	767	2425	137.5	5787.5	
9	000008	万齐惊	4500	1400	2000	7900	708	767	2925	187.5	6237.5	
10	000009	熊慧珉	4000	900	1500	6400	588	637	1675	62.5	5112.5	
11	000010	姜鹏	5000	2400	2000	9400	888	962	4050	300	7250	
12	000011	汤钦平	3000	1200	2000	6200	504	546	1650	60	5090	
13	000012	黄淑芳	4500	1000	2000	7500	660	715	2625	157.5	5967.5	
14	000013	曾祥凤	5000	900	1500	7400	708	767	2425	137.5	5787.5	
15	000014	徐金	5000	900	2000	7900	708	767	2925	187.5	6237.5	
16	000015	顾嘉怡	5000	900	2000	7900	708	767	2925	187.5	6237.5	
17	000016	陈美聪	5000	900	2000	7900	708	767	2925	187.5	6237.5	
18	000017	陈俊霖	3000	1200	2000	6200	504	546	1650	60	5090	
19	000018	黄昱	5000	900	2000	7900	708	767	2925	187.5	6237.5	
20	000019	张鹏	3000	1200	2000	6200	504	546	1650	60	5090	
21	000020	邓子豪	4000	900	1500	6400	588	637	1675	62.5	5112.5	
22	000021	钟春燕	5000	900	1500	7400	708	767	2425	137.5	5787.5	
23	000022	况代超	3000	1200	2000	6200	504	546	1650	60	5090	
24	000023	何欣越	3000	1200	1500	5700	504	546	1150	34.5	4615.5	
25	000024	古阳阳	3000	1200	1000	5200	504	546	650	19.5	4130.5	
26	000025	徐骏	3000	1200	1000	5200	504	546	650	19.5	4130.5	

图 10 - 20　工资明细表

(1) 将光标定位于"工资明细表"的 L2 单元格。在功能区中，单击【视图】选项卡【宏】组中的下拉箭头，在打开的下拉列表中选择"录制宏"。

(2) 在打开的"录制新宏"窗口中,为宏命名为"基本工资调增 500",设置快捷键为"Ctrl+W",并在说明文本框中填写相应的说明,如图 10-21 所示,然后单击"确定"按钮。

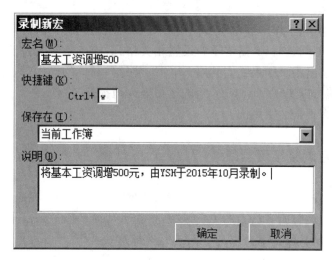

图 10-21 录制新宏

(3) 在 L2 单元格输入公式 =C2+500,然后利用填充柄完成 L3:L26 单元格区域的计算,即让 L 列设置为辅助列,结果如图 10-22 所示。接下来,复制 L2:L26 单元格区域,将其粘贴至 C2:C26 单元格区域,粘贴时选择"值(V)"。然后,删除辅助列 L 列的内容,将光标再次定位于 L2 单元格,如图 10-23 所示。

	A	B	C	D	E	F	G	H	I	J	K	L
1	员工编号	姓名	基本工资	岗位工资	工龄工资	应发工资	住房公积金	社保费	应纳税所得	个人所得税	实发工资	
2	000001	胡慧清	5000	900	2000	7900	708	767	2925	187.5	6237.5	5500
3	000002	杨希铭	4000	2400	1500	7900	768	832	2800	175	6125	4500
4	000003	徐颖	4500	2400	2000	8900	828	897	3675	262.5	6912.5	5000
5	000004	王云康	3000	2400	2000	7400	648	702	2550	150	5900	3500
6	000005	邱远山	4000	900	2000	6900	588	637	2175	112.5	5562.5	4500
7	000006	肖传毅	4000	900	1500	6400	588	637	1675	62.5	5112.5	4500
8	000007	陈苗	4500	1400	1500	7400	708	767	2425	137.5	5787.5	5000
9	000008	万齐惊	4500	1400	2000	7900	708	767	2925	187.5	6237.5	5000
10	000009	熊慧珉	4000	900	1500	6400	588	637	1675	62.5	5112.5	4500
11	000010	姜鹏	5000	2400	2000	9400	888	962	4050	300	7250	5500
12	000011	汤钦平	3000	1200	2000	6200	504	546	1650	60	5090	3500
13	000012	黄淑芳	4500	1000	2000	7500	660	715	2625	157.5	5967.5	5000
14	000013	曾祥凤	5000	900	1500	7400	708	767	2425	137.5	5787.5	5500
15	000014	徐金	5000	900	2000	7900	708	767	2925	187.5	6237.5	5500
16	000015	顾嘉怡	5000	900	2000	7900	708	767	2925	187.5	6237.5	5500
17	000016	陈美聪	5000	900	2000	7900	708	767	2925	187.5	6237.5	5500
18	000017	陈俊霖	3000	1200	2000	6200	504	546	1650	60	5090	3500
19	000018	黄昱	5000	900	2000	7900	708	767	2925	187.5	6237.5	5500
20	000019	张鹏	3000	1200	2000	6200	504	546	1650	60	5090	3500
21	000020	邓子豪	4000	900	1500	6400	588	637	1675	62.5	5112.5	4500
22	000021	钟春燕	5000	900	1500	7400	708	767	2425	137.5	5787.5	5500
23	000022	况代超	3000	1200	2000	6200	504	546	1650	60	5090	3500
24	000023	何欣越	3000	1200	1500	5700	504	546	1150	34.5	4615.5	3500
25	000024	古阳阳	3000	1200	1000	5200	504	546	650	19.5	4130.5	3500
26	000025	徐骏	3000	1200	1000	5200	504	546	650	19.5	4130.5	3500

图 10-22 辅助列金额

	A	B	C	D	E	F	G	H	I	J	K
1	员工编号	姓名	基本工资	岗位工资	工龄工资	应发工资	住房公积金	社保费	应纳税所得	个人所得税	实发工资
2	000001	胡慧清	5500	900	2000	7900	708	767	2925	187.5	6237.5
3	000002	杨希铭	4500	2400	1500	7900	768	832	2800	175	6125
4	000003	徐颖	5000	2400	2000	8900	828	897	3675	262.5	6912.5
5	000004	王云康	3500	2400	2000	7400	648	702	2550	150	5900
6	000005	邱远山	4500	900	2000	6900	588	637	2175	112.5	5562.5
7	000006	肖传毅	4500	900	1500	6400	588	637	1675	62.5	5112.5
8	000007	陈苗	5000	1400	1500	7400	708	767	2425	137.5	5787.5
9	000008	万齐惊	5000	1400	2000	7900	708	767	2925	187.5	6237.5
10	000009	熊慧珉	4500	900	1500	6400	588	637	1675	62.5	5112.5
11	000010	姜鹏	5500	2400	2000	9400	888	962	4050	300	7250
12	000011	汤钦平	3500	1200	2000	6200	504	546	1650	60	5090
13	000012	黄淑芳	5000	1000	2000	7500	660	715	2625	157.5	5967.5
14	000013	曾祥凤	5500	900	1500	7400	708	767	2425	137.5	5787.5
15	000014	徐金	5500	900	2000	7900	708	767	2925	187.5	6237.5
16	000015	顾嘉怡	5500	900	2000	7900	708	767	2925	187.5	6237.5
17	000016	陈美聪	5500	900	2000	7900	708	767	2925	187.5	6237.5
18	000017	陈俊霖	3500	1200	2000	6200	504	546	1650	60	5090
19	000018	黄昱	5500	900	2000	7900	708	767	2925	187.5	6237.5
20	000019	张鹏	3500	1200	2000	6200	504	546	1650	60	5090
21	000020	邓子豪	4500	900	1500	6400	588	637	1675	62.5	5112.5
22	000021	钟春燕	5500	900	1500	7400	708	767	2425	137.5	5787.5
23	000022	况代超	3500	1200	2000	6200	504	546	1650	60	5090
24	000023	何欣越	3500	1200	1500	5700	504	546	1150	34.5	4615.5
25	000024	古阳阳	3500	1200	1000	5200	504	546	650	19.5	4130.5
26	000025	徐骏	3500	1200	1000	5200	504	546	650	19.5	4130.5

图 10-23 完成复制

（4）单击【视图】选项卡中【宏】组下的"停止录制"，或者点击 EXCEL 工作簿左下角状态栏"就绪"后的蓝色小方块来停止录制宏。此时，基本工资列已增加了 500 元，以后只要按组合键 Ctrl+W 执行宏，基本工资将再调增 500 元。

（5）录制基本工资调减 500 的宏。与前述内容类似，将光标定位于"工资明细表"的 L2 单元格。在功能区中，单击【视图】选项卡【宏】组中的下拉箭头，在打开的下拉列表中选择"录制宏"。在打开的"录制新宏"窗口中，为宏命名为"基本工资调减 500"，设置快捷键为"Ctrl+V"，并在说明文本框中填写相应的说明，如图 10-24 所示，然后单击"确定"按钮。

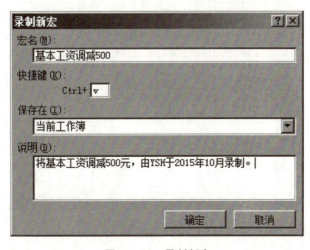

图 10-24 录制新宏

EXCEL在财务会计中的应用

(6) 在 L2 单元格输入公式＝C2－500,然后利用填充柄完成 L3:L26 单元格区域的计算,结果如图 10－25 所示。接下来,复制 L2:L26 单元格区域,将其粘贴至 C2:C26 单元格区域,粘贴时选择"值(V)"。然后,删除辅助列 L 列的内容,将光标再次定位于 L2 单元格,如图 10－26 所示。

图 10－25 辅助金额

图 10－26 完成复制

290

（7）单击【视图】选项卡中【宏】组下的"停止录制",或者点击 EXCEL 工作簿左下角状态栏"就绪"后的蓝色小方块来停止录制宏。此时,基本工资列已减少了 500 元,以后只要按组合键 Ctrl+V 执行宏,基本工资将再调减 500 元。

本例最重要的是,如果以后要调整的金额不是 500 元,而是其他金额,此时,我们只要按 Alt+F11 组合键(或者单击"查看宏"中的"编辑"按钮),调出 VBA 工程资源管理器,如图 10-27 所示,将其的"500"修改为其他金额即可。

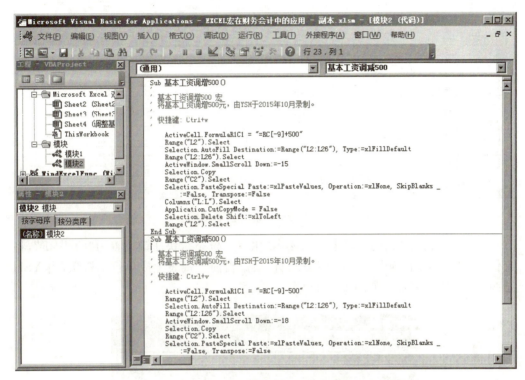

图 10-27　VBA 工程资源管理器

二、利用宏生成工资条

工资条的数据来源于工资表,不同之处在于工资条的每一员工的工资记录都有一行表头信息。用宏记录一次工资条表头的转换,然后实现循环操作,再通过按一个命令按钮执行宏即可生成带表头的工资条。

【例 10-3】　利用 EXCEL 宏制作佳园公司单行工资条,并生成相关功能按钮。

【原理与思路】在 EXCEL 中利用宏和 VBA 自动生成工资条,主要流程是录制插入工资条标题行的宏,然后为代码添加循环,并把这段代码指定给工具按钮,为了方便逆向操作可以在按相同的思路生成一段删除标题行的代码,并制作相应的工具按钮。

（1）录制前先选中 A1 单元格(特别注意),即工资条标题行所在的最左上角单元格。

（2）然后再执行录制宏操作。单击【视图】选项卡中【宏】组下的"录制宏"命令，如图 10-28 所示。

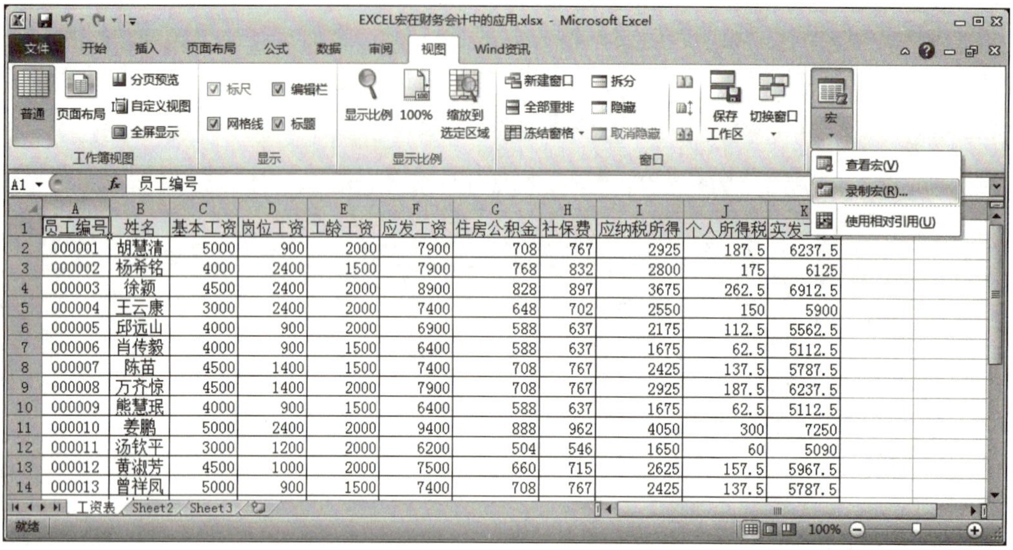

图 10-28 "录制宏"命令

（3）在"录制新宏"的窗口中输入宏名"生成工资条"，快捷键设置为"Ctrl+P"，将宏保存在"当前工作簿"，并输入相关说明"根据当前工资表生成单行工资条，由 YSH 于 2015 年 10 月录制"，如图 10-29 所示。

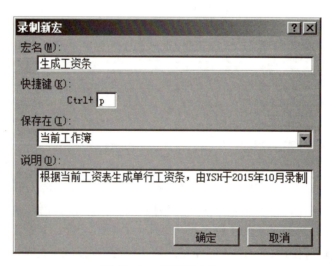

图 10-29 录制新宏窗口

（4）使用"相对引用"方式录制宏。单击【视图】选项卡中【宏】组下的"使用相对引用(U)"，如图 10-30 所示。

（5）复制第 1 行标题，在第 3 行行标处"插入复制的单元格"，为了使每个员工的工资条之间空一行，我们再在新的标题行前插入一空白行，如图 10-31 所示。

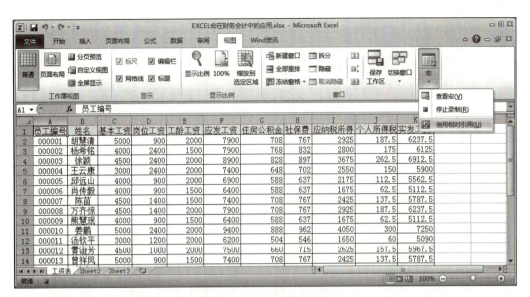

图 10-30　使用相对引用

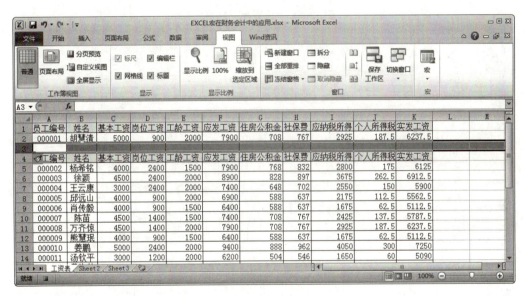

图 10-31　插入行

(6) 选定 A3：K3 单元格，点击右键修改单元格格式，去除单元格中间的竖线，如图 10-32 所示。

(7) 将光标定位于 A4 单元格（特别注意），然后单击【视图】选项卡中【宏】组下的"停止录制"，如图 10-33 所示。或者点击 EXCEL 工作簿左下角状态栏"就绪"后的蓝色小方块来停止录制宏。

(8) 按 Alt+F11 组合键（或者单击"查看宏"中的"编辑"按钮），调出 VBA 工程资源管理器，在相关位置增加以下三行代码，如图 10-34 所示。

EXCEL在财务会计中的应用

图10-32 设置单元格格式

图10-33 停止录制

Dim i

For i = 1 To 23（最前面两行）

Next（倒数第二行）

其含义是添加一个计数循环。工资共有25条记录，由于第1行不需要设置，我们已经设置了一条记录，因此，这里还要增添23个工资条标题，所以写成For i = 1 To 23。

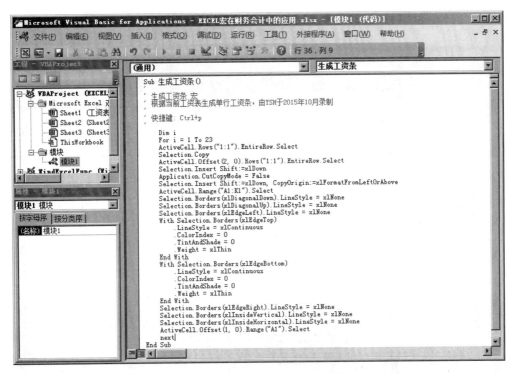

图 10-34 增加代码

（9）按前面设置的快捷键 Ctrl＋P 执行该宏，结果如图 10-35 所示。如果不添加相关功能按钮，我们的操作到此结束。

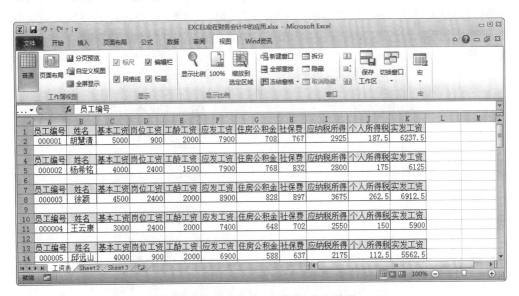

图 10-35 "生成工资条"宏执行结果

（10）由于我们还要添加"生成工资条"和"还原工资条"功能按钮，进行反复操作和逆操作，因此，对于重新执行宏时，我们应循环 24 次，这样就必须将原来 VBA 工程资源管理器的代码由 23 修改为 24,结果如图 10-36 所示。

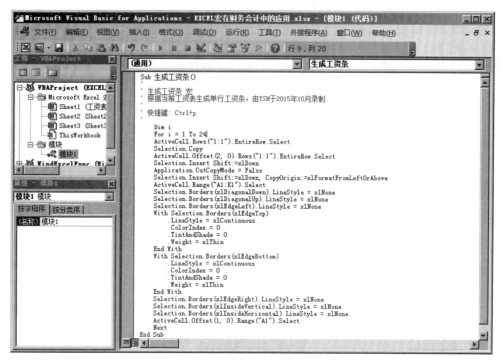

图 10-36　修改代码

（11）接下来,单击【开发工具】选项卡,选择"控件"组中的"插入"按钮。在打开的"控件"面板中,单击"表单控件"组中的"命令"按钮,在工资表的右侧适当位置进行拖拽,此时弹出"指定宏"设置窗口,如图 10-37 所示,我们选择"生成工资条"。

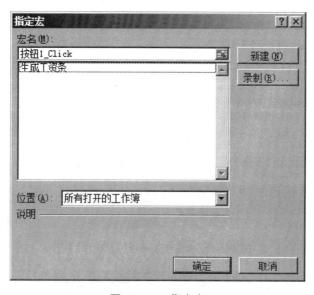

图 10-37　指定宏

(12) 然后,工资表的右侧出现"按钮1"的功能按钮,我们右键单击(对按钮的所有设置均只能点击右键)将其修改"生成工资条",如图10-38所示。

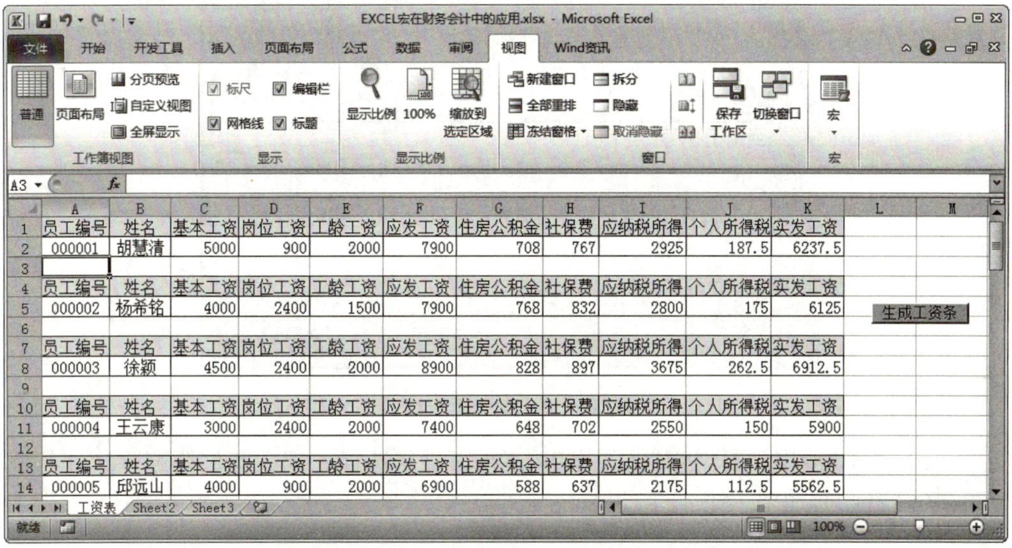

图10-38 "生成工资条"按钮

(13) 录制"还原工资表"宏。首先将光标定位于A3这一空单元格(特别注意),然后单击【视图】选项卡中【宏】组下的"录制宏",如图10-39所示。

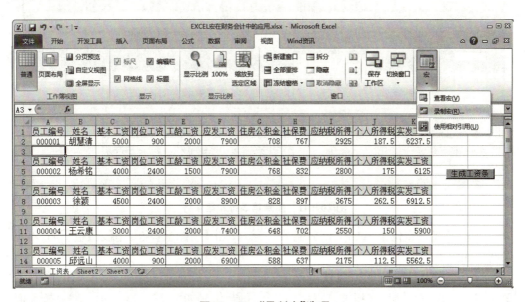

图10-39 "录制宏"选项

(14) 在"录制新宏"的窗口中输入宏名"还原工资表",快捷键设置为"Ctrl+Q",将宏保存在"当前工作簿",并输入相关说明"将生成的工资条还原为工资表,由YSH于2015年10月录制",如图10-40所示。

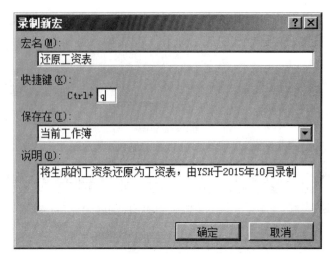

图 10-40 录制新宏窗口

(15) 由于"使用相对引用"已起作用,不用再进行选择。现在我们要删除第 3 行空白和第 4 行标题,如图 10-41 所示。

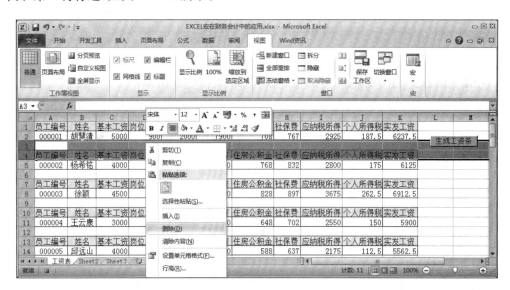

图 10-41 删除第 3 行和第 4 行

(16) 将光标定位于 A4 单元格(特别注意),单击【视图】选项卡中【宏】组下的"停止录制",如图 10-42 所示。

(17) 按 Alt+F11 组合键(或者单击"查看宏"中的"编辑"按钮),调出 VBA 工程资源管理器,与前面类似,在相关位置增加三行代码,结果如图 10-43 所示。然后按前面设置的快捷键 Ctrl+Q 执行"还原工资表"宏。

(18) 添加"还原工资表"功能按钮。复制已有的"生成工资条"功能按钮,粘贴到工资表右侧适当位置,并将按钮内的文字修改为"还原工资表",用右键点击"还原工资表",选择"指定宏",如图 10-44 所示。

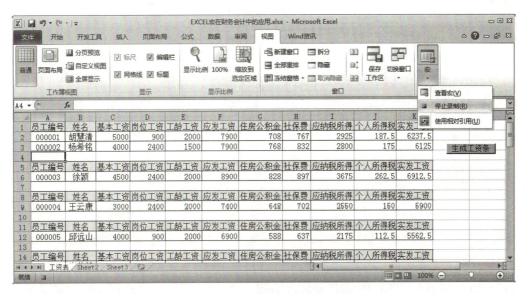

图 10-42 停止录制

图 10-43 修改代码

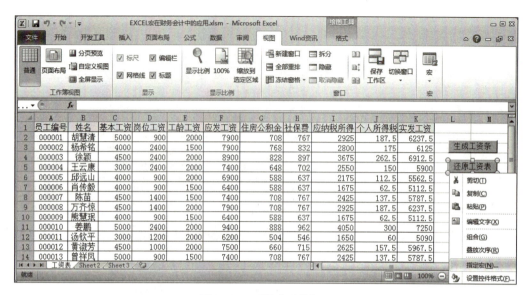

图 10-44 "指定宏"选项

(19) 在"指定宏"窗口中选择宏名为"还原工资表",如图 10-45 所示,单击"确定"。

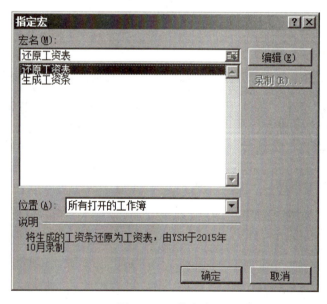

图 10-45 指定宏

(20) 由于我们要进行反复操作和逆操作,因此,对于重新执行"还原工资表"宏时,我们应循环 24 次,这样就必须将原来 VBA 工程资源管理器中的代码由 23 修改为 24,结果如图 10-46 所示。

(21) 对于接下来的反复操作和逆操作来说,最重要的是定位好操作的起始单元格。对于生成工资条来说,首先要将光标定位于 A1 单元格(特别注意),如图 10-47 所示,然后点击"生成工资条"按钮。对于执行后生成的工资条来说,要还原工资条为工

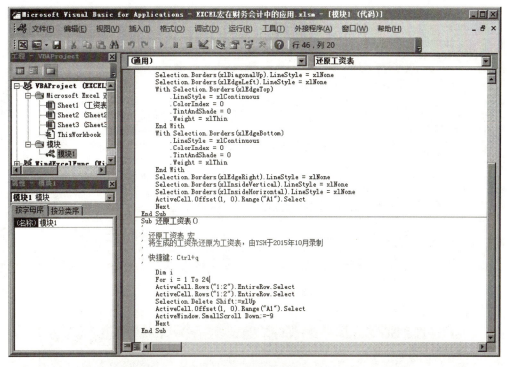

图 10 - 46 修改代码

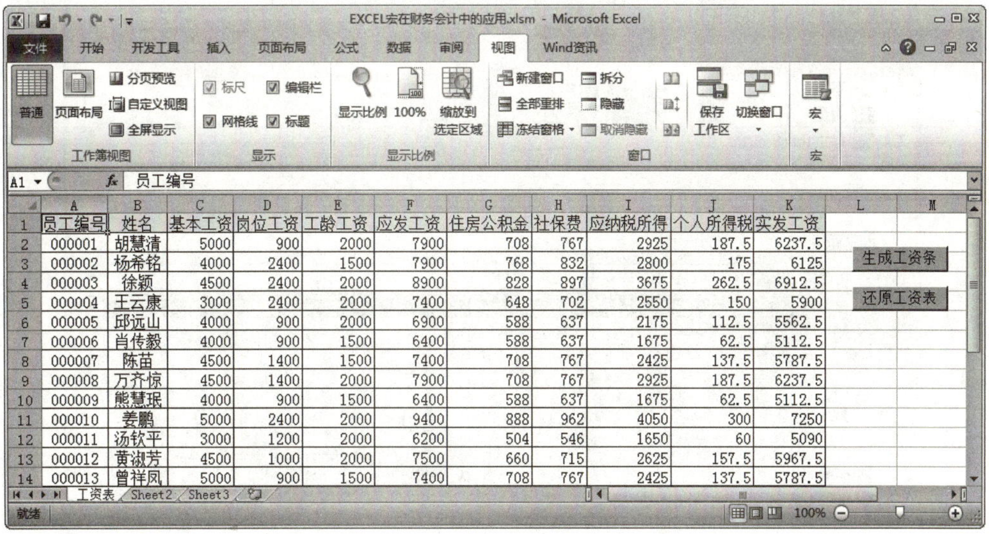

图 10 - 47 生成工资条

资表,首先要将光标定位于 A3 单元格(特别注意),如图 10 - 48 所示,然后点击"还原工资表"按钮,否则,每次操作和逆操作会误删工资表中的记录。

(22) 最后,将该工作簿保存时,应将保存类型设置为"EXCEL 启用宏的工作簿(*.xlsm)",如图 10 - 49 所示。这样,以后再次打开该工作簿时,所有的宏均保存于该工作簿。

EXCEL在财务会计中的应用

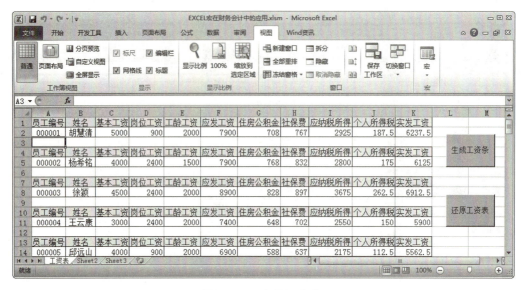

图 10－48　还原工资表

图 10－49　修改保存类型

复习思考题

1. 什么是宏？宏在 VBA 编程中有何作用？
2. 在 EXCEL 中运用宏的优势体现在哪些方面？
3. 录制宏有哪些步骤？执行宏有哪些方法？

参 考 文 献

[1] EXCEL Home：《EXCEL 2010 应用大全》，人民邮电出版社，2011。
[2] EXCEL Home：《EXCEL 数据透视表应用大全》，人民邮电出版社，2011。
[3] 刘轶：《EXCEL 在财务中的运用》，立信会计出版社，2013。
[4] 洪士吉：《EXCEL 会计财管实战应用》，清华大学出版社，2008。
[5] 张维宾等：《新编会计模拟实习——股份制企业分册》（第四版），立信会计出版社，2012。
[6] 黄新荣：《EXCEL 在财务中的应用》，人民邮电出版社，2011。
[7] 赵志东：《EXCEL 在会计日常工作中的应用》，人民邮电出版社，2006。
[8] 神龙工作室：《EXCEL 在会计与财务管理日常工作中的应用》，人民邮电出版社，2010。
[9] 韩良智：《EXCEL 在财务管理中的应用》，清华大学出版社，2009。
[10] 崔婕、姬昂：《EXCEL 在会计和财务中的应用》（第三版），清华大学出版社，2014。

图书在版编目(CIP)数据

EXCEL 在财务会计中的应用/杨书怀编著. —上海：复旦大学出版社,2016.1（2020.1 重印）
信毅教材大系
ISBN 978-7-309-12038-7

Ⅰ.E… Ⅱ.杨… Ⅲ.①表处理软件-应用-会计-高等学校-教材②表处理软件-应用-财务管理-高等学校-教材 Ⅳ.①F232②F275-39

中国版本图书馆 CIP 数据核字(2015)第 317553 号

EXCEL 在财务会计中的应用
杨书怀　编著
责任编辑/岑品杰

复旦大学出版社有限公司出版发行
上海市国权路 579 号　邮编：200433
网址：fupnet@ fudanpress.com　http://www.fudanpress.com
门市零售：86-21-65642857　团体订购：86-21-65118853
外埠邮购：86-21-65109143
上海春秋印刷厂

开本 787×1092　1/16　印张 19.5　字数 417 千
2020 年 1 月第 1 版第 2 次印刷

ISBN 978-7-309-12038-7/F·2235
定价：39.00 元

如有印装质量问题，请向复旦大学出版社有限公司发行部调换。
版权所有　侵权必究